项目类别：四川大学中央高校基本科研业务费项目

新时代
我国经济波动的非对称结构效应研究

吕一清 邓翔 杨钒 张莹／著

四川大学出版社
SICHUAN UNIVERSITY PRESS

项目策划：李勇军
责任编辑：李勇军
责任校对：孙滨蓉
封面设计：阿　林
责任印制：王　炜

图书在版编目（CIP）数据

新时代我国经济波动的非对称结构效应研究 / 吕一清等著． — 成都：四川大学出版社，2020.8
ISBN 978-7-5690-3399-1

Ⅰ．①新… Ⅱ．①吕… Ⅲ．①中国经济－经济波动－研究 Ⅳ．①F124.8

中国版本图书馆CIP数据核字（2020）第162438号

书　名	新时代我国经济波动的非对称结构效应研究
著　者	吕一清　邓　翔　杨　钒　张　莹
出　版	四川大学出版社
地　址	成都市一环路南一段24号（610065）
发　行	四川大学出版社
书　号	ISBN 978-7-5690-3399-1
印前制作	四川胜翔数码印务设计有限公司
印　刷	郫县犀浦印刷厂
成品尺寸	148mm×210mm
印　张	7.75
字　数	210千字
版　次	2021年1月第1版
印　次	2021年1月第1次印刷
定　价	38.00元

版权所有 ◆ 侵权必究

◆ 读者邮购本书，请与本社发行科联系。
电话：(028)85408408/(028)85401670/(028)86408023　邮政编码：610065
◆ 本社图书如有印装质量问题，请寄回出版社调换。
◆ 网址：http://press.scu.edu.cn

前　言

习近平总书记在党的十九大报告中指出我国经济已由高速增长阶段转向高质量发展阶段，正处于转变发展方式、优化经济结构、转换增长动力的攻关期。改革开放四十多年以来，中国经济平均增长率保持在 9.46%，这种增长速度被称为"中国模式"，但我国在实现"高增长"的同时，也存在着大幅的经济波动和不确定性。我国经济波动先后经历过"过山车"式的模式、"大稳健时代"、亚洲金融危机和全球金融危机的冲击，以及近年表现出的"V"型波动和 CRIC 循环模式。面对经济如此丰富的波动特征，如何定量地测算中国经济周期波动的"典型事实"？是什么因素导致中国经济波动出现如此多样的特征及如何动态识别重要冲击因素？面对宏观经济环境的不确定性变化，经济不确定性尤其是房地产市场不确定性如何影响宏观经济波动，其相互作用机制是什么？如何探究全要素生产率这个黑箱的波动特征及其对经济波动的冲击效应？产业结构变迁对中国经济波动的"平稳化"的机理是什么？这些问题是本书研究的重点。

基于上述研究目的，本书在总结回顾现有文献的基础上，遵循"典型事实考察→冲击源识别及演变化→不确定性冲击源的研究→全要素生产率和波动平稳化探讨"的研究思路，从中国经济波动的测算和划分入手，对经济波动特征、波动根源、波动的结构冲击以及波动的平稳性等问题进行实证研究。本书包括五个部分内容（共八章）：第一部分包括前两章的内容，是关于经济波动问题的研究意义和国内外文献综述，以及对研究过程中需要使用的宏观计量模型 VAR 模型族和 DSGE 模型的介绍。第二部分是第 3 章，其采用滤波器对宏观经济变量进行滤波，并从总需求、生产要素、货币和物价及产业增加值的角度对总体波动特征进行统计分析，总结我国经济波动的"典型事实"。第三部分是第 4 章，主要研究经济波动的冲击源以及经济波动是否发生结构性变异。第四部分是第 5 章，以 2008 年金融危机以来的经济不确定性测算以及其对经济波动的冲击效应的实证研究。第五部分是第 6 章和第 7 章，基于全要素生产率的视角下研究经济波动的冲击因素和产业结构转型对经济波动的平稳化作用的机制研究。第 8 章为总结与研究展望。

根据以上的理论分析和实证检验，本书得出以下几点有意义的结论：

第一，中国宏观经济周期呈现"高位—平缓"的新特征，整体上呈现减弱态势。从总需求视角来看，除了总消费的波动程度小于总产出以外，总投资、进口额及出口额的波动程度比总产出的波动程度高 2 倍以上。从生产视角来看，资本存量、就业人数及 TFP 的波动程度都比 GDP 的波动程度要小。除了就业、净出口与总产出是"逆周期"以外，其他变量与总产出都是"顺周期"。基于货币和物价的视角，货币供给量与总产出的波动呈现"强顺周期"特征，货币流通速度也与总产出呈现顺周期特征。"货币中性"特征不符合我国的货币政策特征。物价波动与总产出波动之间是顺周期特征，说明菲利普斯曲线符合我国的经济特征。从产业视角来看，第二产业波动比第一、第三产业波动要更加稳定,第一产业与总产出存在着"弱逆周期"特征,第二、第三产业与总产出存在着"强顺周期"的特征。

第二,中国宏观经济波动的主要因素是全要素生产率(即市场经济体制、技术进步及产业结构转型等)的波动冲击。当市场经济体制确定后,宏观经济波动趋势相对减弱,其间主要受投资冲击(即金融市场的摩擦和私人投入的扭曲)影响。2008年经济危机前后,劳动冲击(劳动市场的扭曲)也成为经济波动源。考虑经济结构的突变,中国的资本市场和劳动力市场的扭曲对中国经济波动的影响越来越大,国际贸易的冲击一直是我国经济波动的原因,但其影响程度相对于其他三种影响因素来说相对较弱,经济波动有从单一波动源向多个波动源发展的趋势。

第三,房地产市场不确定首先是金融市场风险增加的最重要因素,房地产市场的快速发展直接影响其融资规模和投资规模的扩大从而导致金融市场风险增加。金融市场不确定性冲击宏观经济尤其是实体经济,而包括房地产在内的实体经济的不确定性反过来又影响金融市场的风险增加从而进一步增加房地产的不确定性,形成经济不确定的双螺旋上升。其次,房地产市场不确定性重点反映在金融类资产风险的不确定性。政府应该对房地产市场金融类资产进行风险管控,厘清房地产市场不确定性如何通过金融类资产影响金融市场,减弱其对宏观经济的冲击效应。

第四,经济发展水平、国际贸易因子和引进国外先进技术因子的正向冲击在短期内增加经济波动而长期对经济波动的影响几乎为零;技术进步因子的正向冲击无论是短期还是长期都对经济波动产生周期性冲击作用;经济体制和经济结构因子的正向冲击对经济波动具有稳定性作用。中国制造业向服务业转型是导致总产出的波动趋于弱化的重要原因,服务业和制造业对中间商品使用份额不同导致服务业增加值和 TFP 的波动都比制造业要小,而且服务业 TFP 冲击对宏观经济的脉冲响应比制造业 TFP 冲击作用也要小。模型模拟结果显示产业结构转变能解释经济波动减弱的能力在1992—2018年间高达24%。

与现有的研究相比，本书的创新主要体现在以下几个方面：

第一，从经济结构突变视角下研究经济波动的因素变化。以DSGE模型为分析框架，结合中国经济自身特征引入了资本调整成本和资本利用率等因素，扩展了一个小型开放的BCA模型。采用季度性数据对中国从1992年到2018年的总量经济波动的原因及波动源的变异性问题进行研究。在考虑经济结构变化的前提下，研究将从1992年市场经济正式确定以来划分三个阶段（市场经济初期、大稳健时期和后经济危机时期），使用该模型进行模拟实验并对三个阶段的波动原因分析比较，从理论上回答了中国经济波动的影响因素是否发生变异的问题。

第二，通过FAVAR模型分析TFP细化的公共因子如何影响经济波动。基于全要素生产率是经济波动主要原因的事实，本书首先使用FAVAR模型对影响全要素生产率的因素如何冲击中国经济波动的传导机制进行研究。虽然现有的VAR文献中，也有从全要素生产率视角对中国经济波动的影响因素进行研究，但是囿于VAR技术的限制，不能从高维数据和混频数据角度对经济波动的影响因素进行分解。FAVAR模型的使用不仅可以避免"维度灾难"的问题，而且可以对全要素生产率进行细分来研究其如何影响经济波动。

第三，本书首次采用含随机波动率的双因子FAVAR模型构建经济不确定指数和房地产不确定指数并将其与政策不确定指数进行综合比较，探究不确定性指数对宏观经济波动的传导机制，研究发展房地产市场与金融市场存在"负反馈"的螺旋上升模式，这种传导机制对经济波动具有较强的冲击作用。

第四，研究产业结构转变如何"烫平"经济波动的内在机理。国内研究的文献中，大部分研究都肯定和强调了产业结构转变对降低我国经济周期波动的作用，但基本上没有深入剖析产业本身及其结构转变如何影响经济波动。为探讨产业结构转型如何平稳经济波动的问题，本书构建了产业结构转型内生化的动态一般均衡模型，该模型解释了产业结构转变导致经济波动"平稳化"的内在机理，实证了产业结构转型是经济波动减弱的重要原因。

目 录

第1章 导论 …………………………………………… (1)
 1.1 研究背景和意义 ………………………………… (1)
 1.2 国内外文献综述 ………………………………… (5)
  1.2.1 经济周期波动理论脉络及演化 …………… (6)
  1.2.2 经济周期波动的研究方法 ………………… (12)
  1.2.3 中国经济波动研究成果 …………………… (15)
 1.3 研究思路与技术路线 …………………………… (22)
  1.3.1 研究思路 …………………………………… (22)
  1.3.2 技术路线 …………………………………… (23)
 1.4 主要创新点 ……………………………………… (25)
 1.5 结构安排 ………………………………………… (26)
第2章 方法论及技术工具：宏观经济模型 ………… (28)
 2.1 动态随机一般均衡（DSGE）模型 …………… (29)
  2.1.1 模型的步骤 ………………………………… (29)
  2.1.2 模型的求解 ………………………………… (31)
  2.1.3 模型的参数估计 …………………………… (35)
 2.2 VAR 模型族的演进 …………………………… (37)
  2.2.1 VAR 模型的结构及应用 ………………… (37)
  2.2.2 VAR 模型族的演进脉络 ………………… (39)

  2.2.3 VAR 模型的最新发展趋势 ……………………… (43)
 2.3 **常用技术分析工具**…………………………………… (45)
  2.3.1 Matlab 软件及 Dynare 软件包 ………………… (46)
  2.3.2 Uhlig 工具箱 ……………………………………… (47)
  2.3.3 其他工具及资料…………………………………… (48)
 2.4 **本章小结**…………………………………………………… (50)

第3章 中国经济波动的"典型事实":1978—2018年 ……………………………………………… (51)

 3.1 **引言**………………………………………………………… (52)
 3.2 **数据描述和滤波工具**……………………………… (55)
  3.2.1 数据描述…………………………………………… (55)
  3.2.2 滤波工具…………………………………………… (58)
 3.3 **我国经济周期波动的"典型事实":1978—2018 年** ……………………………………………………………… (62)
  3.3.1 经济周期特征的测算与阶段划分………………… (62)
  3.3.2 经济波动特征的测算与结果分析………………… (70)
 3.4 **经济波动特征的事实解释**……………………… (82)
 3.5 **本章小结**…………………………………………………… (84)

第4章 经济波动冲击的动态识别及结构性检验 … (85)

 4.1 **引言**………………………………………………………… (85)
 4.2 **变量来源和典型特征**……………………………… (92)
  4.2.1 数据说明…………………………………………… (92)
  4.2.2 经济波动特征……………………………………… (95)
 4.3 **模型与求解**……………………………………………… (98)
  4.3.1 模型设定…………………………………………… (99)
  4.3.2 模型求解 ………………………………………… (101)
  4.3.3 参数校准与估计 ………………………………… (102)
 4.4 **数值模拟与比较分析** …………………………… (106)
  4.4.1 外生楔子的估计 ………………………………… (107)
  4.4.2 波动冲击的分解 ………………………………… (110)
  4.4.3 波动冲击核心因素的解释 ……………………… (114)

目　录

- 4.5　**本章小结** ……………………………………………（116）
- **本章附录** ………………………………………………（117）
  - A 模型推导过程 ………………………………………（117）

第5章　不确定性对经济波动的影响及相关作用机制 ……（120）

- 5.1　**引言** ……………………………………………………（120）
- 5.2　**相关文献回顾** …………………………………………（122）
  - 5.2.1　经济不确定性的测度 ………………………………（122）
  - 5.2.2　不确定性对宏观经济的影响 ………………………（124）
  - 5.2.3　房地产不确定性与宏观经济的内在机制 …………（125）
- 5.3　**含随机波动的双因子FAVAR模型构建** …………（126）
  - 5.3.1　含随机波动率的FAVAR基准模型 ……………（126）
  - 5.3.2　样本抽样和参数估计 ………………………………（128）
  - 5.3.3　脉冲响应函数 ………………………………………（129）
  - 5.3.4　历史方差分解 ………………………………………（130）
  - 5.3.5　扩展双因子的随机波动率FAVAR模型 ………（131）
- 5.4　**实证分析** ………………………………………………（132）
  - 5.4.1　数据说明与统计性描述 ……………………………（132）
  - 5.4.2　房地产不确定性的测算 ……………………………（134）
  - 5.4.3　脉冲响应和历史方差分解 …………………………（136）
  - 5.4.4　双因子FAVAR的实证分析 ……………………（139）
- 5.5　**不确定性指数的综合比较及对宏观波动的影响** …（144）
  - 5.5.1　综合分析不确定指数及其比较 ……………………（144）
  - 5.5.2　房地产不确定性指数如何影响宏观经济活动
    ………………………………………………………（146）
- 5.6　**本章小结** ………………………………………………（148）

第6章　经济结构视角下行业TFP与经济波动相互作用机制 ……………………………………………………………（150）

- 6.1　**引言** ……………………………………………………（150）
- 6.2　**总量生产率（TFP）的测算** ………………………（154）
  - 6.2.1　全要素生产率研究的国内外评述 …………………（155）

6.2.2　变量选择和数据处理 …………………………… (158)
　　6.2.3　测算和结果分析 ………………………………… (160)
6.3　探讨全要素生产率（TFP）变化的影响因素 …… (163)
6.4　全要素生产率（TFP）提升路径分析 …………… (168)
6.5　基于FAVAR模型的经济波动分析 ……………… (170)
　　6.5.1　指标选取与数据处理 …………………………… (172)
　　6.5.2　FAVAR模型的设定和估计 ……………………… (173)
　　6.5.3　实证分析 ………………………………………… (175)
　　6.5.4　结论及建议 ……………………………………… (182)
6.6　本章小结 …………………………………………… (182)
本章附录 …………………………………………………… (183)

第7章　产业结构升级如何"熨平"了宏观经济波动 …………………………………………… (186)

7.1　引言 ………………………………………………… (187)
7.2　部门TFP和部门总量的波动特征 ………………… (193)
　　7.2.1　数据来源和描述 ………………………………… (193)
　　7.2.2　经济波动的典型事实 …………………………… (194)
　　7.2.3　作用机制分析 …………………………………… (195)
7.3　模型设定 …………………………………………… (198)
　　7.3.1　厂商 ……………………………………………… (198)
　　7.3.2　家庭 ……………………………………………… (199)
　　7.3.3　经济系统均衡 …………………………………… (200)
7.4　模型估计和数量分析 ……………………………… (201)
7.5　本章小结 …………………………………………… (211)
本章附件 …………………………………………………… (212)
　　A 模型稳态的推导 …………………………………… (212)
　　B 部门TFP和增加值TFP的计算 …………………… (214)

第8章　总结与研究展望 ……………………………… (215)

8.1　总结 ………………………………………………… (215)
8.2　不足和展望 ………………………………………… (217)

参考文献 ………………………………………………… (220)

第 1 章 导论

习近平总书记在党的十九大报告中指出，我国经济已由高速增长阶段转向高质量发展阶段，正处于转变发展方式、优化经济结构、转换增长动力的攻关期。

1.1 研究背景和意义

改革开放 40 多年来，中国经济平均增长率保持在 9.46%，这种增长速度被称为"中国经济奇迹"（Song，2011）[1]，但我国在实现"高增长"的同时，也存在着大幅度的经济波动。从图 1.1 可知，GDP 同比增长率从 1990 年的 3.90% 到 1992 年的 14.20%，其间波动幅度高达 10% 左右，而这种"过山车"式的经济波动模式先后在 1978—1981 年间、1981—1984 年间、1984—1991 年间和 2007—2008 年间也发生过。从 1992 年社会主义市场经济确定以来，我国经济波动进入一个相对平缓时期，

---

[1] Song，Z.，K. Storesletten，and F. Zilibotti，Growing Like China [J]. American Economic Review，2011，101（1），196−233.

经济增长率的峰谷间落差明显下降，被学术界称为"大稳健"（Great Moderation）。然而，受 2008 年的全球性金融危机的冲击，我国经济增速急速下落。2008 年下半年以来，政府出台了一揽子强力的财政与货币政策，2010 年经济增速开始回升，紧接着 2011 年经济增速又开始回落，直到现在。从图 1.2 中国经济波动的季度数据来看，1992 年 1 季度开始到 2007 年 4 季度结束，中国经济同比增长率先回落后起升，但中国 GDP 增长率的波动依然频繁。2008 年 1 季度到 2011 年 3 季度中国 GDP 增长率的波动形成了一个大"V"字形的先下降后回升的状态。2011 年 4 季度以来 GDP 增长率出现连续 23 季度的波动性回落，2015 年 4 季度中国 GDP 增长率仅为 6.9%。在 2012 年 1 季度到 2018 年 4 季度间，经济波动又出现了"经济增速下滑—微刺激—小幅反弹—再下滑"的循环过程[①]。因此，可以说经济波动是改革开放以来中国宏观经济的显著特征之一，而且中国经济波动存在着一些新的波动特征，其表现为波动特征的多样性。那么，是什么因素导致中国经济如此大幅波动？如何识别和测度这些影响经济波动的因素？在转型期间，中国经济波动出现了哪些新特征？2008 年以来中国经济波动特征是否出现了结构性新特征？全要素生产率波动因素如何影响经济波动？产业结构转型对中国经济波动弱化性的机理是什么？这些问题有待研究。

---

① 有学者将该过程称为"危机—应对—改善—自满模式"（CRIC 是 crisis－response－improvement－complacency）。

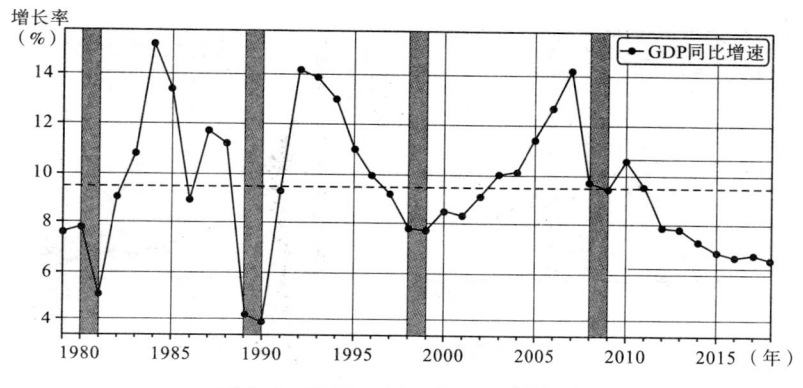

图 1.1　1978—2018 年 GDP 增长率

数据来源：WIND 数据库

经济周期①是指经济总体活动所经历有规律性的扩张和收缩的过程以及经济活动的表现形式。经济学家一般把经济周期划分为繁荣、衰退、萧条、复苏四个阶段，这四个阶段循环一次，即为一个经济周期，它是超越经济体制和经济发展阶段而普遍存在于世界范围内的经济现象。经济在上下限的合理区间进行正常波动是一种良性的经济现象。经济下行能够暴露出经济发展中存在的问题，而经济上升则有利于推进经济实现高质增效的升级，但是如果经济"过山车"式的大起大落将造成经济增长的效率低下，也会对人民的生活水平带来负面影响。因此，对经济波动问题的研究既对宏观经济政策的制定和宏观经济建模有着重要的理论意义，也对提高人民福利有着重要的现实意义。

---

① 古典经济周期，也称传统经济周期，是指社会总量经济活动绝对水平出现规律性的上升和下降的交替和循环。现代经济周期，也称增长经济周期或经济波动，是指社会总体活动的相对水平有规律地出现上升和下降的交替和循环。

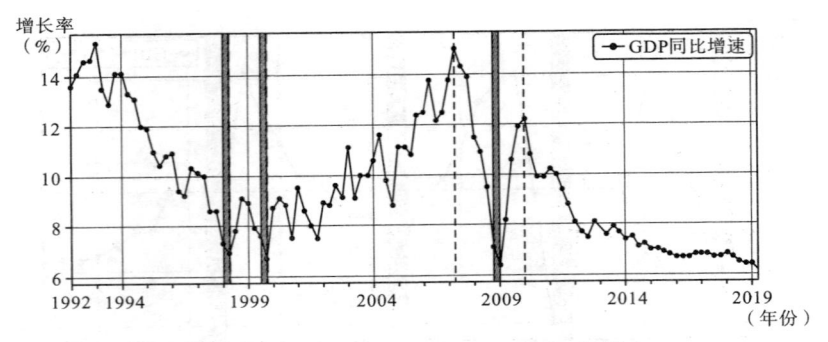

图 1.2　1992 年 Q1—2018 年 Q4GDP 增长率

数据来源：Wind 数据库

经济周期理论问题的研究包括经济周期的测度与预测、经济周期阶段与转折点、经济周期波动特征、经济周期波动的影响因素、经济周期波动的原因以及经济周期波动的成本与影响六个方面[1]。然而，研究经济周期波动问题需要从经济周期波动的典型事实测度开始，因为不同时期、不同区域的经济周期波动特征是不同的。首先，重新测算了中国经济周期和经济波动的"典型事实"。其次，对经济波动的来源，不同学派有不同的结论。货币主义学派认为政府的货币冲击是经济波动的主要来源；真实商业周期学派认为技术冲击是经济波动的主要来源，后来又发展到信息冲击（News Shocks）、财政冲击（Fiscal Shocks）、石油冲击（Oil Shocks）等。新凯恩斯主义 DSGE 模型引入价格和工资粘性来考虑财政政策和货币政策对经济波动的影响。对经济波动来源，不同看法背后隐藏着对经济波动机制的不同认识。1992 年社会主义市场经济体制确定以来，中国先后经历了 1997 年的亚洲金融危机、2001 年加入 WTO、2008 年的全球经济危机以及现

---

[1] 李星，陈乐一. 近期国外经济周期研究文献综述［J］. 财经问题研究. 2010 (1)：27—32.

阶段的经济新常态,那么影响中国经济波动的主要因素是什么?经济波动的来源是否发生了结构性变化?如果经济波动源发生了变异,那么出现了什么新的特征?这对宏观经济政策的制定和完善是非常重要的。第三,全要素生产率是除要素(劳动要素和资本要素)以外对经济增长有驱动作用的重要因素。许多研究也表明全要素生产率也是经济波动的主要因素,那么,如何细分全要素生产率,研究导致全要素生产率波动的公共因子如何影响中国经济波动?回答这些问题对经济波动理论和现实是有价值的。最后,在中国经济现代化的进程中,制造业向服务业转型伴随着经济波动呈现平稳化的趋势,那么,产业结构转型对经济波动是否具有"熨平"功能,彼此之间的机理是什么?虽然许多研究者都认为产业结构转型对经济波动具有平稳化的作用,但都没有给出导致经济波动的平稳化的经济机理。

研读国内经济波动的文献,虽然一些研究者的见解非常独到,但是缺少实证研究,极大地削弱了这些研究成果的影响力;一些研究者引入外部冲击构建经济波动模型,但在经济机理上又存在不明了。针对当前中国经济波动的新特征,本书使用现代经济周期波动的分析工具对经济波动问题进行研究,相信本书的研究成果能为当前经济周期波动问题提供更多的理论依据与技术支持。

1.2 国内外文献综述

经济周期波动理论的研究是一个大问题。随着经济问题的复杂化,对经济波动问题的研究也越来越细化,如金融经济周期波动研究、产业经济波动研究等。本书使用现代经济波动理论和工具对经济波动的典型事实、波动来源以及波动的平稳化等问题进行研究。针对本书研究的问题,本书选读的参考文献主要来自现代经济波动理论、宏观经济研究的计量方法与模型、全要素生产率与经济波动的冲击作用以及经济波动的平稳化问题。因此，本节从这些角度对国内外文献进行论述。

1.2.1 经济周期波动理论脉络及演化

现代经济波动理论按照不同的角度划分，可以分为不同经济波动理论的派别。Arnold（2002）[1]将现代经济周期理论划分为五个主要流派，即凯恩斯经济周期理论、货币主义经济周期理论、新古典经济周期理论、实际经济周期理论和新凯恩斯经济周期理论。高阳（2015）[2]按照经济系统本身的渐近稳定性和自身形成的确定性动态结果又提出一类内生经济周期理论。关于经济周期波动理论的研究和应用，笔者认为目前主要流行三大经济周期理论：真实经济周期理论、新凯恩斯主义经济周期理论和内生经济周期理论。

早期对经济周期的研究主要利用统计材料研究经济周期波动的规律（基钦周期、朱格拉周期、库兹涅茨周期和康德拉季耶夫周期等）和经济周期形成的原因（太阳黑子周期、存货周期、固定投资周期和政治周期等）。这一时期的经济波动理论被称为古典经济波动理论，他们信奉萨伊定律（Say's Law）：供给会自动创造需求，经济稳定是一种常态。然而，1929年的经济大萧条直接导致经济学家的美梦破碎。凯恩斯（Keynes J M，1936）[3]敏锐地捕捉到市场并不总是有效的，持续性的非自愿失业是可能存在的，并提出经济体的产出取决于有效需求，标志着凯恩斯主

---

[1] Arnold L G. Business Cycle Theory [J]. OUP Catalogue，2002.

[2] 高阳. 现代经济周期理论述评与评判 [J]. 南开经济研究. 2015（1）：51—70.

[3] Keynes J M. The General Theory of Interest，Employment and Money [J]. The Collected Writings，1936（7）.

义经济周期理论诞生。他认为由于工资和价格的刚性以及市场的调整会缓慢而沉重，政府的干预是必要的。根据凯恩斯理论，欧美经济摆脱了大萧条并在第二次世界大战后经历了长期的平稳增长，但是20世纪70年代的经济"滞涨"使其束手无策。而以Friedman（1963）[①]为代表的货币学派对凯恩斯主义进行了批判，他们认为，长期来看经济系统是内在稳定的，但短期内由于人们具有货币幻觉，货币政策的不稳定导致了总需求波动，从而使实际产出偏离了充分就业产出水平，引起了经济不稳定（Friedman，1968）。20世纪70年代后以卢卡斯（Lucas，1972）[②]为代表的理性预期学派认为凯恩斯的经济波动理论缺乏微观经济学基础，对其进行了猛烈批评。他们在古典经济学市场出清、个体效用最大化的假设基础上引入了理性预期的概念，提出了不完全信息的货币幻觉理论，认为经济周期是由未预料到的货币供给量的变动引起的。接下来将对真实经济周期理论、新凯恩斯主义经济周期理论和内生经济波动理论进行重点介绍。

（1）真实经济周期理论（Real Business Cycle，RBC）。在Lucas（1972）的研究基础上，Kydland和Prescott（1982）[③]使用技术冲击解释经济波动，标志着真实经济周期理论的诞生。真实经济周期理论认为导致经济周期产生的根源是供给方面的冲击，而不是真实或名义的需求冲击。以技术冲击为代表的真实因素是经济波动的原因，经济波动是理性预期经济主体对技术冲击所引起的变动做出的最佳反应，是调整劳动供给和消费的帕累托

[①] Friedman M. Schwartz A J. A Monetary History of the Unrted States, 1867—1960 [M]. NBER, BOOKS, 1963.

[②] Lucas Jr R E. Expectations and The Neutrality of Money [J]. Journal of Economic Theory, 1972, 4 (2): 103—24.

[③] Kydland F E, Prescott E C. Time to Build and Aggregate Fluctuations [J]. Economatric: Journal of the Econometric Society, 1982: 1345—70.

最优的结果。Rebelo（2005）[①] 认为真实经济周期理论是以动态一般均衡模型为研究基础，将经济增长和经济波动统一在共同的框架下，同时为后来研究者提供了标准研究范式。

然而，以全要素生产率（Total Factor Productivity，TFP）的短期波动表示技术冲击存在着不可回避的缺陷[②]，并受到了新凯恩斯主义的 Summers（1986）[③] 和 Mankiw（1989）[④] 的猛烈评判。近年来涌现一大批针对标准 RBC 模型进行改进和扩展的文章，主要是引进新冲击、扩展传导机制、修正技术进步等内容。技术冲击受到了诸多批评，有些经济学者尝试寻找除了它之外的波动源，其中包括投资专有技术冲击[⑤]（Investment－specific Technical Change）、信息冲击（News Shocks）、财政冲击（Fiscal Shocks）、金融冲击（Financial Shocks）、石油冲击（Oils Shocks）等。基于传导机制的扩展，研究者针对"就业变化之谜"和"生产率之谜"将焦点放在劳动力市场上，主要有不可分割劳动模型［Hansen（1985），Rogerson（1988）］、家庭生产模型（Benhabib 等，1991）和劳动窖藏模型等（Burnside 等，1993）。采用标准索洛剩余的短期变化来衡量技术冲击存在很多争议。首先，索洛剩余的短期变化并不一定都是由技术冲击造成的，一些非技术冲击其他因素（产业结构升级、制度变化等）也

[①] Rebelo S. Real Business Cycle Models: Past, Prestent and Future [J]. The Scandinavian Journal of Economics, 2005, 107（2）: 217-38.

[②] King R G, Rebelo S T. Resuscitating Real Business Cycles [J]. Handbook of Macroeconomics, 1999（1）: 927-1007.

[③] Summers L H. Some Skeptical Observation on Real Business Cycle Theory [J]. Quarterly Review, 1986（Fall）: 23-27.

[④] Mankiw N G. Real Business Cycles: A Newynesian Perspective [J]. The Journal of Economic Perspectives, 1989, 3（3）: 79-90.

[⑤] 投资专有技术冲击是对技术冲击的一个细分，Fisher（2006）使用该冲击解释劳动时间波动和产出波动分别高达 50% 和 40%。

可能造成索洛剩余变化。其次，使用索洛剩余衡量技术，会导致对技术水平测度的不准确。Hall（2005）认为，技术进步导致全要素生产率提高，并且在长期中导致产出增加是可以理解的，但是把经济衰退归咎于全要素生产率下降，这意味着技术存在着退步的可能，然而，这难以令人信服。最后，标准的索洛剩余估计方法忽略了某些可能影响索洛剩余的因素［劳动窖藏（Labor Hoarding）、产能利用率（Capital Utilization）等］。国外已有大量文献从细化全要素生产率（TFP）的角度来研究具体经济摩擦如何导致TFP波动进而影响总量的经济波动［Schmitz Jr（2005）[①]，Lagos（2006）[②]，Restruccia and Regerson（2008）[③]，Hsieh and Klenow（2009）[④]，Eric C. Y. NG（2012）[⑤]等］。

（2）新凯恩斯主义经济周期理论。20世纪80年代与真实经济周期学派同时出现了主张政府干预的另一个学派——新凯恩斯主义学派，主要代表人物有N. Gregory Mankiw、David Romer、Bruce Greenwald和Joseph Stiglitz等人。新凯恩斯主义经济学家认为，经济波动的根源可能来自供给一方，也可能来自需求一方。供给冲击因为经济中存在着刚性和不完全性，演化为经济波动，刚性和不完全性会放大冲击的效果，从而导致就业和实

[①] J. A. Schmitz Jr. What Determine Producitivity? Lessions from the Dramatic Recovery of the US and Canadian Iron Ore Industries Following Their Early 1980s Crisis [J]. Journal of Political Economy，2005，113 (3).

[②] R. lagos. A Model of TFP [J]. The Review of Economic Studies，2006，73 (4).

[③] D. Restuccia, R. Rogerson. Policy Distortions and Aggregate Productivity with Heterogenous Establishments [J]. Review of Economic Dynamics，2008，11 (4).

[④] C. T. Hsieh, P. J. Klenow. Misallocation and Manufacturing TFP in China and India [J]. The Quarterly Journal of Economics，2009，124 (4).

[⑤] Eric C. Y. Ng. What determines productivity performance of telecommunications services industry? A cross-country analysis [J]. Applied Economics，2012 (44)：2359-2372.

际产出发生重大的波动。他们将经济发展分为长期和短期，在长期中决定一个国家经济状况的是长期总供给，长期总供给又取决于一个国家的制度、资源和技术，长期中的经济增长是一个稳定的趋势，称为潜在的国内生产总值。总值与潜在的或充分就业的国内生产总值相背离，经济周期本身就是经济趋势或者潜在的或充分就业的国内生产总值的变动。经济周期来自市场调节的不完善，经济周期是市场经济本身固有的，依靠市场机制不可能消除和减弱，因而国家使用宏观经济政策对经济进行干预。而在20世纪90年代出现的新新古典综合（New Neoclassical Synthesis, 简称NNS）（Goodfriend 和 King, 1997）[①]。它将真实经济周期理论的动态一般均衡分析框架和新凯恩斯主义假设（价格粘性和垄断竞争）很好地融合在一起，因其良好的兼容性成为当前研究经济周期的主流标准范式。其中引用率较高的常见基准模型有Rotemberg 和 Woodford（1997）[②]、Woodford 和 Walsh（2005）[③]、Walsh（2003）[④]、Christiano 等（2005）[⑤] 和 Smets 和 Wouters（2007）[⑥] 等模型。

[①] Goodfriend M, King R. The New Neoclassical Synthesis and The Role of Monetary Policy, NBER Macroeconomics Annual 1997, Volume 12 [J]. MIT Press, 1997: 231-96.

[②] Rotemberg J J, Woodford M. Imperfect Competition and the Effects of Energy Price Increases on Economic Activity [J]. Journal of Money, Credit and Banking, 1996, 28（4）: 550-77.

[③] Woodford M, Walsh C E. Interest and Prices: Foundations of a Theory of Monetary Policy [J]. Macroeconomic Dynamics, 2005, 9（3）: 462-68.

[④] Walsh C E. Monetary Theory and Policy [J]. MIT Press Books, 2003, 1.

[⑤] Christiano L J, Eichenbaum M, Evans C L. Nominal Rigidities and the Dynamic Effects of a Shock to Monetary Policy [J]. Journal of political Economy, 2005, 113（1）: 1-45.

[⑥] Smets F, Wouters R. Shocks and Frictions in US Business Cycles: A Bayesian DSGE Approach [J]. The American Economic Review, 2007, 97（3）: 586-606.

（3）内生经济波动理论。内生经济周期理论认为经济波动源于经济系统内在的不确定性动态，而无论是 RBC 还是 DSGE 模型都将经济波动归因于外生的随机冲击。内生经济波动理论的波动源主要来自非线性（Goodwin，1951）[1] 和非稳定性（Harrod，1939）[2] 两个方面。Hallegatte 等（2008）[3] 在 Solow（1956）模型的基础上，引入非均衡因素（存货、就业）和投资动态，构建了非均衡动态模型（NEDYM）。该模型抓住了经济周期的非对称性：长期的扩张和快速的收缩，投资利润的不稳定性造成了经济波动，劳动力成本上升和生产能力限制了波动的加剧。龚刚和高阳（2013）[4] 沿着 Harrod 的思路基于稳态和非稳定机制视角对经济波动和商业周期现象进行了讨论，在承认价格稳定机制下揭示了非稳定机制的存在。艾西莫格鲁（2012）[5] 等人的网络结构波动理论：以往的宏观经济研究均把总产出的波动建立在总生产率、信贷、需求或货币的冲击上，而与之不同，艾西莫格鲁等人的经济波动理论跳出以往的分析框架，提出了影响经济波动的一个新的因素——网络级联，从而将关注的重点放在经济网络结构上。他们认为，总量波动可能来自经济中某一支配部门的异质性冲击，而非总生产率、信贷、需求或货币等总量方面的冲击，并且总量波动的衰减速度是由部门间投入—产出关系

---

[1] Goodwin R M. The Nonlinear Accelerator and The Persistence of Business Cycles [J]. Econometrica: Journal of the Econometric Society, 1951: 1−17.

[2] Harrod R F. An Essay in Dynamic Theory [J]. The Economic Journal, 1939: 14−33.

[3] Hallogatte s, Ghil M, Dumas D, et al. Business Cycles, Bifurcations and Chaos in a Neoclassical Model with Investment Dynamics [J]. Journal of Economic Behavior &Organization, 2008, 67 (1): 57−77.

[4] 龚刚，高阳. 理解商业周期：基于稳定和非稳定机制的视角 [J]. 经济研究，2013 (11): 17−26.

[5] Acemoglu, D. et al, The network origins of aggregate fluctuations [J]. Econometrica, 2012, 80: 1977−2016.

链的网络结构决定的。具体来说，如果一个部门（或企业）是其他很多部门（或企业）的供应商时，那么，即使经济中的部门数目相当大和不存在总冲击，一旦这个支配部门遭遇经济冲击，也会影响其下游很多部门，引起经济总量大规模波动，使经济进入衰退或萧条期，进而影响经济周期。

1.2.2 经济周期波动的研究方法

经济波动的研究方法与经济波动理论是相辅相成的，研究方法为经济理论提供科学的检验，而经济理论的发展又反过来促进研究方法和模型的创新。早期的经济计量方法（如多元线性回归模型、联立方程模型等）是以经济理论为基础简单地描述变量之间的关系，人为主观地决定模型中变量的内生和外生性，这使模型的估计和推算变得不可靠。为了克服这些缺点，Sims（1980）[1] 提出了非限制性向量自回归模型（VAR）。Lucas（1976）也对凯恩斯经济模型进行了批评，从根本上动摇了联立方程以及新综合理论提出的 IS/LM－AD/AS 的根基。目前，从阅读的参考文献来看，对经济波动研究的研究工具和方法主要有以下三种：

（1）时间序列计量模型。模型主要用于对经济周期和波动特征进行统计性分析，如周期的划分、非线性波动和协同性特征等。经济周期波动[2]的非线性特征是指在经济周期的拐点处发生明显的情势变化，常常表现为经济周期的扩张阶段和收缩阶段的明显的不对称性。这方面研究的主要目的在于揭示经济繁荣和经

---

[1] Sims, Christopher. A. Macroeconomics and Reality [J], Econometria, 1980, Vol 48 (1): 1—48.

[2] 刘士宁. 改革以来中国经济周期波动的影响因素研究 [D]. 武汉：华中科技大学，2007.

第1章 导论

济衰退形成机制的不同,其中以 Friedman (1993)[①] 的波动模型和 Hamilton (1989)[②] 的马尔科夫情势转换模型最具代表性。经济周期波动的协动性研究的主要目的在于探索经济周期波动中不同经济变量之间的相互联系。这类研究主要是利用两种方法:一种方法是借助滤波器消除趋势项后使用与各经济变量的横截面相关来刻画协动特征。滤波器主要有 HP 滤波 (Hodrick and Prescott, 1990)、BK 滤波 (Baxter and King, 1995) 和 CF 滤波 (Christiano and Fitzgerald, 2003) 等,这种方法简单易用,属于静态分析。另一种方法是利用动态因素模型来捕捉协动性特征,这主要归功于 Stock and Watson[③] (1989, 1991, 1993) 的开创性研究,这种方法属于动态分析,较为复杂。

(2) VAR 模型族的演进。VAR 模型克服传统计量经济模型的不足,如果变量之间存在协整关系也可直接建立 VAR 模型。脉冲响应函数和方差分解分别提供了结构冲击的强度和结构冲击对内生变量变化的贡献度。同时,向量自回归模型 (VAR) 也得到了新的改进,包括可以容纳很多解释变量的 FAVAR 模型 (Bernank 等, 2005),从时变参数以及非线性的角度发展起来了 TVP-VAR 模型 (Cogley, Sargent, 2005)[④],从使用先验信息

[①] Friedman, M., The 'Plucking Model' of Business Fluctuations Revisited [J]. Economic Inquiry, 1993, 31.

[②] Hamilton, J. D., A New Approach to the Economic Analysis of Nonstionary Time Series and the Business Cycle [J]. Econometrica, 1989, 57, pp. 357−384.

[③] King, Plosser, Stock and Watson. Stochastic Trends and Economic Fluctuations [J]. American Economic Review, 1991, vol. 81, pp. 819−840.

[④] Cogley T. and Sargent T. J. Drifts and Volatilities: Monetary Policies and Outcomes in the past WWII US [J]. Review of Economic Dynamics, 2005.8 (2), 262−302.

对参数估计的角度发展了 BVAR 模型（Edge 等，2006）[①]。

（3）具有微观基础的动态随机一般均衡模型（DSGE）。自 Kydiand and Prescott（1982）提出实际经济周期（Real Business Cycle，简称 RBC）理论后，其研究范式和方法就日益扩展和延伸，从而演变成为今天的动态随机一般均衡模型（DSGE）。在 DSGE 模型的演进过程中，主要有几个重要的进展：第一，Christiano、Eichenbaum 和 Evans（2005）[②] 构建的模型中引入了货币冲击对经济的影响，较为成功地拟合了主要宏观经济时间序列特征；第二，Smets 和 Wouters（2007）[③] 进一步引入了更多的外部冲击，并使用了贝叶斯估计方法进行参数估计；第三，Christiano、Motto 和 Rostagno（2009）[④] 又在 Smets 和 Wouters 模型的基础上加入了金融部门，使其能更好地拟合现实经济。此外，Christoffel 等人（2008）又在 Smets 和 Wouters 模型的基础上，增加了开放条件。Del Negro 等人（2007）[⑤] 借助贝叶斯方法将 DSGE 模型的信息和无约束 VAR 的信息相结合，得到数据拟合程度更高的 VAR 模型。考虑到模型误判问题，查涛等也

[①] Edge J., Bishop D. and Goodman C.. The Effects of Training Intensity on Muscle Buffer Capacity in Females [J]. European Journal of Applied Physiology, 2006.96 (1), 97－105.

[②] Christiano, L., Eichenbaum, M., Evans, C. L., Nominal rigidities and the dynamic effects of a shock to monetary policy [J]. J. Polit. Econ. 2005.113 (1), 1－45.

[③] Smets, F., and R. Wouters. Shocks and Frictions in US Business Cycles: A Bayesian DSGE Approach [J]. American Economic Review, 2007.97, 586－606.

[④] Christiano, L., R. Motto, and M. Rostagno. Financial Factors in Economic Fluc tuations, Manuscript [J]. Northwestern University, 2010.

[⑤] Del Negro, M., and F. Schorfheide. Priors from General Equilibr ium Models for VARs [J]. International Economic Review, 2004, 45, 643－673.

提出了一种融合多个模型的贝叶斯方法［Waggoner and Zha，(2012)①］，新模型利用了马尔科夫区制转移（Markov-Switching，简称 MS）方法来测度每个模型随着时间变化的相对重要性。

我国在宏观经济计量模型的研究和应用方面都取得了一些成绩，但无论是在以计量为基础的 VAR 模型方面还是在以微观经济为基础的 DSGE 模型方面，国内研究与国际前沿发展仍有很大差距，主要表现在：第一，我国宏观经济计量的基础理论研究非常少，尤其是后验分布模拟的研究；第二，研究者主要采用国外成熟的经济模型和参数进行数据模拟，以我国经济特征为样本从结构上构建模型的研究较少；第三，关于宏观经济计量模型工具包的开发，虽然有学者对部分算法进行了尝试，但离国际水平还有一定差距，而且还没有开发出标准化的工具包；第四，由于缺乏实现模型的工具，一定程度上阻碍了大型的 MS-DSGE 模型及 DSGE-BVAR 模型的应用。

1.2.3 中国经济波动研究成果

我国宏观经济周期波动的数量特征、冲击因素以及传导机制长期以来一直是学术界研究的热点。现有文献研究主要从经济周期的数量特征和经济冲击以及传导机制两个方面进行研究，而对经济波动源的变异性、从全要素生产率的视角细分 TFP 来研究经济波动和对经济波动的"熨平"原理的研究则相对较少，下面从三个角度对我国经济波动研究成果进行论述。

（1）研究经济周期的数量特征。研究主要是利用宏观经济周期测度方法（线性趋势分解、状态空间分析和频率空间分析）把

---

① Daniel F. Waggoner and Tao Zha，"Confronting Model Misspecification in Macroeconomics"［J］. Journal of Econometrics，December 2012，volume 171，issue 2，pages 167—184.

周期波动成分分解出来，使用经济计量模型［马尔科夫区制转移模型（MS），平滑转移自回归模型（STAR）和门限自回归模型（TAR）等］对周期特征进行研究。董进（2006）[①] 使用线性趋势法、H-P 滤波法、Band-Pass 滤波法和生产函数法分别对我国 1952—2005 年的数据进行分析，通过四种方法的比较，估算出经济波动周期的起止日期，为进一步研究经济波动背后的成因打下必要的基础。梁琪和滕建州（2007）[②] 采用随机游走滤波方法全面考察了我国 13 个宏观经济变量的波动性、共动性和因果关系，表明我国的经济周期在改革开放后呈现出更明显的一般性周期特征；杜婷（2007）[③] 同时使用时域分析和频域分析法总结了我国经济周期波动中主要经济变量的 10 个典型化事实；陈乐一（2007）[④] 回顾了我国 1949 年以来 12 次经济波动，认为投资波动是经济周期波动的主要物质基础；陈浪南和刘宏伟（2007）[⑤] 则利用 Markov 区制转换模型研究刻画了我国经济周期波动额非对称性和持续性。林建浩和王美今（2013）[⑥] 使用条件马尔科夫状态转移模型对我国宏观经济波动的结构性特征进行了识别，研究了"大稳健"的时期起止点及后危机时代的经济周期状态。郑挺国、王霞（2013）[⑦] 使用混频数据对中国经济周期进行测度和实时分析，获得了可以描述我国经济运行状况的一致性

[①] 董进. 宏观经济波动周期的测度［J］. 经济研究，2006（7）.

[②] 梁琪，滕建州. 中国经济周期波动的经验分析［J］. 世界经济，2007（2）.

[③] 杜婷. 中国经济周期波动的典型事实［J］. 世界经济，2007（4）.

[④] 陈乐一. 建国以来我国历次经济波动回眸［J］. 管理世界，2007（2）.

[⑤] 陈浪南，刘宏伟. 我国经济周期波动的非对称性和持续性研究［J］. 经济研究，2007（2）.

[⑥] 林建浩，王美今. 中国宏观经济波动的"大稳健"——时点识别与原因分析［J］. 经济学（季刊），2013（1）.

[⑦] 郑挺国，王霞. 中国经济周期的混频数据测度及实时分析［J］. 经济研究，2013（6）：58—70.

指标。涂巍、王治国和邹恒甫（2015）[①] 使用 1978—2013 年的中国宏观经济数据对转型期的中国宏观经济波动特征进行研究，发现了中国经济波动具有明显的"转型经济"特征。

（2）从经济冲击及传导机制的角度研究中国经济波动问题，主要使用向量自回归模型（VAR）、真实经济周期模型（RBC）以及动态随机一般均衡模型（DSGE），考虑技术冲击、货币政策冲击、财政政策冲击、偏好冲击、金融冲击等对经济波动的影响。卜永祥等（2002）[②] 构建了外生劳动力的中国货币经济周期模型，以技术冲击作为单一波动源解释了中国 76% 的经济波动，但其预测的消费波动标准差只有实际水平的 1/3。陈昆亭等（2004a，2004b）[③] 把人力资本和粘滞性价格引入标准 RBC 模型，解释了 1952—2001 年期间中国的经济波动，然而中国经济改革开放前后在经济体制方面存在着显著差异，这可能会影响模型的解释能力。黄赜琳（2005）将政府支出作为外生随机冲击引入 RBC 模型，发现技术冲击和政府支出冲击可以解释 70% 以上的中国经济波动特征，但该模型预测的就业波动标准差比其实际水平高出了 30% 左右。李浩等（2007）用小国开放经济模型对中国经济进行实证检验，发现它能解释中国产出波动的 69%，在此基础上引入政府购买冲击，使得其对中国经济波动的解释能力显著提高到 80% 以上，但它没有对就业的波动变化做出解释。连平和吴金友（2009）使用向量自回归模型从需求侧的角度对消

[①] 涂巍，王治国，邹恒甫. 转型期的中国经济波动特征 [J]. 统计研究，2015（4）：8-13.

[②] 卜永祥，勒炎. 中国实际经济周期：一个基本解释和理论扩展 [J]. 世界经济，2002（7）.

[③] 陈昆婷，龚六堂，邹恒甫. 基本 RBC 模拟中国经济的数值试验 [J]. 世界经济文汇，2004（2）：41-51.

陈昆亭，龚六堂，邹恒甫. 中国经济增长的周期与波动的研究 [J]. 经济学（季刊），2004，3（4）

费、投资和出口对经济波动的影响进行了研究，发现"三架马车"对经济增长有显著的贡献，对物价波动有长期的影响。詹新宇和方福前（2012）[①]引入国有企业和民营企业两类厂商的异质性，对标准 RBC 模型进行扩展，模拟结果可以解释中国经济的"高位波动"现象和"波幅收缩"性的特征。梅冬州等（2014）[②]对党代会召开、监察力度变化与中国经济波动之间的关系进行研究，研究发现其对经济波动有重要的影响。陈国进等（2014）[③]使用扩展的 RBC 模型研究罕见灾难风险对中国宏观经济波动的影响，研究表明灾难性风险对中国宏观经济波动有显著的冲击。在新凯恩斯主义框架下的研究将更多的冲击类型包括到模型中，使得结论并不如 AD－AS 模型的结论那样统一。如李春吉、孟晓宏（2006）[④]发现消费偏好冲击和技术冲击对经济波动变化具有较明显的影响。孙稳存（2007）[⑤]考虑到利率和货币量的综合货币政策指标，认为中国经济波动的主要来源是货币政策缺乏独立性而造成的货币政策冲击。许伟、陈斌开（2009）[⑥]将银行信贷引入动态一般均衡模型，发现技术冲击解释了大部分产出、消费的波动，信贷冲击有一定的解释能力，而货币冲击的效应不明

[①] 詹新宇，方福前. 国有经济改革与中国经济波动的平稳化［J］. 管理世界，2012（3），11－22.

[②] 梅冬州，王子健，雷文妮. 党代会召开、监察力度变化与中国经济波动［J］. 经济研究，2014（3），47－61.

[③] 陈国进，晁江峰等. 罕见灾难风险和中国宏观经济波动［J］. 经济研究，2014（8）：55－66.

[④] 李春吉，孟晓宏. 中国经济波动——基于新凯恩斯主义垄断竞争模型的分析［J］. 经济研究，2006（10）.

[⑤] 孙稳存. 货币政策与中国经济波动缓和化［J］. 金融研究，2007（7）

[⑥] 许伟，陈斌开. 银行信贷与中国经济波动：1993—2005［J］. 经济学（季刊），2009，（3）.

显。陈晓光、张宇麟（2010）[①]认为政府消费冲击是一个重要的波动源。王燕武和王俊海（2011）[②]引入偏好冲击、加成冲击、政府支出冲击和利率冲击，发现来自供给方的冲击对中国经济波动具有重要作用。徐舒等（2011）[③]在动态随机一般均衡的理论框架下建立了一个内生R&D投入与技术转化模型，以研究技术扩散对中国经济波动的影响，该模型较好地拟合了现实经济波动，然而它忽视了信贷冲击等重要因素。栗亮和刘元春（2014）[④]通过构建附加"金融加速器"的DSGE模型，模拟和测算了2008年前后中国经济波动的来源和变化，并针对这些变化提出了未来政策框架调整的建议。王国静和田国强（2014）[⑤]将金融冲击引入到动态随机一般均衡模型，结果表明金融冲击可以解释80%的产出增长波动。

（3）全要素生产率、经济波动源的变异性以及"熨平"原理的研究文献。张军和施少华[⑥]（2003）最早使用C-D生产函数法对我国从1952—1998年的TFP进行测算并对TFP的波动特征进行了研究。对全要素生产率研究的文章主要集中在：①全要素生产率的再测度体现在测度方法的创新（张少华，蒋伟杰.

[①] 陈晓光，张宇麟. 信贷约束、政府消费与中国实际经济周期[J]. 经济研究，2010（12）.

[②] 王燕武，王俊海. 中国经济波动来源于供给还是需求——基于新凯恩斯模型的研究[J]. 南开经济研究，2011（1）.

[③] 徐舒，左萌，姜ások. 技术扩散、内生技术转化与中国经济波动——一个动态随机一般均衡模型[J]. 管理世界. 2011（3）：22-31.

[④] 栗亮，刘元春. 经济波动的变异与中国宏观经济政策框架的重构[J]. 管理世界，2014（12）：38-50.

[⑤] 王国静，田国强. 金融冲击和中国经济波动[J]. 经济研究，2014（3），20-34.

[⑥] 张军，施少华. 中国经济全要素生产率变动：1952—1998[J]. 世界经济文汇，2003（2）.

2014)[①]。②对全要素生产率影响因素的研究。郑丽琳和朱启贵（2013）[②]对能源环境约束下的经济增长问题研究直接推动了全要素生产率的深层研究，研究表明：规模因素、管理因素、科技因素、涉外因素等对 TFP 变化存在着正向影响，结构因素存在负向冲击。袁志刚、解栋栋（2011）[③]分析了改革开放以来，劳动力错配对 TFP 有着明显的负效应。③全要素生产率对经济增长率的贡献性。翁娱娱、高汝嘉（2011）[④]利用中国 1978—2008 年的数据，选取新古典模型、有效劳动模型以及人力资本外部性增长模型的生产函数模型对经济增长进行研究，发现经济增长的动力不足，主要来源全要素生产率的下降。蔡昉（2013）[⑤]针对中国经济的实际特征（劳动力短缺和工资持续提高等），提出中国亟须通过政策调整，形成国内版的"雁阵"模型和"创造性毁灭"的政策环境，以全要素生产率来驱动经济增长。④全要素生产率对宏观经济波动的影响。陈国进、晁江峰等（2014）[⑥]构建了包含灾难风险因素的 RBC 模型，通过区分 TFP 灾难、资本灾难和双重灾难三种形式，分析灾难风险因素对我国经济波动的解释能力，为 TFP 的细化做了初步尝试。经济波动源的变异性研究，文献主要集中在对中国经济波动的阶段性进行描述，而对经

---

① 张少华，蒋伟杰. 中国全要素生产率的再测度与分解［J］. 统计研究，2014（3）：54-60.
② 郑丽琳，朱启贵. 纳入能源环境因素的中国全要素生产率再估计［J］. 统计研究，2013（7）：9-17.
③ 袁志刚，解栋栋. 中国劳动力错配对 TFP 的影响分析［J］. 经济研究，2011（7）：4-17.
④ 翁媛媛，高汝熹. 中国经济增长动力分析及未来增长空间预测［J］. 经济学家，2011（8）：65-74.
⑤ 蔡昉. 中国经济增长如何转向全要素生产率驱动型［J］. 中国社会科学，2013（1）：57-72.
⑥ 陈国进，晁江峰等. 罕见灾难风险和中国宏观经济波动［J］. 经济研究，2014（8）：55-66.

济波源变异的研究,仅发现栗亮、刘元春[①]使用 DSGE 模型对 2008 年前后中国经济波动的来源及变化进行了分析。国内学者对产业结构与经济波动的"熨平"作用的研究主要集中在两个方面:一是检验"熨平"作用的存在性。二是测算不同产业对经济波动的贡献率,主要使用方差分解[陈杰(2011)[②]]。干春晖、郑若谷等(2011)[③] 将产业结构变动分为结构合理化和高阶化,研究表明两者都对经济波动具有稳定性作用。杨天宇和刘韵婷(2011)[④] 将中国经济结构调整对宏观经济波动的"熨平效应"进行了分析,发现经济结构调整对宏观经济波动具有有限的"熨平效应",其中第二产业内部的结构调整"熨平"宏观经济波动的作用较强。方福前和詹新宇(2012)[⑤] 基于时变参数模型的经验研究表明,改革开放以来我国产业结构升级对经济波动平稳化趋势有着显著的"熨平效应",并且随着产业结构升级的不断推进,这种熨平作用亦趋明显。李强(2012)[⑥] 通过计量分析研究了产业结构变动和经济波动的关系,并利用差分分解的方法分析了三次产业变动对经济波动的影响,发现产业结构变动是经济波动的一个重要原因,产业结构的合理化和高阶化都有助于缓解经济波动。

[①] 栗亮,刘元春. 经济波动的变异与中国宏观经济政策框架的重构 [J]. 管理世界,2014 (12),23—50.

[②] 陈杰. 结构差异、增长质量与经济周期波动的关联度 [J]. 宏观经济,2011 (7):42—50.

[③] 干春晖,郑若谷,等. 中国产业结构变迁对经济增长和波动的影响 [J]. 经济研究,2011 (5):4—31.

[④] 杨天宇,刘韵婷. 中国经济结构调整对宏观经济波动的"熨平效应"分析 [J],经济理论与经济管理,2011 (7):47—55.

[⑤] 方福前,詹新宇. 中国产业结构升级对经济波动的熨平效应分析 [J]. 经济理论与经济管理,2011 (7):5—16.

[⑥] 李强. 产业结构变动加剧还是抑制经济波动——基于中国的实证分析 [J]. 经济与管理研究,2012 (7):9—37.

综合上述文献，对中国经济波动的研究还存在着几点不足：第一，对中国经济波动的新特征不能很好地进行经济解释。第二，不同研究者对影响经济波动的主要因素存在较大分歧以及对波动源变异性问题研究不足。第三，缺少从全要素生产率的视角去细分影响经济波动的原因。第四，关于经济波动的"熨平"现象虽然达成统一，但大多研究使用计量模型对其实证分析，缺少使用理论模型对其形成机理进行深入挖掘。

1.3　研究思路与技术路线

1.3.1　研究思路

本书首先回顾经济波动理论发展脉络，选择以动态随机一般均衡模型（DSGE）和 VAR 族为实证分析工具，然后分别从经济波动周期的测算和划分、主要经济变量的波动特征、经济波动产生的原因、经济波动原因的变异性、全要素生产率的公共因子对经济波动的影响，以及产业结构转型弱化经济波动的机理等问题进行了研究。具体研究过程中，遵循"典型事实考察→冲击源识别→冲击源演化→核心冲击源解析→波动平稳化探讨"的研究思路。研究的逻辑思路可以概括为图 1.3，主要表现为：①中国经济的波动周期和波动特征。②分解影响经济波动的主要影响因素和经济结构突变下经济波动原因的变异。③从全要素生产率的角度细分影响经济波动的因素并对影响强度和传导机制进行研究。④研究产业结构转型如何导致经济波动的平稳化。最后结合实证研究，给出本书研究的主要结论以及未来的研究方向。

第1章 导论

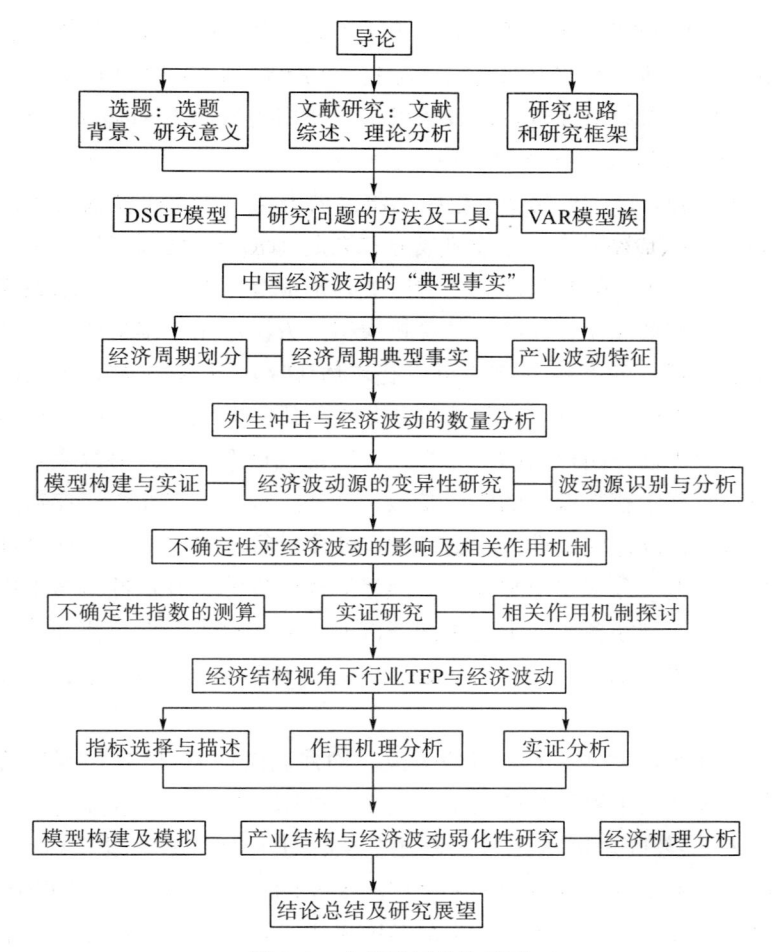

图 1.3　本书逻辑结构导图

1.3.2　技术路线

本书研究使用动态随机一般均衡模型（DSGE）和因子增广向量自回归模型（FAVAR）作为主要分析工具，分解造成中国经济波动的各个外生冲击的影响，并找到其中最主要的影响因素，进而研究经济周期波动的传导机制。其中所涉及的具体方法和工具包括：滤波方法、统计分析、动态规划、对数线性化、因子提取、参数估计以及计算机模拟，使用的软件为 Matlab 2013、Stata 8.0 以及 Dynare 软件包。

首先，DSGE 模型的建模。将滤波方法用于将年度数据和调整后的季度数据分解为趋势成分和周期性成分，使用统计方法计算周期性成分的时间序列的二阶矩，形成静态典型事实。动态规划、对数线性化、校准、计算机模拟的方法应用于本书的第 4 章和第 5 章。动态规划方法可以将求解 DSGE 模型的无穷序列问题转化为递归问题，对数线性化是将使用动态规划求得的、代表个人最优选择路径的欧拉方程进行线性化近似，估计参数或其他经验研究中获得模型的深层参数，并通过计算获得非深层参数的数值，再以这些线性方程为基础，使用计算机进行模拟。通过计算机模拟，分解出单独冲击对经济波动的影响，并对冲击结果进行分析，判断各个冲击对中国经济波动的相对重要性，找到主要波动因素，研究中国经济波动的机制和经济波动源的变异性问题。

其次，FAVAR 模型的建模。构建高维影响 TFP 宏观经济信息集并从中提取公共因子，使用增减因子的成本和收益的信息准则 IC 来确定因子个数，使用公共因子构建 VAR 即 FAVAR 模。本书重新对中国 1978—2014 年间的全要素生产率（TFP）进行测算，从全要素生产率的角度来进一步定量研究是什么因素通过影响全要素生产率（TFP）来影响宏观经济波动以及相关传导机制。由于全要素生产率的影响因素很多，如经济制度、产业结构、技术进步水平等，采用增广向量自回归模型（FAVAR）对其进行分析，可寻找出彼此之间的传导机制和相互影响程度。

最后，两部门动态一般均衡投入产出模型。构建一个两部门动态一般均衡投入产出模型，研究产业结构转型导致中国经济波动减弱的原因，制造业向服务业转换过程中对经济波动的稳定性作用如何表现。在模型中，两个部门相对规模的变化产生传导机制（即部门 TFP 冲击对内生变量的影响）发生变化。使用 1992—2014 年中国投入产出表的数据校准模型，计算部门（制造业和服务业）TFP 冲击的随机过程。研究结果表明：产业结构的变化导致全要素生产率和 GDP、制造业、服务业的投资和消费的波动减弱，产业结构转型能解释中国在 1992—2014 年的经济波动弱化原因为 24%。

1.4 主要创新点

本书综合运用当今宏观经济分析最为前沿的分析方法和工具，以动态随机一般均衡模型（DSGE）和因子增广向量自回归模型（FAVAR）为分析基础，对经济波动周期的测算和划分、主要经济变量的波动特征、经济波动产生的原因、经济波动原因的变异性、全要素生产率的公共因子对经济波动的影响以及产业结构转型弱化经济波动的机理等问题进行了研究。与现有的研究相比，创新性主要体现在以下几个方面：

第一，从经济结构突变视角研究波动源的变异性。以 DSGE 模型为分析框架，本书结合中国经济自身特征引入了资本调整成本和资本利用率等因素，扩展了一个小型开放的扩展 BCA 模型。采用季度性数据对中国从 1992 年到 2018 年的总量经济波动的原因及波动源的变异性问题进行研究。考虑在经济结构变化的前提下，研究从 1992 年市场经济正式确定以来划分三个阶段（市场经济初期、大稳健时期和后经济危机时期），使用该模型进行模拟实验并对三个阶段的波动的原因比较分析，从理论上回答了中国经济波动的影响因素是否发生变异的问题。

第二，采用增广向量自回归模型分析 TFP 细化的公共因子如何影响经济波动。基于全要素生产率是经济波动主要原因的事实，本书首先使用 FAVAR 模型对影响全要素生产率的因素如何冲击中国经济波动的传导机制进行研究。虽然在现有的 VAR 文献中，也有从全要素生产率视角对中国经济波动的影响因素进行研究的，但是囿于 VAR 技术的限制，不能从高维数据角度对经济波动的影响因素进行分解，FAVAR 模型的使用不仅可以避免"维度灾难"的问题，而且可以对全要素生产率进行细分来研究其如何影响经济波动。

第三，研究产业结构转变如何"熨平"经济波动的内在机理。国内研究的文献中，大部分研究都肯定和强调了产业结构转变对降低我国经济周期波动的作用，但基本上没有深入剖析产业本身及其结构转变如何影响经济波动。为探讨产业结构转型如何平稳经济波动的问题，本书构建了产业结构转型内生化的一个两部门动态一般均衡投入产出模型，解释了产业结构转变导致经济波动平稳化的内在机理，并从数量上测度了产业结构转变能解释经济波动减弱的能力。

1.5　结构安排

本书的第 1 章为导论部分，包括研究背景和意义、国内外文献综述、研究方法与技术路线以及主要贡献。第 2 章对所用到的实证分析方法 DSGE 模型以及 FAVAR 模型分别从模型的构建、模型求解以及参数估计等角度进行介绍，并对宏观经济分析的主要软件工具进行了总结，为后续研究分析提供了方法论的支持。第 3 章首先对三种滤波器进行了甄别，使用 CF 滤波法对中国经济波动进行了周期分解并对周期成分进行周期测算和划分；其次对我国宏观经济波动的典型特征的统计量进行了计算，分别从总需求、生产要素、货币和物价以及三大产业增加值的角度进行统

第1章 导论

计描述，结合统计描述对经济周期波动机理进行了分析。第4章使用一个识别和分解外生冲击（技术冲击、投资冲击、劳动冲击和外部冲击）的扩展 BCA 模型来研究是哪些外生冲击对经济波动有重要作用，这些外部冲击对总量经济带来的经济波动强度如何，并尝试着回答新经济周期规律和新经济波动特征产生的原因。第5章从经济结构突变的角度构建一个小型开放的真实商业周期模型（扩展 BCA），用来分析中国经济波动是否发生了结构性变异。该模型假设经济波动由技术变革扭曲、资本扭曲、消费扭曲以及国际债务市场扭曲四个方面导致，通过对经济模型的模拟可以分解出主要影响经济波动的因素，分析中国经济波动的影响因素是否发生变异。第6章根据第5章的研究结论，从全要素生产率的角度构建一个因子增广向量自回归模型（FAVAR）来研究影响全要素生产率的因素对经济总量波动的影响以及传导机制，为进一步将全要素生产率内生化提供理论支撑。第7章构建一个两部门的增长模型研究产业结构转型导致中国经济波动减弱的原因，制造业向服务业转换过程中对经济波动的稳定性作用如何表现。在模型中，两个部门相对规模的变化产生传导机制（即部门 TFP 冲击对内生变量的影响）。研究结果表明，产业结构的变化导致全要素生产率与 GDP、制造业、服务业的投资和消费的波动减弱，产业结构转型能解释中国 1992—2018 年的经济波动弱化原因为 24%。第8章是对全书的总结，包括本书的主要结论和研究不足以及未来研究方向。

第2章 方法论及技术工具：
宏观经济模型

"工欲善其事，必先利其器"。本章将重点介绍动态随机一般均衡模型（DSGE）、向量自回归模型族的演进、复杂网络模型以及实现这些方法的技术工具。

"工欲善其事，必先利其器"。作为本书方法论及工具的准备，本章将介绍应用宏观计量模型（宏观实证模型 VAR 族和 DSGE 模型）、复杂网络模型及实现该方法的技术工具。近年来，宏观经济模型发生了巨大的变化，陆续出现了向量自回归模型（VAR）和大量扩展模型（FAVAR 模型、TVP－VAR 模型、MS－VAR 模型等）、动态宏观面板模型以及动态随机一般均衡（DSGE）模型。尤其是 DSGE 模型已经成为近十年最为重要的研究工具，无论在学术界，还是在政府部门和中央银行都得到了广泛的运用。DSGE 模型以微观基础作为支撑，避免了"卢卡斯批判"和政策的动态不一致性问题，能够较好地解释经济政策传导机制，使模型在经济预测和政策评价等方面具有较高的可信度。宏观经济研究的主要工具有 MATLAB、Dynare 软件包、

第 2 章　方法论及技术工具：宏观经济模型

Uhlig 工具箱和 IRIS 软件包等分析工具，本章将对其逐一进行简要介绍。

2.1　动态随机一般均衡（DSGE）模型

DSGE 是"Dynamic Stochastic General Equilibrium"的首字母缩写，中文译为"动态随机一般均衡"模型[1][2][3][4]。DSGE 是在不确定环境下研究经济一般均衡问题的一种优化模型，其出发点是严格依据一般均衡理论，利用动态优化方法对各经济主体（居民、厂商、政府等）在不确定环境下的行为决策进行刻画，从而得到经济主体在资源、技术及信息约束等条件下的最优行为方程，通过考察市场出清条件和运用加总方法，最终得到不确定环境下总体经济满足的条件。本节对 DSGE 模型的步骤、求解方法以及参数估计进行介绍，其中模型的求解和参数估计是核心。

2.1.1　模型的步骤

DSGE 模型为经济分析提供了一个"实验室"，通过它，经济学家和政策制定者可以识别引起内生变量发生变化的外部冲击的来源，分析与预测政策变动给经济各方面带来的效应等。DSGE 模型有"动态（Dynamic）""随机（Stochastic）"和"一般均衡（General Equilibrium）"三方面的特点，分析框架大致

---

[1]　Dejong D N, Dave C. Structural Macroeconometrics. Princeton [J]. NJ: Princeton University Press, 2007.

[2]　An S, Schorfheide F. Bayesian analysis of DSGE modes [J]. Econometric Reviews, 2007, 26 (2-4): 113-172.

[3]　Fabio Canova. Methods for Applied Macroeconomic Research [J]. Princeton, NJ: Princeton Universtiy Press, 2007.

[4]　刘斌. 动态随机一般均衡模型及应用 [M]. 北京：中国金融出版社，2010.

可以分为模型设定、模型求解、模型参数的确定和数据模拟与经济分析等四大部分（具体步骤如图 2.1 所示）。动态随机一般均衡模型分为两类：实际经济周期（RBC）模型和新凯恩斯主义模型。新凯恩斯主义 DSGE 模型与实际经济周期模型具有相同的分析框架：偏好－技术－资源约束。偏好是指经济系统中经济主体的最优效用或最大利润；技术是指经济系统中的经济主体的生产能力，是一种生产结构的体现；资源约束是经济系统中的经济主体进行经济决策中遇到的资源、信息以及技术等外生约束。

动态随机一般均衡模型的建模步骤：①模型设定。首先，对经济主体进行行为分析，这些经济主体主要包括居民、厂商、政府和中央银行；同时，每个经济主体还可以再细分，即经济主体是同质的还是异质的，然后再从最优化的角度得到行为方程。其次，由于经济主体数量众多，直接对经济个体行为方程求解很难，而且很可能得到错误的结论。如果经济主体是同质的，就可以直接加总，但如果经济主体是异质的，从微观向总量的转变就十分棘手。最后，将模型的宏观行为方程及等价条件结合对经济系统的稳态和动态调整机制进行分析。②模型的求解。DSGE 模型求解就是刻画出模型中各变量变化所遵循的动态路径，模型求解需要对其存在性、唯一性以及稳定性进行判断。由于绝大部分 DSGE 模型都是含有期望符号的非线性模型，因此许多研究者采用对数线性化的方法，将含有期望符号的非线性系统转变为含有期望符号的线性系统，然后，运用线性代数的方法求解模型。常用方法有 Blanchard and Kahn（1980），简称 BK 法、Uhlig（1999）的待定系数法、Klein（2000）的广义 Schur 分解法和 Sims（2002）的 QZ 分解法。③模型的参数估计。模型参数的估计是 DSGE 模型数量分析的核心步骤。Kydland，Prescott（1982）首先使用"校准"（calibration）的方法，它也一直是 DSGE 模型参数选取的流行方法之一。在模型"校准"的过程中，一般采用来自微观计量的研究成果来选取模型参数的值。然而，这一方法因缺乏坚实的理论基础，而受到了相当的批评（Hansen，He 扩展 BCAan，1996）。随着计算机技术的发展，计算能力作为研究者所面临的一个约束已经得到了极大的放松，这也带来了极大似然估计（maximum likelihood estimation）以及贝叶斯估计（Bayesian estimation）的广泛使用。④数据模拟和经济政策分析。进行定量的经济分析，包括对政策变化及各种冲击对经济系统的影响进行分析。在给出了模型参数的适当估计值之后，就可以利用模型进行各种在真实世界中无法实施的试验。如模拟（或仿真）分析各种不确定性因素（外生冲击）或政策变化（货币政策、财政政策、供给政策）对模型的内生变量产生的脉冲响应影响，可以分析冲击的动态宏观经济传导机制。

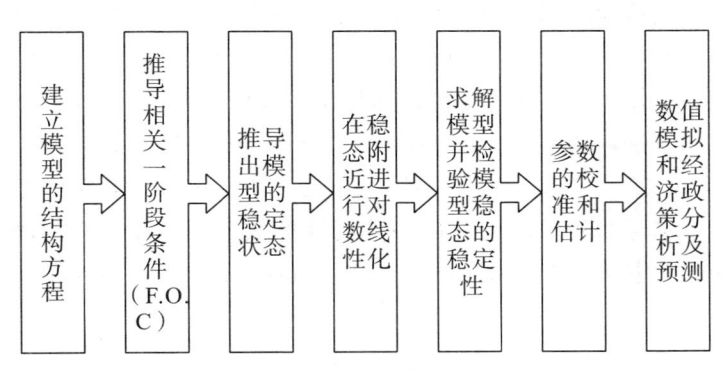

建立模型的结构方程 ⇒ 推导相关一阶段条件（F.O.C.） ⇒ 推导出模型的稳定状态 ⇒ 在稳态附近进行对数线性化 ⇒ 求解模型并检验模型稳态的稳定性 ⇒ 参数的校准和估计 ⇒ 数值模拟和经济政策分析及预测

图 2.1 DSGE 模型的分析研究步骤

2.1.2 模型的求解

DSGE 模型的求解是一个复杂的过程。在模型设定以后，需要使用变分法（最优化原理或动态规划理论）求解各个经济主体的最优一阶条件，由于这些一阶最优条件（F.O.C.）都是非线性的经济系统，绝大多数是没有解析解的，因此，可以使用数值模拟求解数值模拟值。目前，对 DSGE 模型求解的方法大致分为两类[①][②]：一类是对非线性模型直接求解（Aruoba，Fernandez-Villaverdeb，Juan F. Rubio-Ramirez，2006[③]），主要有投影算法、值函数迭代算法等。这一方法的优点是可以保留所有研究者感兴趣的变量信息，但缺点是计算过程非常复杂。另一类方法是先对模型进行对数变换，在稳态附近进行泰勒展开，如果只对一阶矩感兴趣，就采用一阶近似，这种方法通常被称为对数线性化方法。如果对高阶矩感兴趣，可以采用二阶或高阶近似。对数线性化方法[④]可以先将系统转化成为含期望符号的线性系统，然后用线性代数的方法加以求解，该方法由于其便利性常被采用。对非线性模型进行线性化处理，使其转化为理想预期的差分方程组，这样可以大大简化模型的求解和结构参数的估计，线性模型可以方便地使用 Kalman 滤波得到释然函数，而且对分析经济波动问题也是可行的。较常见的是 Blanehardand Kahn（1980），简称 BK 分解法，后继发展的很多方法其实是在 BK 方法基础上做出的改进，如 Klein（2000）的广义 Schur 分解法。此外，还有 Sims（2002）的 QZ 分解法，Uhlig（1999）的待定系数法。

本书对 DSGE 模型使用一阶线性近似，下面介绍常用的对数线性化方法和本书使用的扰动法（Perturbation Methods）。

---

① 李霜. 动态随机一般均衡下中国经济波动问题研究 [D]. 武汉：华中科技大学，2011.

② 王云清. 中国经济波动问题的数量分析——基于新凯恩斯主义 DSGE 模型 [D]. 上海：上海交通大学，2013.

③ S. Boragan Aruoba, Jesus Fernandez - Villaverde, Juan F. Rubio - Ramirez. Comparing solution methods for dynamic equilibrium economies [J]. Journal of Economic Dynamics & Control. 2006. 2477-2508.

④ Dejong D N, Dave C. Structural Macroeconometrics [J]. Princeton, NJ: Princeton University Press, 2007.

第2章 方法论及技术工具：宏观经济模型

（1）对数线性化。

假设结构方程为：$x_{t+1} = f(x_t)$，需要对其进行一阶线性化近似，先把该方程写作如下对数形式：$\log(x_{t+1}) = \log[f(e^{\log(x_t)})]$，然后将方程在稳态$\bar{x}$处进行泰勒展开：

$$\log(x_{t+1}) \approx \log[f(\bar{x})] + \frac{f'(\bar{x})\bar{x}}{f(\bar{x})}[\log(x_t) - \log(\bar{x})] \tag{2.1.1}$$

稳态时，$\log\bar{x} = \log[f(\bar{x})]$，得到：

$$\log(x_{t+1}) - \log\bar{x} \approx \frac{f'(\bar{x})\bar{x}}{f(\bar{x})}[\log(x_t) - \log(\bar{x})]$$

$$\log\left(\frac{x_{t+1}}{\bar{x}}\right) = \frac{f'(\bar{x})\bar{x}}{f(\bar{x})}\log\left(\frac{x_t}{\bar{x}}\right)$$

定义 $\hat{x}_{t+1} = \log\left(\frac{x_{t+1}}{\bar{x}}\right)$，$A = \frac{f'(\bar{x})\bar{x}}{f(\bar{x})} = f'(\bar{x})$，则上式可写为：

$$\hat{y}_{t+1} = A\hat{y}_t \tag{2.1.2}$$

其中，$\log\left(\frac{x_{t+1}}{\bar{x}}\right)$可以近似为变量关于稳态的偏离，因此，可以知道该方法与泰勒一阶展开的结果是一致的。

（2）扰动法（Perturbation Methods）。

DSGE模型通常可以写成非线性随机差分方程的形式[1]：

$$E_t f(y_{t+1}, y_t, x_{t+1}, x_t) = 0 \tag{2.1.3}$$

其中E_t是在时间为t的期望因子，向量x_t为状态变量，向量y_t为控制变量。状态向量x_0的初始值为经济系统的初始条件。状态向量x_t可以分成两部分，分别为$x_t = [x_t^1; x_t^2]'$，其中，向

---

[1] Stephanie Schmitt-Grohé, Martín Uribe. Solving Dynarmic general equilibrium models using a second-order approximation to the policy function [J]. Journal of Economic Dynamics&control，2004：755—775.

量x_t^1是内生状态变量,向量x_t^2是外生冲击变量。具体地,假设外生冲击变量x_t^2按照随机过程:$x_{t+1}^2 = \tilde{h}(x_t^2, \sigma) + \tilde{h}\sigma \in_{t+1}$,其中$x_t^2$和$\in_t$是维度为 n 的向量,$\in_t$是独立同分布即$\in_t \sim iid$(0,1)。函数$\tilde{h}$的雅克比矩阵的特征根在单位根内,处于非随机的稳定状态。

方程 (2.1.3) 按照经典的解法,可以得到解得形式为:

$$y_t = \hat{g}(x_t) \tag{2.1.4}$$

$$x_{t+1} = \hat{h}(x_t) + \eta \sigma \in_{t+1} \tag{2.1.5}$$

向量x_t是维度n_x的状态变量,向量y_t是维度为n_y的控制变量。矩阵η是维度$n_x \times n_\in$,其形式为:

$$\eta = \begin{pmatrix} \varphi \\ \tilde{h} \end{pmatrix}$$

通常函数$\hat{h}$和$\hat{g}$的解析形式是不确定的,扰动法的核心是使用函数状态变量x_t和参数σ去表达模型解的形式,即形式为:

$$y_t = g(x_t, \sigma) \tag{2.1.6}$$

$$x_{t+1} = h(x_t, \sigma) + \eta \sigma \in_{t+1} \tag{2.1.7}$$

为了表达模型解得形式,扰动法需找一个局部近似的函数 g 和 h。其在均衡点$(\bar{x}, \bar{\sigma})$附近的局部近似是有效的。采用泰勒展开在$(x, \sigma) = (\bar{x}, \bar{\sigma})$附近的函数 g 和 h,可以得到:

$$g(x, \sigma) = g(\bar{x}, \bar{\sigma}) + g_x(\bar{x}, \bar{\sigma})(x - \bar{x}) + g_\sigma(\bar{x}, \bar{\sigma})(\sigma - \bar{\sigma}) + \frac{1}{2} g_{xx}(\bar{x}, \bar{\sigma})(x - \bar{x})^2 + g_{x\sigma}(\bar{x}, \bar{\sigma})(x - \bar{x})(\sigma - \bar{\sigma}) + \frac{1}{2} g_{\sigma\sigma}(\bar{x}, \bar{\sigma})(\sigma - \bar{\sigma})^2 + \cdots.$$

$$h(x, \sigma) = h(\bar{x}, \bar{\sigma}) + h_x(\bar{x}, \bar{\sigma})(x - \bar{x}) + h_\sigma(\bar{x}, \bar{\sigma})(\sigma - \bar{\sigma}) + \frac{1}{2} h_{xx}(\bar{x}, \bar{\sigma})(x - \bar{x})^2 + h_{x\sigma}(\bar{x}, \bar{\sigma})(x - \bar{x})(\sigma - \bar{\sigma}) + \frac{1}{2} h_{\sigma\sigma}(\bar{x}, \bar{\sigma})(\sigma - \bar{\sigma})^2 + \cdots.$$

为了获得 $g(x,\sigma)$ 和 $h(x,\sigma)$ 的近似形式,将其带入式 (2.1.3) 中,定义:

$$F(x,\sigma)\equiv E_t f(g(h(x,\sigma)+\eta\sigma\in),\hat{g}(x_t),h(x,\sigma)+\eta\sigma\in,x)=0 \qquad (2.1.8)$$

因为对于任意的 x 和 σ,$F(x,\sigma)$ 恒等于零,所有 $F(x,\sigma)$ 的微分也一定等于零。因此,有:$F_{x^k\sigma^j}(x,\sigma)=0$, $\forall x,\sigma,j,k$,这里 $F_{x^k\sigma^j}(x,\sigma)$ 表示为 F 的关于 x_t 的 k 阶和关于 σ 的 j 阶微分。

通常使用近似函数 g 和 h 的特殊点是非随机稳定点即 $x_t=\bar{x}$ 和 $\sigma=0$。进一步,定义非随机稳定状态的向量 $(\bar{x},\bar{y})$ 满足于:$f(\bar{y},\bar{y},\bar{x},\bar{x})=0$。$\bar{y}=g(\bar{x},0)$ 和 $\bar{x}=h(\bar{x},0)$ 是很容易获得,如果令 $\sigma=0$,则 $E_t f=f$。这也是扰动法选择该点的原因所在。

2.1.3 模型的参数估计

DSGE 模型参数的估计主要有两种类型,一类是模型稳定状态下的有关参数即静态参数。另一类是反映模型动态特征的外生变量的参数即动态参数。对于静态参数,通常采用校准(Calibration)的方法来设定。对于动态参数,采用参数估计的方法来确定。DSGE 模型参数估计方法很多,常用的估计方法有广义矩方法(Generalized Method of Moments,GMM)、基于模拟的拟合矩估计(Simulation Method of Moments,SMM)、间接推断法(Indirect Inference,II)极大似然估计(Maximum Likelihood Estimation,MLE)以及贝叶斯估计(Bayesian Estimation)。用于估计非线性模型的投影法(Projection Methods)、值函数迭代法(Value Function Iterations)和政策函数迭代法(Policy Function Iterations)等。本节对校准法和贝叶斯参数估计法进行简单介绍。

校准（calibration）是由 Kydiand and Prescott（1982）研究经济周期时，开创性提出的构造和评价动态经济模型的新方法。校准法的核心思想是通过选择尽可能使模型理论矩与实际数据而得到 DSGE 模型参数值相匹配，也可使用现有的微观研究借鉴参数，其目的是利用参数化结构模型模拟先验的实际经济。模型评价应当从模型对非校准数据的重构能力着手。校准参数通常需要用到数据的一阶矩条件，而模型评价是进行实际数据与模拟数据二阶矩的比较。另外，校准法也可以对经济政策变化的理论意义进行评价。

贝叶斯参数估计法[①]将模型参数设定为随机变量而不是一个固定的值，并将概率论引入模型参数的解释。贝叶斯估计需要大致四个步骤：①设定模型结构参数的先验概率信息（Prior Information），例如，参数的均值、标准差、概率分布类型等信息。这些信息主要依据已有的文献和相关数据进行设定。②将 DSGE 模型的解改成所需要的状态空间（Stata Space）形式，并利用卡尔曼滤波方法（Kalman Filtering），得到模型的对数似然函数。③在参数的先验概率信息的基础上，结合利用卡尔曼滤波方法得到模型的对数似然函数，得到模型结构参数的后验分布密度函数（Posterior Distribution）。④通过将后验分布关于模型结构参数直接最小化或采用马尔科夫蒙特卡罗模型方法（Markov Chain Monte Carlo，MCMC），计算上述后验分布密度函数的相关统计量。在贝叶斯估计过程中，通常会遇到奇异性（Singularity Problem）的问题。具体而言，观测变量的个数不能大于 DSGE 模型中外生随机冲击的个数，否则贝叶斯估计就会失效。为了克服奇异性问题，一个简单又常用的方法就是在 DSGE 模型中尽

---

① 关于贝叶斯参数估计原理，具体参考 DeJong and Dave（2007）、An and Schorfheide（2007）和刘斌（2010）等相关文献。

可能添加外生随机冲击，以确保模型中外生随机冲击的个数大于或是等于观测变量的个数。

2.2 VAR 模型族的演进[①]

自从 Sim（1980）利用向量自回归模型（VAR 模型）对货币冲击进行研究以来，VAR 模型得到了广泛应用。VAR 模型不像传统的计量经济方法需要以经济理论为基础来描述变量的关系，确定谁是内生变量和谁是外生变量。该模型及以后的拓展形式在整个计量经济学体系中占有重要位置，至今在宏观经济计量方面有着广泛的应用。VAR 模型族的演进由简单到复杂，由线性到非线性，由少变量到大规模，由国家层面到全球层面又到区域层面等，其演进也取得了长足进步。接下来，本书的任务就是基于 VAR 模型的扩展脉络对其演进和发展做梳理和重视，并给出不同类型 VAR 模型的应用范围及注意问题。

2.2.1 VAR 模型的结构及应用

VAR 模型以多方程联立的形式出现，系统内每个方程右边的变量是相同的，包括所有内生变量的滞后值，然后通过模型中所有内生当期变量对它们的若干滞后值进行回归，进而估计出全部内生变量的动态关系。

与早期的结构性模型比较，VAR 模型的优点在于：第一，不以严格的经济理论为依据，而是让数据关系说明一切；第二，解释变量中不包括任何当期变量，只要样本足够大，就不存在因参数过多产生模型不可识别的问题；第三，无须事先区分变量的

[①] 沈悦，李续，马续涛. VAR 宏观计量经济模型的演变与最新发展 [J]. 数量经济技术经济研究，2012（10）：150−160.

外生性和内生性。

VAR模型主要用来处理平稳性数据，传统的理论要求对于非平稳的时间序列经过差分再建立VAR模型，这样通常会损失掉许多信息，同时也会使得分析结果难以得到解释，但只要各变量之间存在协整关系也可以直接建立VAR模型。Engle和Granger将协整与误差修正模型结合起来，建立了向量误差修正模型（VEC），可以较好地克服VAR模型的不足。在这里确定VAR模型滞后期十分关键。目前的Eviews6.0软件有5种方法可以确定模型的滞后期，分别是LR、FPE、AIC、SC、HQ，如果出现检验结果不一致时，一般选取次数最多的最优滞后阶数。

VAR模型还可以用来检验变量之间是否存在因果关系，Granger因果检验正是基于VAR模型来定义的。传统的Granger因果关系检验分为基于水平VAR模型的因果关系检验和基于差分VAR模型的因果关系检验。基于水平VAR模型进行多变量系统的因果关系检验因未考虑变量的非稳定性和变量系统的协整性而存在一定的问题；基于差分VAR模型来进行因果关系检验容易使信息丧失且首先要求检验变量的平稳性和协整关系，使其在实证检验中的应用受到限制。当研究者并不关注变量的协整性而只关注其因果关系，或者协整性不存在但需要研究其因果关系时，就需要一种新的检验方法。Toda和Yamamoto（1995）提出的"基于扩展VAR模型（Lag－AugmentedVAR，LA－VAR）的因果关系检验"可以不考虑单位根的个数和变量的协整性，这在后来的因果关系检验中得到应用。

对VAR模型单个参数估计值的经济解释是很困难的，因此，要想对一个VAR模型做出分析，通常是观察系统的脉冲响应函数和方差分解。脉冲响应函数描述的是VAR模型中的一个内生变量的冲击给其他内生变量所带来的影响。为了区分新息冲击对具体变量的影响大小，通常采用乔利斯基分解方法，但此法对进入模型的变量的次序很敏感，一旦改变变量的次序，得到的脉冲响应函数也不同。Pesaran 和 Shin（1998）所提出的广义脉冲响应函数解决了这个问题，可以不考虑变量排序问题而得出唯一的脉冲响应函数曲线。方差分解是通过分析每一个结构冲击对内生变量变化的贡献度，来评价不同结构冲击的重要性，从而反映其他变量对某一变量变动的贡献度。

2.2.2 VAR 模型族的演进脉络

VAR 模型具有良好的计量特性使得该模型一经提出就得到广泛运用，然而该模型也存在不足，主要表现为：第一，如果滞后期越长，变量越多，那么需要估计的参数就越多，对数据样本长度的要求就越大；第二，模型并不严格遵循经济理论，对变量未施加结构性约束，也不考虑变量之间的同期相关性，这会影响模型估计效果；第三，模型难以刻画理性预期因素，无法避免"卢卡斯批判"；第四，该模型是常参数模型，但很多证据表明，在经济系统发生大的结构性变化时，VAR 参数并不稳定；第五，VAR 模型所处理的经济变量个数有限；难以全面反映经济体的真实情况。此后 VAR 模型的演变与发展基本上都是围绕以上不足进行的。

（1）SVAR：从简约式步入到结构式。

由于简约式的 VAR 模型事前不考虑结构性的经济冲击，难以与实际经济情况相吻合，使得人们不断对这种方法提出质疑。为了解决这一问题，计量经济学家提出了很多方法。Blanchard 和 Quah（1990）对 VAR 模型进行修正，提出结构向量自回归模型（Structural VAR，SVAR）。SVAR 模型尝试加入若干结构性约束得到唯一的结构关系，解决模型对信息的识别问题，从而使脉冲响应具有一定的经济意义。SVAR 模型由此在经济研究中得到了广泛的应用,并逐渐取代传统 VAR 模型,成为主要的分析方法,Smith（1993）等学者运用该方法取得良好的研究效果。Mccarthy 等（1993）则提出另一种结构式 VAR 模型,即递归型 RVAR（Recursive Vector Autoregressive,RVAR）,在 RVAR 模型中引入同期变量作为解释变量,这种改进对变量的顺序安排有严格要求,排序在前的变量同期影响排序在后的变量,但是排序在后的变量同期不影响排序在前的变量。虽然 SVAR 比 VAR 有很大的进步,但是从目前的运用来看,不足之处在于识别结构性冲击时施加的外生约束过于随意,难以规范。

(2) BVAR：VAR 模型统计推断方法上的革命。

贝叶斯方法是基于贝叶斯定理而发展起来用于系统地阐述和解决统计问题的方法。早在 1764 年,英国新教牧师兼数学家托马斯·贝叶斯就以贝叶斯定理解答了逆概率问题,同时期法国著名学者拉普拉斯也独立地发现了贝叶斯定理,并将其应用到更广泛的领域。随后在受到正统数理流派的批判与冲击中,贝叶斯统计推断方法几度消沉,然而却在 20 世纪 50 年代奇迹复活并迅速成长为现今的贝叶斯学派。贝叶斯统计推断方法为解决 VAR 模型参数过多时的估计问题提供一种新的分析框架。遵循贝叶斯定律,贝叶斯估计假设 VAR 待估系数服从一定的先验分布,这种先验分布与似然函数结合,得到参数的后验分布,从而增加预测的准确性。先验分布的引入缩小了系数的取值范围,有助于避免无约束 VAR 的自由度损失问题。贝叶斯先验分布可以采取很多种不同的形式,最著名的是 Litterman 等（1986）使用的 Minnesota 共轭先验分布。

20 世纪 80 年代以来,BVAR 模型已经成为西方国家政策领域常用的预测工具。Dua 和 Ray（1995）利用 BVAR 模型对美国康涅狄格州就业率等经济变量进行预测,发现预测精度要高于 VAR 和 ARIMA 两类模型的预测结果。Kenny 等（1998）利用

BVAR 研究了爱尔兰通货膨胀问题，与爱尔兰中央银行基于非贝叶斯方法的预测结果相比较，发现前者的预测效果更好。Dejonga 等（2000）利用 BVAR 模型研究经济周期问题，发现具有良好的预测效果。Edge 等（2006）综合比较了美联储研究人员的主观判断预测、随机游走预测、DSGE 模型预测和 BVAR 预测，结果发现 BVAR 预测结果最具有稳健性。

（3）PVAR：向空间计量的拓展。

为了克服 VAR 模型对数据量的限制和空间个体的异质性影响，计量经济学家们对 VAR 模型进行了改进，提出了基于面板数据的向量自回归（Panel Data Vector Autoregression，PVAR）模型。PVAR 不仅继承了传统 VAR 的优良特性，更重要的是由于面板分析的引进使得 PVAR 具有两方面的优点：一是对数据的长度要求降低，只要 $T \geqslant m+3$（T 为时间序列的长度，m 为滞后项的阶数）便可以对方程的参数进行估计，当 $T \geqslant (2m+2)$ 时，即可在稳态下估计滞后项的参数；二是该模型能够控制由于空间变动造成的不可观测的个体异质性，个体效应允许不可观察的个体差异，时间效应则可以捕捉到个体在横截面上可能受到的共同冲击。这使得 VAR 模型摆脱了对单纯个体时间序列数据的依赖并向空间计量进一步拓展，为宏观经济研究提供了一个相当灵活的分析框架。

早期的面板数据向量自回归模型是 Chamberlain（1983）基于简单混合数据的研究，之后 Holtz-Eakin 等（1988）利用两阶段最小二乘法研究了一类时变系数的 PVAR 模型。而对 PVAR 模型的深入拓展则是从 Pesaran 和 Smith（1995）的开创性研究开始，他们的研究表明，可以通过对 PVAR 模型中每个变量的个体平均时间序列数据建立时间序列向量自回归模型的方法估计模型参数，并且证实这种估计是一致的。在进行模型估计时，Arellano 和 Bover（1995）提出采用"组内均值差分法"去除时间效应，采用"前向均值差分法"去除个体效应。后来 Mccuskey 和 Kao（1998）、Westerlund（2005）等学者对该模型不断拓展，使 PVAR 逐渐成为一个兼具时序分析与面板数据分析优势的成熟模型。

（4）非线性动态 VAR：线性分析范式的变革。

传统的线性 VAR 模型基于一个理想的假设，那就是现实的经济结构不会改变，因此模型的参数在整个时期内是一致的，不会因外部环境的变化而改变。20 世纪 70 年代以来，随着非线性科学理论的迅速发展和经济发展的波动性，人们逐渐意识到线性分析范式存在严重问题，这种范式可能正是导致现代经济分析和预测在经济波动情况下普遍失效的根本原因。非线性方法作为能够描述宏观经济时间序列中非线性和结构性变化特征的一种有效工具，随后被频繁应用于政策效应和经济波动的测度当中。非线性动态模型常见于三种类型：马尔可夫机制转换向量自回归模型（Markov Switching Vector Auto Regression，MSVAR）、门限向量自回归模型（Threshold Vector Auto Regression Model，TVAR）和平滑转换向量自回归模型（Smooth Transition Vector Auto Regression model，STVAR）。

MS−VAR 由 Hamilton（1990）较早提出，Krolzig（1997）已经开发了基于 Ox 软件的 MSVAR 极大似然估计技术。该模型假定转换是由外生的不可观测的马尔可夫链决定，但是不能给出机制转换的非线性表达形式，一般只能推断不同机制转换的概率，由于其转换机制是离散的，因而限制了它的应用；TVAR 是将 Tong 等（1978）提出的非线性时间序列门限模型（Threshold Model）与 VAR 模型相结合而形成，用于刻画不同区制或状态下变量之间的作用机制和区制间非线性的动态特征。该模型允许机制变化是内生的，但是引起机制转化的门限却是不可直接观测的，转换机制同样是离散的；STVAR 是 Weise

(1993) 在研究转换机制时为获得转换函数而提出的模型，该模型可以通过恰当的方式获得转换变量和转换函数，从而使机制的转换平滑化或渐进化，方便了人们对转换过程的认识。

2.2.3　VAR 模型的最新发展趋势

（1）向非线性、时变参数的趋势发展——以 TVP-VAR 模型为代表。

传统的 VAR 模型假定 VAR 系数以及扰动项的方差都是不变的，这种假定显然难以吻合现实的情况。实际上随着时间的推移，经济体制、经济结构、政策偏好和技术等方面的因素不断发生变化，模型参数也会随之改变，传统的 VAR 模型显然不能刻画这种动态特征。以往能够描述非线性特征的状态空间模型由于是单向方程，无法展现多变量之间的相互作用，因而在使用上受到限制。早期的非线性动态 VAR（MSVAR、TVAR、STVAR）也主要把研究重点放在非线性的过渡——转换机制上，缺少对全局的把握。对此，向非线性、时变参数趋势发展的 VAR 模型应运而生，其代表性模型是时变参数的向量自回归模型（Time Varying Parameter Vector Auto Regression，TVP-VAR）。

在 Cogley 和 Sargent（2005）的 TVP-VAR 模型中，为了估计他们的模型对信息冲击的方差设置为恒定的，Boivin 和 Giannoni（2006）研究时也采用了类似设置。Primiceri（2005）则同时考虑了 VAR 系数和误差项方差的时变性，将模型扩展为带有随机波动的时变参数形式（TVP-SV-BVAR 模型）。该方法用于分析美国的货币政策传导机制的动态变动，取得了十分满意的结果。但是一些学者在利用该模型时发现，建模时做出的许多设定很容易导致过度参数化，为了克服这一问题，Koop 等（2007）在 Gerlach 等（2000）以及 Giordani 和 Kohn（2006）的研究基础上提出了混合创新的方法（MI-TVP-SV-VAR 模型），该模型允许 VAR 系数与误差方差相关的参数以及误差协方差矩阵参数按照不同的方式演进，这样更好地体现了"让数据本身说话"的思想。利用这种方法，Baumeister 和 Peersman（2008）研究了欧盟区的流动性对资产价格与通货膨胀的动态冲击效果，发现对现实的解释力极强。

（2）向大规模、多变量的趋势发展——以 FAVAR 模型为代表。

VAR 模型的创始人 Sims（1992）很早就指出，VAR 模型所处理的经济变量过少是该模型的主要缺陷之一。Bernanke 等（2005）也认为，政策制定者需要考虑的经济因素很多，目前运用的 VAR 模型最多可以处理 12 个变量，有限的经济变量不能反映政策对经济系统的真实作用效果。为了克服该模型存在的缺陷，Bernanke（2005）在前人研究的基础上，对 VAR 模型进行了改进，提出了因素扩展的向量自回归模型（Factor Augmented Vector Auto Regressive Model，FAVAR）。

FAVAR 模型特点在于运用多变量、大规模数据研究政策变量对系统的冲击问题，有效解决了现有模型（VAR、SVAR、VECM 以及 DSGE 等）无法克服的变量过少、信息有限的问题，从而全面捕捉现实中的经济信息，更加真实地反映变量之间相互影响的动态关系。Shibamoto（2007）、Vargas-Silva（2008）、Kabundi 和 Gupta（2009）、Gupta（2010）等先后利用 FAVAR 模型对日本、美国及南非等国家货币政策对房地产价格变化的作用进行实证研究，发现 FAVAR 模型的实证分析效果优越于小规模的 VAR、BVAR 等模型。但 FAVAR 模型的不足之处是在处理非平稳数据时可能会因数据的差分平稳化而丢失一些信息，从而造成模型预测的不准确，为克服这一问题，Banbura（2008）等和 Gupta（2010）等利用大规模的贝叶斯向量自回归

(Large – scale BayesianVector Auto Regression，LBVAR）模型，在FAVAR基础上结合了贝叶斯统计推断方法的优点和处理非平稳数据的特性，为VAR模型的发展进一步拓展了空间。另外，Pesaran（2004）等在全球链接模型基础上发展起来的全球向量自回归模型（Globle VAR，GVAR），通过对各国子系统和国家间连接矩阵的合理设置也使大规模变量得以简化，在全球经济系统研究方面取得成功运用。

总的来看，未来VAR模型的发展，会向更具有严密经济理论基础、能够处理非线性、多变量以及空间计量的趋势演进，贝叶斯统计推断技术在进行模型参数估计时仍具有无可替代的优势。

2.3 常用技术分析工具

计算机技术的飞速发展为我们研究经济提供了强有力的分析工具。通过上节对模型的介绍，我们知道对经济问题的研究越来越复杂，构建宏观经济模型也越来越复杂，其中模型求解、参数估计等都需要很大的计算量。因此，作为一个经济研究者，如果能够掌握一门计算机语言，那对我们的研究来说将是如虎添翼。使用既有的数学软件也可以为我们带来研究的优势，因为这些软件已经封装了许多可以调用的函数和算法，使一些不熟悉技术的人容易使用而不需要编程。下面我们对宏观经济模型求解和参数估计的多种软件平台和工具箱进行简单介绍[①]。

---

① 闫思. 全球的量化宽松货币政策对中国经济的影响——基于新开发经济宏观经济学视角 [J]. 东北财经大学，2013.

2.3.1 Matlab 软件及 Dynare 软件包

Matlab 是国际上一个主流的数据处理软件，其强调的矩阵计算功能被许多领域的研究者所使用，在国内许多数学专业和工程学专业都在使用它。Matlab 语言是一门完备的计算机语言，可以在其平台下直接编写程序。徐高（2008）的博士毕业论文中对于封闭经济情形下的 RBC 理论和 NK 理论的 DSGE 模型都有了详尽的描述，文中对于如何在 Matlab 平台下进行编程求解也做了简单的说明，并附上了全部程序代码。但作为一个没有编程基础的初学者，不建议使用 Matlab 进行编程，因为那将导致投入与产出不成比例，并且编写的程序不利于和其他研究者交流。因为 DSGE 方法的求解过程大致相同，一些研究者开发了工具箱，常用的有 Uhlig 的工具箱和 Dynare 软件包，CEPR 的 Harald Uhlig 制作的 Toolkit 也是求解 DSGE 模型的重要软件包之一。也有部分研究者给出自己使用 Matlab 编写的通用求解代码。通过 Matlab 自己编程求解和使用 Dynare 求解各有利弊，Dynare 较为简单，不需要了解求解过程的细节，适合入门，有利于进行模型的对比和分析以及政策面的简单研究。使用 Matlab 编程求解需要对具体细节有深入的掌握，可以更好地控制求解过程，对于出错的情况能够进行更清晰地判断，适合对 DSGE 模型深入的研究，并且有利于将来进行其他类型模型的研究。

Dynare 是由 Juinard 和他的团队（该团队主要由法国的 Cepremap 机构的研究人员构成）共同开发的。Dynare 软件包主要在 Matlab 平台上（也可运行于 Octave 平台，但在国内并不常见）运行，用于求解、模拟和估计 DSGE 类模型和 OLG 类模型的免费的软件包。Dynare 团队的官方网站是：http://www.dynare.org，在该网站上可以免费下载最新版的 Dynare 软件。学习 Dynare，首选资料是在其目录下的 doc 子目录下的几个文

第 2 章 方法论及技术工具：宏观经济模型

档，包括实例、用户指南和操作手册等非常有价值的实用资料。对于 Dynare 的官方帮助文档，建议大家从 User Guide 开始学起，中间结合陈为杰的笔记学习，然后研究几个官方实例。dynare.pdf 文件为 Dynare 操作手册（Reference Manual），包含了全部的 Dynare 命令说明，是目前最为详尽的说明文档，建议作为使用 Dynare 时的参考书，不建议新手入门学习使用。人大经济论坛上 Weijie Chen[①] 写的一系列帖子是学习 DSGE 必看的资料之一，其中关于 Dynare 的 Notes 也是不错的学习资料，Dynare 的学习和 DSGE 的学习是相辅相成的。

Dynare 代码是非常直观的，基本上相当于在计算机中直接输入模型的公式。其主要文件 mod 文件可以在任何文本编辑器中都可以进行编辑，这也就方便了研究人员进行交流、对比和研究。你不需要安装特别的软件，甚至在网页上、电子邮件中，就可以讨论和编辑代码。但如果想运行 mod 文件（是记录 Dynare 代码的文件，因其扩展名为 mod，故称之为 mod 文件），就需要一个软件平台了，由于国内大部分研究人员都是用 windows 操作系统，所以基于 Matlab 平台的 Dynare 版本比较常见。

本书使用的软件包是 Dynare 软件包，该软件包是目前 DSGE 方法中做得比较好的，更新很及时，各种新方法的应用也很广泛。Dynare 虽然非常适合初学者进行学习，但是有一个弊端就是当你真正了解其内部机理后，这个软件包就显得不够灵活，之后就需要研究人员自己采取上一种方法，直接在 Matlab 平台下进行编程求解，以达到对求解过程更好地控制。

2.3.2 Uhlig 工具箱

Uhlig 工具箱可以用来分析非线性动态离散时间随机模型，

---

① http://bbs.pinggu.org/home.php?mod=space&uid=2721535.

画出来的图也很漂亮，目前的最新版本是 4.1。工具箱是通过描述均衡的关键方程进行对数线性化，通过待定系数法求解递归均衡运动定律。Uhlig 工具箱可以不需要进行显性差分就可以进行对数线性化，使用带有内生状态变量的向量的待定系数法，通过构建矩阵二次方程给出一般解，不需要进行模拟，就可以频域技术来计算模型在 HP 滤波情况下的二阶性质。工具箱是基于欧拉方程方法建立，而不是基于社会计划者方法，所以可以求解带有外部性和扭曲税收的模型。由于大多数情况下 Dynare 都可以自行寻找稳态，所以我们可以仅利用 Uhlig 工具箱或其他软件（如 Mathematica）来求一阶条件，之后将一阶条件输入到 Dynare 中，就可以求解模型了。Uhlig H（1995）[①] 的文章从建模的原理出发，包括偏好、技术、禀赋和信息等基本点，一直阐述到工具箱的应用和结果解读。以新古典增长模型为例，从社会计划者、竞争性均衡和博弈论三个不同的角度详细讲解了 DSGE 类模型的求解过程和方法，包括使用拉格朗日方法推导一阶条件，欧拉方程、横截条件（transversality condition）、库恩－塔克条件，横截条件排除了爆炸解，卢卡斯资产定价方程，模型化简。文中比较精彩的部分是对于对数线性化技术的介绍和解读，该文是使用 Matlab 或其他软件直接编程求解 DSGE 类模型必读文献之一。

2.3.3 其他工具及资料

除了上面介绍的主要软件平台和软件包，在宏观经济研究领域还有一些软件，例如 C++、Python、Fortran、Java、Julia、Mathematical、R 和 IRIS 等，它们也越来越受到研究人员的青

[①] Uhlig，H.，1995. A Toolkit for Analyzing Nolinear Dynamic Stochostic Models easily Discussion Paper，Tilburg University，Center for Economic Research.

第 2 章 方法论及技术工具：宏观经济模型

睐，尤其是 Python 语言，由于其强调的网络搜索功能和源代码开放免费的特征，受到越来越多的经济学研究者的喜爱。宏观经济学部分教授的主页，其中有大量的学习 DSGE 的材料和研究成果。

Francisco J. Ruge-Murcia：

http：//papers.ssrn.com/sol3/cf_dev/AbsByAuth.cfm?per_id=331654

Harald Uhlig：

http：//home.uchicago.edu/~huhlig/

Jesús Fernández-Villaverde：

http：//economics.sas.upenn.edu/~jesusfv/

Martin Uribe：

http：//www.columbia.edu/~mu2166/

Stephanie Schmitt-Grohe：

http：//www.columbia.edu/~ss3501/

Schorfheide Frank：

http：//economics.sas.upenn.edu/faculty/frank-schorfheide

Sims Christopher：

http：//www.princeton.edu/~sims/

Thomas Sargent：

http：//www.tomsargent.com/

Tao Zha：

http：//www.tzha.net/

Peter Ireland：

https：//www2.bc.edu/peter-ireland/

Wouter De Hann Denhaan：

http：//www.wouterdenhaan.com/

http：//www.macromodelbase.com/download

2.4　本章小结

　　本章对本书后续可能使用的宏观经济理论模型和实现模型的技术工具进行了论述，为下一步的研究提供了方法论和技术工具支持。首先，我们对 DSGE 模型进行了介绍，尤其是模型的求解和参数估计，求解和参数估计是 DSGE 模型的核心部分；其次，对 VAR 模型族的设定、估计、识别和脉冲响应函数的原理进行了详细的论述；最后，对实现宏观经济模型的软件平台和软件工具进行了介绍，并给出了学习宏观经济理论模型的方法和材料。本章中关于模型和技术工具介绍内容分散在不同文献中，在学习和研究中对其进行系统的整理，希望能为后来学习者提供一个思路导图。

第3章 中国经济波动的"典型事实"：1978—2018年

本章分别对总需求、投入要素、货币和物价以及产业结构等宏观经济变量的波动特征进行统计测算，提炼经济波动的"典型事实"并对其进行事实解释。

第二章对本书可能使用的数量模型和技术工具作了介绍，为本书的研究做了方法论的准备。本章首先采用谱分析方法对宏观经济变量进行滤波分离出周期成分，并分别从总需求、投入要素、货币和物价以及产业结构对其总体特征进行统计分析，总结出我国经济波动的重要典型事实。本章的内容结构如下：第一节对经济周期测度相关文献进行回顾，归类总结出现阶段对经济周期波动研究的特点。第二节说明数据来源、处理方法及滤波工具。第三节主要包括三个部分：①对中国经济周期的测算与划分；②从总需求、投入要素、货币和物价及产业增加值的角度测算中国经济周期波动的特征，并总结我国宏观经济波动的典型事实；③分析宏观经济政策对中国经济波动的影响。第四节为本章小结。

3.1 引言

经济周期波动典型事实的研究与总结是研究经济周期理论的基础，对此问题的考察不仅对研究经济周期的成因和传导机制有着重要的意义，也可以为宏观政策制定和经济波动预警机制提供政策建议。为了研究经济波动现象，需要了解经济波动现状。在经济学中，现象是以"典型事实"（Stylized facts）的形式被总结出来的。典型事实是指通过对大量数据的经验分析总结出来的普遍存在、具代表性的事实。它是经济学研究的出发点，也是经济理论所要解释的对象。

经济周期大致可以分为经典经济周期（Business Cycles）和现代经济周期（Growth Cycles）两大类[①]。经典经济周期理论认为，经济周期波动表现为产出、就业和价格等一系列宏观经济指标的绝对水平有规律地出现上升和下降的交替和循环。现代经济周期理论认为国民经济的相对水平有规律地出现上升与下降的交替和循环，如 Lucas（1977）[②] 明确把产出围绕其长期趋势的上下波动定义为经济周期波动，并认为产出与其他宏观变量之间的"协动"（co-movement）也是重要的周期现象。不同的经济周期理论带来经济周期波动的研究重点和研究方法的巨大不同。经典周期特征通常使用峰值、谷值、波幅、平均位势等来统计描述，而现代周期特征使用波动性、持续性、逆转性、协动性等来统计描述。国外经济波动特征研究主要对"二战"后美国经济波

---

① 古典经济周期，也称传统经济周期，是指社会总量经济活动绝对水平出现规律性的上升和下降的交替和循环。现代经济周期，也称增长经济周期或经济波动，是指社会总体活动的相对水平有规律地出现上升和下降的交替和循环。

② Lucas, Rebert E. Understanding business cycles, Carnegie-Rochester Conference Series on Public Policy [J]. Elsevier, 1977, 5 (1): 7—29.

第 3 章　中国经济波动的"典型事实":1978—2018 年

动特征变化进行分析,Stock 和 Watson (2003)[①] 对"二战"前后美国经济波动特征进行比较并给出了解释。Backuset 等 (1995)[②] 对多个发达国家经济波动特征进行研究,并分析不同国家间的经济波动的联动性。近几年,一些学者 [Uribe 和 Yue (2006)[③]、Boz、Daude 和 Durdu (2011)[④]] 开始对新兴市场的经济波动特征进行研究,发现了一些不同于发达国家的波动特征并给出了解释。中国经济周期波动特征的经验研究开始得比较晚,20 世纪 90 年代后期才开始重视起来。经济波动特征的研究大致可以划分为三大类:第一类是以经典经济周期理论为基础来研究新中国成立以来中国经济周期波动的周期特征和形成机制,其中,刘树成 (2005)[⑤] 使用该方法将新中国成立以来经济波动分为 10 个周期,并认为改革开放以来中国经济波动呈现出一种峰位降低、谷位上升、幅度缩小的新态势。刘恒 (2008)[⑥] 在此基础上对改革开放前后中国经济波动周期形成机理进行了比较分析。第二类是以现代经济周期理论为基础来研究改革开放以来中国经济波动的典型事实。利用线性趋势分解、状态空间分解和频率分解方法 (HP 滤波法、BK 带通滤波法以及 CF 滤波法) 获

[①] Stock J H, Watson M W. Business cycle fluctuations in US macroeconomic time series. Handbook of macroeconomics [J]. 1999 (1): 3—64.

[②] Backus D, Kehoe P, Kydland F. International business cycles: theory and evidence [J]. Thomas F. Cooley (ed.), Frontiers of Business CycleResearch, Princeton University Press, Princeton, 1995, 331—356.

[③] Uribe, Martin and Z. Vivian Yue, Country Spreads and Emerging Countries: Who Drives Whom? [J]. Journal of International Economics 69, June 2006, 6—36.

[④] Boz, E., C. Daude & C. Durdu, Emerging Market Business Cycles: Learning about the Trend [J]. Journal of Monetary Economics, 2011, Vol. 58, pp. 616—631.

[⑤] 刘树成,张平,张晓晶. 中国的经济增长与周期波动 [J],宏观经济研究,2005 (8): 15—20.

[⑥] 刘恒. 改革开放 30 年中国经济周期形成机理比较分析 [J]. 宏观经济研究,2008 (11): 19—28.

得周期波动的成分获得经济波动的周期特征；进一步，研究时序变量的非对称性、持续、逆转、波动以及多个经济变量之间的协同，其中较有代表性的有杜婷（2007）[①]、连平、吴金友（2011）[②]、丁志帆（2014）[③]、涂巍、王治国、邹恒甫（2015）[④]等人的研究。第三类是使用各种非线性时序模型［马尔科夫区制转移模型（Markov Switching，简称 MS）、马尔科夫动态因子模型（MS-DFM）、平滑转移自回归模型和门限自回归模型］来识别经济周期特征。由于 MS 模型引入了状态转移机制，不需要事先设定可观测的转移变量，而是以概率分布的形式来描述周期状态，并可以通过设定并与其他模型的结合形成新的变形，成为巨大的模型族，已经成为分析经济周期的一个重要方法［王建军（2007）[⑤]、郑挺国、王霞（2013）[⑥]、李正辉、郑玉航（2015）[⑦]、张同斌、高铁梅（2015）等］。

上面研究得到一些有益结论，对本章研究也有较好的借鉴意义，但仍然有待深化。鉴于此，本章首先对谱分析方法中的三种主要滤波器进行甄别，选择最合适的 CF 滤波器；其次，分别使用增长率周期和增长周期对中国经济周期波动阶段进行划分和识

---

① 杜婷. 中国经济周期波动的典型事实 [J]. 世界经济，2007（4）：3-12.

② 连平，吴金友. 中国经济周期波动研究（1978—2009 年）[J]，世界经济研究. 2011（9）：3-9.

③ 丁志帆. 改革开放以来中国经济周期波动特征与形成机制分析 [J]，统计与信息论坛. 2014（3），41-46.

④ 涂巍，王治国，邹恒甫. 转型期的中国经济波动特征 [J]，统计研究，2015（4）：8-13.

⑤ 王建军. Markov 机制转换模型研究——在中国宏观经济周期分析中的应用 [J]，数量经济技术经济研究，2007（3）：39-48.

⑥ 郑挺国，王霞. 中国经济周期的混频数据测度及实时分析 [J]，经济研究，2013（6）：58-70.

⑦ 李正辉，郑玉航. 基于混频数据模型的中国经济周期区制监测研究 [J]，统计研究，2015（1）：33-40.

别，寻找经济周期的新规律；进一步从总需求、投入要素、货币与物价以及产业结构视角对经济波动的典型事实进行统计分析，深度挖掘经济波动的新特征并对中国经济波动的特殊事实进行检验，为随后章节的分析做好准备。

3.2 数据描述和滤波工具

3.2.1 数据描述

测度经济周期波动的宏观经济变量有很多，徐高（2008）[①] 使用包括支出法计算的各个 GDP 组成部分、劳动、工资、价格和各个口径的货币存量。王宪勇（2009）[②] 使用包括产出、消费、就业、投资、贸易、工资和生产率等 23 个变量对宏观经济周期的典型事实进行测度。赵娟（2011）[③] 使用 1992 年到 2011 年的季度数据，主要包括 GDP、消费、投资、价格指数以及各个统计口径的货币存量来研究经济周期波动的特征。丁娅楠（2018）[④] 采用 GDP 构成成分、三次产业、各类市场以及宏观经济政策变量等 20 个宏观经济指标，分析其与 GDP 周期波动的波动特征及相关关系。

可以看出，总产出是宏观经济周期波动分析的核心变量，其他宏观经济变量都是围绕着总产出展开。因此，在本章研究中，

---

① 徐高. 基于动态随机一般均衡模型的中国经济波动数量分析 [D]. 北京：北京大学，2008.

② 王宪勇. DSGE 框架下的中国经济波动研究 [D]. 大连：东北财经大学，2009.

③ 赵娟. 中国经济波动研究：基于总量和产业层面 [D]. 武汉：华中科技大学，2011.

④ 丁娅楠. 中国经济周期的实体冲击、金融驱动与货币政策调控 [D]. 长春：吉林大学，2018.

从总需求、投入要素、货币和物价以及产业结构的视角对我国宏观经济变量的整体波动特征进行统计描述和分析，所用到的数据主要包括产出、就业、产业、消费、投资等，共17个指标，指标期间选择从1978年到2018年。年度数据均来源于中国经济信息网（CEIC）、万德（Wind）数据库、中国国家统计局（China's National Bureau of Statistics）和中经网统计数据库。为了更好揭示经济波动特征，研究也选用1992Q1—2018Q4的季度宏观经济数据，主要包括总需求、生产要素和货币与物价等三个方面的宏观经济指标11个，该数据主要参考 T. Zha（2015）[①]建立的宏观经济数据库。

总产出是衡量国民经济整体产出，一般使用不变价格计算的国内生产总值（GDP）和国民生产总值（GNP），其以价值形式表示一个国家或地区在一定时期内生产的所有产品与劳动的最终成功。本书按照支出法计算的国内生产总值（GDP）来衡量中国的经济周期波动。私人消费、政府支出、投资以及净出口等变量，直接采用年度支出法的数据。劳动力人数使用统计局公布的全国就业人员数，并按照徐高（2008）的方法，用一个调整系数（1990年新口径值/1990年旧口径值，其值为1.14）将1978—2018年的就业人数调整为统一口径。历年社会就业人数是年底就业人数，为了和GDP流量保持一致，将数据进行平均，获得年中就业人数，以此作为本年的就业人数。计算产业增加值的经济周期波动数据，本书使用第一产业、第二产业和第三产业的增加值。

从要素投入较大来测度经济周期波动的特征，需要对资本存量（K）和全要素生产率（TFP）进行计算。关于资本存量（K）

[①] Chang C., K. Chen, D. Waggoner, and T. Zha, Trends and Cycles in China's Macro-economy, NBER Macroeconomics Annual 2015 [M]. University of Chicago Press. 2015.

第3章 中国经济波动的"典型事实":1978—2018年

的计算,国内很多学者都对我国资本存量进行了测算,基本上都是在永续盘存法的基础上进行的,但是其具体方法上却又有所差异。比较新且较权威的研究有王小鲁和樊纲(2000)[①]、张军和章元(2003)[②]及何枫等(2003)[③]。决定资本存量的因素有很多,基期资本存量K_0的确定、折旧率δ的选取,当I_t年投资I_t以及固定资产价格指数的选取的不同都会影响资本存量的测算结果。按照李宾(2011)[④]对该问题的研究,折旧率的设定对估计结果影响最大,基期资本存在的影响较小,价格指数基本达成共识,固定资本形成总额与全社会固定资产投资表现很接近。本章使用永久盘存法对我国资本存量进行估算,即$K_t = \dfrac{I_t}{P_t} + (1-\delta) K_{t-1}$,其中,$K_t$是$t$期以基年不变价格计价的实际资本存量;$I_t$是以当期价格计价的投资额;$P_t$是$t$期定基价格指数;参数$\delta$是折旧率。以1978年为基期,基期资本存量($K_0$)使用单豪杰(2008)[⑤]的方法;投资流量$I_t$采用资本形成总额;价格平减指数$P_t$使用固定资产投资价格指数;根据资本品的平均寿命和财政部建议的3%~5%的残值率,折旧率δ取值0.1。

全要素生产率(TFP)的测算,虽然对全要素生产率的定义还有些不明确,但这并不妨碍对全要素生产率的测算。全要素生产率(TFP)的测算大致可以分为参数法和非参数法两大类,其

[①] 王小鲁,樊纲,等. 中国经济增长的可持续性[M]. 北京:经济科学出版社,2000.

[②] 张军,章元. 对中国资本存量K的再估计[J]. 经济研究,2003(7)

[③] 何枫,陈荣,何林. 我国资本存量的估算及其相关分析[J]. 经济学家,2003(5).

[④] 李宾. 我国资本存量估计的比较分析[J]. 数量经济技术经济研究,2011(12):21-36.

[⑤] 单豪杰. 中国资本存量K的再估算:1952—2006年[J]. 数量经济技术经济研究,2008(10):58-69.

中参数法主要有索洛余值法、增长核算法、随机前沿生产函数法、隐性变量法等；非参数方法有指数法、数据包络分析、DEA－Malmquist 指数法、HMB 指数法、半参数估计方法等。本章参考张军、施少华（2003）[①] 的研究方法，使用索罗剩余法来测算全要素生产率（TFP）。

为了获得真实值，本书利用统计局公布的 GDP 真实增长率以及名义 GDP 数据，计算 GDP 缩减因子。再利用计算得到的 GDP 缩减因子将所有的名义变量转换为以 1978 年不变价格计算的真实变量，对各变量的实际值取自然对数，消除原始数据可能存在的异方差和数据量纲等问题。

3.2.2 滤波工具

现代经济周期理论认为经济周期波动是多种随机冲击效应经过传导、放大和复合的综合结果，因此可以借助消除趋势后的时间序列的二阶矩（标准差、自相关系数等）来描述经济周期的波动性、持续性和协动性等特征。然而，无论哪种矩估计，首先，需要对时间序列进行消除趋势从而得到周期性成分的时间序列，然后计算其二阶矩。目前，宏观经济研究者们对宏观经济时间序列进行分解，将其分解成趋势成分、周期成分和随机成分，通常使用谱分析，主要有 HP 滤波、BK 滤波和 CK 滤波[②]。下面对三种滤波方法的原理进行简单介绍。

3.2.1.1 HP 滤波简介

HP 滤波是 1980 年由 Hodrick 和 Presccot 在研究美国战后经济周期的论文中首次提出。HP 滤波的方法：将 $\log y_t$ 分解如下：

[①] 张军，施少华. 中国经济全要素生产率变动：1952—1998 [J]. 世界经济文汇，2003（2）：17－23.

[②] 汤铎铎. 三种频率选择滤波及其在中国的应用 [J]. 数量经济技术经济研究，2007（9）.

$$\log y_t = g_t + c_t \tag{3.2.1}$$

其中，g_t 表示 $\log y_t$ 的增长部分，c_t 表示周期性部分，HP 滤波估计 g_t 和 c_t，从而最小化（3.2.2）式：

$$\sum_{t=1}^{T} c_t^2 + \lambda \sum_{t=3}^{T} \left[(1-L)^2 g_t \right]^2 \tag{3.2.2}$$

假设 λ 是给定的。去趋势项可以简单地表示如下：

$$\widetilde{y_t} = \log y_t - \widehat{g_t} = \widehat{c_t} \tag{3.2.3}$$

式（3.2）中的参数 λ 决定了不断平稳增长部分的重要性：$\widehat{g_t}$ 越平滑，它的二阶差分就越小。当 $\lambda=0$，平滑度为 0，并且 $\log y_t$ 的变化只受趋势部分影响。当 $\lambda=\infty$，趋势的平滑度最大，趋势呈线性的。一般而言，λ 的设定基于两个极端的妥协[①]。在处理季度数据时，标准选择是令 $\lambda=1600$；处理年度数据时，一般经验认为 $\lambda=100$；处理月度数据时，取 $\lambda=14400$。HP 滤波方法将原序列分解成趋势成分和周期成分，例如原序列是产出，则其趋势成分为潜在产出，周期成分为产出缺口。

3.2.1.2 BK 滤波简介

BK 滤波由 Baxter 和 King（1999）[②] 提出的。他们利用带通（Band-Pass）滤波来避免 HP 滤波存在的两个缺点，其一是对所取的数据时间序列的末尾，周期波动成分会出现误差，其二是上面提到的对年度和月度数据，λ 的取值不确定。

BK 滤波的方法：$y_t^* = a(L)y_t = \sum_{k=-K}^{K} a_k y_{y-k}$，其中 $\{y_t\}$ 是原序列，$\{y_t^*\}$ 是滤波后的序列，L 是滞后算子。为了确保

---

① 目前，经济学家对 λ 在月度和年度取值上存在着分歧。Ravn and Uhlig（2002）的研究结论是年度数据取 $\lambda=6.25$，季度数据取 $\lambda=1600$，月度数据取 $\lambda=129600$。

② Baxter, Marianne and Robert G. King. Measuring Business Cycle: Approximate Band Pass Filters For Economic Time Series [J]. Review of Economics and Statistics, 1999, Vol (4, Nov), 575-593.

$\{y_t^*\}$ 是平稳时间序列，定义 $a(1) = \sum_{k=-K}^{K} a_k = 0$。

$$\beta(\omega) = \begin{cases} 1, \omega \in (-\omega_c, \omega_c) \\ 0, \text{其他值} \end{cases} \quad (3.2.4)$$

设 $b(L) = \sum_{h=-\infty}^{\infty} b_h L^h$ 是该滤波在时域上的表示，那么由频率反应函数的反傅里叶变换得到权重 b_h 为：

$$b_h = \frac{1}{2\pi} \int_{-\pi}^{\pi} \beta(\omega) e^{i\omega h} d\omega \quad (3.2.5)$$

可以计算：$b_0 = \omega_c/\pi$，当 h=1, 2, …时，$b_h = \sin(h\omega_c)/h\pi$。上式的理想滤波需要无穷的样本，在有限样本情况下需要进行近似，原则是使近似滤波和理想滤波的频率反应函数尽可能接近，形式如下：

$$\min_{a_h} \frac{1}{2\pi} \int_{-\pi}^{\pi} |\beta(\omega) - a_k(\omega)| d\omega \quad (3.2.6)$$

其中 $a_k(\omega)$ 是截断为 K 的近似 Low-Pass 滤波的频率反应函数，该滤波在时域上可以表示为 $a(L) = \sum_{h=-k}^{k} a_h L^h$。当 h=0, 1, 2, …, K 时，$a_h = b_h$，当 h>K 时，$a_h = 0$。截断点 K 的选择决定对理想滤波近似的优劣，如果 K 取得过小，将会发生两种情况：一是谱泄露现象，二是摆动现象。

3.2.1.3 CF 滤波简介

CF 滤波是由 Christiano 和 Fitzgerald（2003）提出的，它也是带通（Band-Pass）滤波的一种。与 HP 滤波和 BK 滤波相比，CF 滤波的最大特点是充分的灵活性，不但对不同性质的时间序列采用不同的滤波公式，而且对同一时间序列不同时点的估计上也选择不同的截断和权重。

CF 滤波的方法：假设随机过程 x_t 的一个正交分解为：$x_t = y_t + \tilde{x}_t$，其中 y_t 是频率在 $\{(a, b) \cup (-b, -a)\} \in (-\pi, \pi)$ 上

第 3 章 中国经济波动的"典型事实":1978—2018 年

的部分,$\tilde{x}_t$ 是频率在前面集合补集的部分,有 $0<a\leqslant b\leqslant \pi$。而理想带通滤波 $B(L)$ 使得 $y_t=B(L)\ x_t$,其中 $B(L)=\sum_{j=-\infty}^{\infty}B_j L^j$,$L$ 是滞后算子。该滤波器的频率反应函数为 $B(e^{-i\omega})$,有

$$\beta(\omega) = \begin{cases} 1, \omega \in (a,b) U(-b,-a) \\ 0, 其他值 \end{cases} \quad (3.2.8)$$

进一步,假设随机过程 x_t 的一个有限样本 $x=[x_1,x_2,\cdots,x_t]$,并且假设知道其总体矩的性质。假设对 $y=[y_1,y_2\cdots y_t]$ 的估计为 $\hat{y}$,则需要求解下面的问题:

$$\hat{y}_t = P[y_t \mid x] \quad t=1,2\cdots,T. \quad (3.2.9)$$

对每个 t,其解是已知样本数据的线性方程,即:

$$\hat{y} = \sum_{j=-f}^{p} \hat{B}_j^{p,f} x_{t-j} \quad (3.2.10)$$

其中 $\hat{B}_j^{p,f}$ 是最优化问题

$$\min_{\hat{B}_j^{p,f}, j=-f,\cdots,p} E[(y_t - \hat{y}_t)^2 \mid x] \quad (3.2.11)$$

的解,$f=T-1$,$p=t-1$。

据此,定义滤波器为:

$$\hat{B}^{p,f}(L) = \sum_{j=-f}^{p} \hat{B}_j^{p,f} L^j \quad (3.2.12)$$

上面的最优问题在频域上可以表示为:

$$\min_{\hat{B}_j^{p,f}, j=-f,\cdots,p} \int_{-\pi}^{\pi} |B(e^{-i\omega}) - \hat{B}^{p,f}(e^{-i\omega})|^2 f_x(\omega) d\omega \quad (3.2.13)$$

具体做法是,对各个宏观经济变量取对数,然后使用滤波器对经济变量进行滤波。这样,得到的波动成分可以理解为各变量对自己长期趋势的百分比偏差。根据滤波结果,我们首先对总产出的波动周期进行划分,分析其波动特征;其次,再计算各变量周期性成分的波动标准差,以比较各个变量的波动幅度;最后,

计算出各变量与实际产出之间的时差相关系数，以研究各变量间的协动性特征。作为对滤波结果的稳健性检查，我们分别使用三种滤波器（HP 滤波器、BK 滤波器和 CF 滤波器）进行了类似的分析，发现计算所得的描述统计量中，CF 滤波器的滤波结果更加准确和细致。因此，本书研究的所有的滤波方式都采用 CF 滤波。

3.3 我国经济周期波动的"典型事实"[①]：1978—2018 年

3.3.1 经济周期特征的测算与阶段划分

根据已有相关文献[②]，改革开放以来，中国经济周期波动属于现代经济周期。本节中，我们使用增长经济和增长率两种方式对经济周期进行划分，并对其做相应比较分析。

首先，采用三种滤波方法对中国 1978—2018 年的总产出进行去趋势处理。在 HP 滤波中，设定 $\lambda=100$。参考黄赜琳、朱保华（2009）[③]的研究结论，$\lambda=100$ 符合中国实际情况。使用 BK 滤波时，由于是年度数据，设定滞后阶数取值为 3，周期范围值是（2，8）。考虑到两种经济周期类型序列数据是带截距的单位根过程，CF 滤波分解中的平稳性假设为一阶随机游走形式，剔除趋势方法采用漂移调整法，得到周期成分，见表 3.1，图 3.1 和图 3.2。根据不同滤波的结果，可以看出我国在改革开放以来，经济波动先后经历了大小 5~6 个周期，此基础上依据"峰－峰"法进行产出波动的阶段划分与拐点识别。

---

① 经济周期波动定义是相对模糊，本书将经济周期和经济波动进行分离，经济波动是经济活动的反映，经济周期是采用统计方法对其循环的统计划分。

② 谢鸿飞. 中国经济周期波动特征及拐点识别研究 [D]. 武汉：华中科技大学，2011.

③ 黄赜琳，朱保华. 中国经济周期特征事实的经验研究 [J]. 世界经济，2009（7）：27-40.

第3章 中国经济波动的"典型事实":1978—2018年

表 3.1 中国 GDP 及增长率的三种滤波分解结果①

年份	GDP 值	lnGDP	增长率	HP_i	HP_ii	BK_i	BK_ii	CF_i	CF_ii
1978	3678.7	11.70	0.05	2.77	—	—	(0.02)	2.45	3678.7
1979	3958.007	7.60	0.02	(1.47)	—	—	0.02	(0.26)	3958.007
1980	4268.029	7.80	(0.02)	(1.43)	—	—	0.02	0.48	4268.029
1981	4937.116	5.10	0.02	(4.33)	0.01	(3.29)	0.04	(2.81)	4937.116
1982	5382.39	9.00	(0.00)	(0.67)	(0.01)	(0.41)	(0.01)	(0.42)	5382.39
1983	5961.992	10.80	(0.01)	0.89	(0.02)	0.15	(0.05)	(0.42)	5961.992
1984	6867.794	15.20	0.02	5.11	0.01	3.63	(0.03)	2.68	6867.794
1985	7790.182	13.40	0.02	3.23	0.02	1.46	0.00	0.65	7790.182
1986	8487.323	8.90	(0.01)	(1.26)	(0.00)	(2.49)	0.02	(2.87)	8487.323
1987	9476.774	11.70	(0.03)	1.59	0.01	1.67	0.06	1.70	9476.774
1988	10540.25	11.20	(0.06)	1.17	0.01	2.59	0.07	2.99	10540.25
1989	10983.68	4.20	(0.16)	(5.77)	(0.09)	(3.80)	(0.05)	(3.00)	10983.68

① 表 3.1 中 i 表示取对数的 GDP 值,ii 表示 GDP 的增长率,带小括号的为负数,数据来源国家统计局。

续表

年份	GDP值	lnGDP	增长率	HP_i	HP_ii	BK_i	BK_ii	CF_i	CF_ii
1990	11414.21	3.90	(0.27)	(6.10)	(0.24)	(4.43)	(0.22)	(3.52)	11414.21
1991	21112.85	9.30	0.19	(0.80)	0.17	(0.12)	0.16	0.51	21112.85
1992	24116.12	14.20	0.16	3.99	0.09	3.27	0.05	3.46	24116.12
1993	27464.32	13.90	0.14	3.62	0.03	1.85	(0.02)	1.45	27464.32
1994	31044.73	13.00	0.11	2.75	0.02	0.86	(0.04)	(0.21)	31044.73
1995	34445.35	11.00	0.06	0.86	0.01	(0.33)	(0.01)	(1.74)	34445.35
1996	37863.27	9.90	0.00	(0.08)	0.01	(0.31)	0.03	(1.34)	37863.27
1997	41360.55	9.20	(0.06)	(0.62)	0.01	(0.06)	0.06	(0.12)	41360.55
1998	44605.75	7.80	(0.15)	(1.89)	(0.03)	(0.83)	0.02	0.11	44605.75
1999	48023.26	7.70	(0.24)	(1.93)	(0.13)	(0.65)	(0.08)	0.79	48023.26
2000	52100.45	8.50	(0.33)	(1.15)	(0.27)	0.10	(0.24)	1.38	52100.45
2001	111230.5	8.30	0.25	(1.45)	0.26	(0.42)	0.26	0.17	111230.5
2002	121389.8	9.10	0.16	(0.81)	0.12	(0.12)	0.09	(0.37)	121389.8
2003	133575	10.00	0.08	(0.11)	0.02	0.14	(0.02)	(0.70)	133575
2004	147084.3	10.10	0.01	(0.21)	(0.04)	(0.57)	(0.09)	(1.40)	147084.3

第3章 中国经济波动的"典型事实":1978—2018年

续表

年份	GDP值	lnGDP	增长率	HP_i	HP_ii	BK_i	BK_ii	CF_i	CF_ii
2005	163844	11.40	(0.04)	0.94	(0.07)	0.01	(0.11)	(0.40)	163844
2006	216184	12.70	0.07	2.16	0.06	1.02	0.06	0.97	216184
2007	246948.8	14.20	0.05	3.71	0.05	2.62	0.08	2.75	246948.8
2008	270781	9.70	(0.00)	(0.62)	0.00	(1.45)	0.03	(1.37)	270781
2009	296231	9.40	(0.05)	(0.66)	(0.05)	(1.06)	(0.04)	(1.23)	296231
2010	327737.7	10.60	(0.09)	0.89	(0.09)	0.91	(0.10)	0.53	327737.7
2011	463221.2	9.50	0.12	0.19	0.11	0.45	0.09	0.14	463221.2
2012	499615.4	7.90	0.07	(0.96)	0.05	(0.61)	0.03	(0.62)	499615.4
2013	538377.6	7.80	0.03	(0.59)	0.01	(0.11)	(0.01)	0.11	538377.6
2014	577651.5	7.30	(0.02)	(0.63)	(0.02)	(0.11)	(0.04)	0.27	577651.5
2015	617599.9	6.90	(0.07)	(0.58)	(0.05)	(0.18)	(0.06)	0.25	617599.9
2016	752894.6	6.70	0.02	(0.34)	—	—	0.04	0.13	752894.6
2017	804512.1	6.80	(0.03)	0.19	—	—	0.02	0.11	804512.1
2018	895792.7	6.60	(0.03)	0.42	—	—	0.05	(0.24)	895792.7

在图 3.1 增长经济周期中，三种滤波分解结果前三个周期基本一致，从第四个周期开始，CF 滤波的结果更加合理些。自 1978—2011 年，三种滤波结果保持一致，而 1995—2007 年和 2012—2014 年，HP、BK 滤波的趋势与 CF 滤波的趋势发生了变化。按照 CF 滤波的结果显示，1978—2018 年间，中国共经历了 7 轮经济波动，对应的时间区间依次为 1978—1984 年、1985—1988 年、1989—1993 年、1994—2000 年、2001—2007 年、2008—2012 年、2013—现在（按照 HP 和 BK 滤波的结果可以看出其将 CF 滤波的在第四和第五个周期合成了一个从 1994 年到 2007 年的长周期）。目前，我国经济正处于经济周期波动的收缩时期并形成拖平尾部特征（刘金全、刘子玉，2019）[①]。

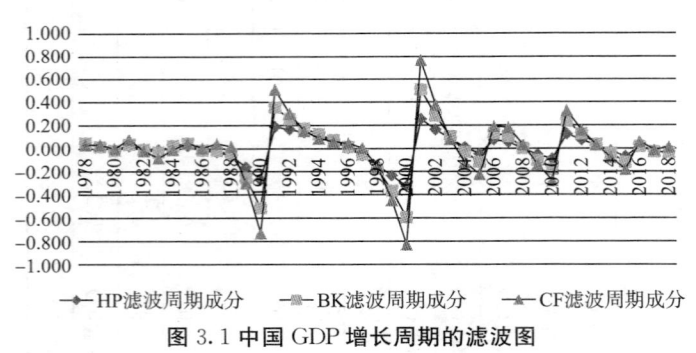

图 3.1 中国 GDP 增长周期的滤波图

在图 3.2 增长率周期中，三种滤波结果与增长周期滤波的结构基本一致，但也存在着细微的差异。自 1978—2018 年 40 年经济运行时期，HP 和 BK 滤波结果基本保持一致，CF 滤波对周期的划分相对不同，即前者的周期划分为：1978—1984 年、1985—1988 年、1989—1992 年、1993—2007 年、2008—2011 年、2012 年到现在；后者的周期划分为：1978—1984 年、

---

① 刘金全，刘子玉. 中国经济新常态下的经济周期更迭与驱动因素转换研究[J]. 经济学家，2019：35—46.

第3章 中国经济波动的"典型事实"：1978—2018年

1985—1988年、1989—1992年、1993—2000年、2001—2007年、2008—2011年、2012年到现在。

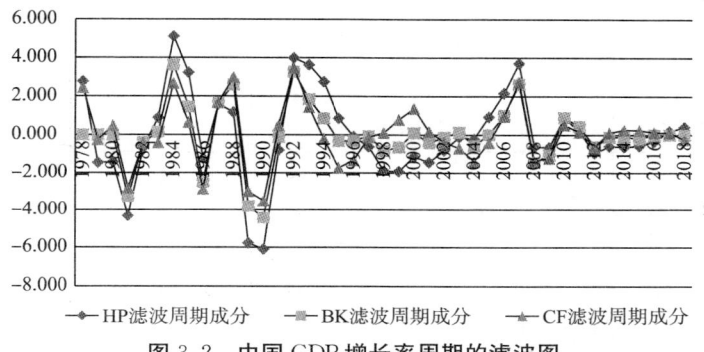

图3.2 中国GDP增长率周期的滤波图

从上面的分析，可知CF滤波对中国经济周期波动的划分更加合理。为了准确和全面的对中国经济周期波动特征进行测定，使用CF滤波法对1978—2018年间中国实际GDP进行去趋势处理，通过其相对长期趋势的偏离程度来划分经济周期。即对于时间序列$\{Y_t\}$，定义其周期项为：$CY_t = 100 * \dfrac{Y_t^C}{Y_t^T}$，其中，$Y_t^C$和$Y_t^T$分别是$Y_t$滤波分解的周期成分和趋势成分。$CY_t$是衡量变量对趋势的偏离程度，即周期波动项。假设将实际GDP作为判断我国宏观经济波动的指标，在经济周期分析中，$\{Y_t\}$为实际GDP的时间序列。CY_t可以反映我国增长型经济周期波动的变化轨迹，以及判断经济周期所处的阶段。当$CY_t > 0$时，表明实际产出大于潜在产出，表示经济增长处于繁荣期，当$CY_t < 0$时，表明实际产出小于潜在产出，表示经济增长处于萧条期。结果显示：1978—2018年间，中国共经历了六轮经济波动，依次分别是1978—1984年、1984—1987年、1987—1992年、1992—2007年、2007—2010年以及2010年到现在。表3.2和图3.3给出了这六次经济波动的波动高度、波动深度、波动幅度以及波动标准差的比较静态分析。

表 3.2 中国经济周期波动总体特征（1978—2018 年）

序号	区间	跨度	波峰	波谷	波幅	波位（亿元）	标准差	扩张期	收缩期
I	1978—1984	6	0.51	0.46	0.97	4158.89	0.0316	3	3
II	1984—1987	3	0.51	0.12	0.63	7013.64	0.0301	1	2
III	1987—1992	5	0.39	0.61	1.00	12025.89	0.0361	2	3
IV	1992—2007	15	0.39	0.20	0.59	28597.91	0.0167	8	7
V	2007—2010	3	0.35	0.07	0.42	64174.18	0.0223	1	2
VI	2010—	8	0.09	0.11	019	115602.75	0.0147	6	2

第 3 章 中国经济波动的"典型事实":1978—2018 年

由表 3.2 和图 3.3 可以将改革开放以来中国经济运行的总体特征概况如下:第一,改革开放以来中国经济周期波动属于典型的增长型周期波动,经济高位运行,宏观经济波动稳定性不断增强。第二,峰位下降,谷位抬升,峰谷落差减小。以第三经济周期为界,第一轮波的波峰和波谷比第二轮的要高,而且波动幅度比第二轮的波动幅度也要高。而第四次经济周期与第五次经济周期相比,刚好和第一轮及第二轮的情况相反,但是其波动幅度明显下降。这种经济波动特征在第六轮经济周期上表现得更加明显。第三,以上六轮经济波动中的产出标准差明显呈下降趋势,虽然第三和第五次经济波动存在着异常现象,其余几轮经济波动的标准差按时间依次分别为 3.16%、3.01%、1.67%、2.23% 和 1.47%。第五次经济波动标准差偏高,是 2008 年全球经济危机冲击的结果。第四,经济周期波动的持续时间,而前两轮的扩展期比收缩期要长,第四轮和第六轮的扩张期相对减少,尤其是最近一轮的经济增长的后劲不足。第五,无论从波形来看,还是对比扩张期与收缩期长短,前三轮经济周期波动都呈现"陡升陡

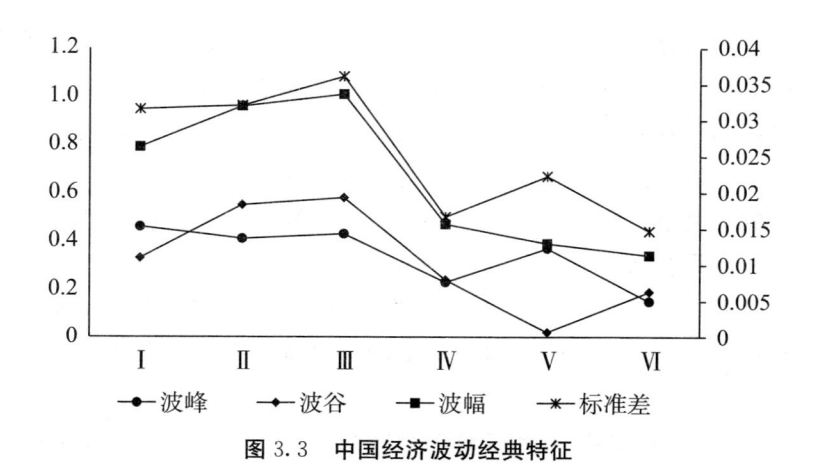

图 3.3 中国经济波动经典特征

降"特征；后三轮经济波动的扩张期与收缩期明显拉长，呈现出"缓升缓降"特征，这说明经济运行的稳定性在逐步增强，但有待于进一步巩固。改革开放以来中国经济周期波动的主要特征可以概括为：振幅减小、峰位下降、谷位上升、平均位势提高、扩张长度延长，即"高位－平缓－微波动"型，特别是进入 21 世纪以来经济波动呈现出微波化特征，宏观经济更趋于平缓增长，经济周期波动整体上呈收敛态势。

3.3.2 经济波动特征的测算与结果分析

首先，将宏观经济变量取自然对数对其中价格型指数利用相应的价格指数进行平减而得到实际值序列，然后进行季节调整，去掉季节要素和不规则要素，然后用 HP 滤波滤掉时间趋势项，然后，取二阶矩来刻画经济变量的波动性、粘性及变量间的协动性等特征。拟从两个层面分析中国宏观经济的波动特征：①采用 HP 滤波器[①]（$\lambda=100$）将年度数据进行滤波，将长期趋势和短期波动进行分离，从而统计波动特征；②选取 1992 年一季度到 2018 年四季度的数据，采用 X12 剔除季节性因素，通过 HP 滤波器（$\lambda=1600$）将季度数据的波动成分进行分解，更好地揭示宏观经济波动。在本章研究中，总消费是居民消费和政府消费之和，投资是全社会固定资本投资额，劳动生产率是总产出与年中平均劳动人口之比。关于宏观经济变量的周期波动特征，表 3.3 和表 3.4 分别从年度数据和季度数据进行测算所得。

表 3.3 和表 3.4 中第 2 列的数据表示各个宏观变量波动成分的标准差。由于表中大部分变量的波动都是对其趋势的对数偏

---

① 考虑到滤波器的稳健性，研究也使用 BK、CF 滤波器进行滤波，发现滤波结果基本一致。

差,所以一单位标准差表示对趋势值偏离1%。第3列表示宏观变量的波动幅度相对应总产出波动幅度的倍数。该数如果大于1,说明这个变量的波动幅度大于总产生的波动幅度,反之,则说明其波动性小于总产出的波动性。表3.3和表3.4中第4至第8列分别表示各个宏观变量与真实产出之间的时差相关系数。例如,标题为−2的第4列中报告的是两期之前的各变量与当期总产出的相关系数;类似地,标题为−1的第5列中报告的是一期之前的各变量与当期总产出的相关系数,以下依此类推。根据时差相关系数的统计性质,通过附表B1和附表B2中的统计结果,可以分析各个宏观经济变量的周期性,以及它相对产出的领先滞后关系。对某个变量来说,如果它0列处的时差相关系数为正,说明该变量为顺周期变量,即产出比较高的时候,这个变量也比较高。时差相关系数越大,说明顺周期的关系越明显。反之,如果该变量在0列处的时差相关系数为负,则说明它为逆周期变量。而通过对各列中绝对值最大的数字的位置,可以判定该变量的领先滞后关系。

表3.3 宏观经济变量的波动特征(1978—2018年)

变量	标准差	相对标准差	与产出间交叉的相关系数				
			−2	−1	0	1	2
GDP	0.12	1	−0.10	0.33	1.00	0.33	−0.10
支出法							
总消费	0.11	0.96	−0.21	0.24	0.97	0.35	−0.03
居民消费	0.11	0.95	−0.19	0.25	0.97	0.32	−0.07
农村居民消费	0.11	0.95	−0.22	0.19	0.92	0.28	−0.10
城镇居民消费	0.12	1.00	−0.15	0.30	0.97	0.32	−0.08
政府消费	0.12	1.07	−0.27	0.21	0.93	0.42	0.07
资本形成总额	0.12	1.24	0.08	0.45	0.93	0.26	−0.13

续表

变量	标准差	相对标准差	与产出间交叉的相关系数				
			−2	−1	0	1	2
净出口①	——	——	−0.01	0.03	0.03	−0.08	−0.23
进口	0.17	1.48	0.05	0.33	0.80	0.43	−0.09
出口	0.20	1.70	0.11	0.39	0.78	0.38	−0.05
要素投入							
劳动生产率②	0.12	1.00	−0.07	0.35	0.99	0.23	−0.16
固定资本形成	0.11	0.98	0.51	0.43	0.16	−0.23	−0.47
存货增加值	0.35	3.02	0.18	0.10	0.20	−0.11	−0.17
总就业人数	0.02	0.16	−0.18	−0.12	0.14	0.59	0.33
农业就业	0.03	0.29	−0.31	−0.06	0.24	0.62	0.55
工业就业	0.04	0.30	0.06	−0.12	−0.08	0.00	−0.23
服务业就业	0.03	0.22	0.33	0.07	−0.07	0.00	−0.36
物价指数和货币量							
就业人员平均工资	0.05	0.44	0.35	0.20	−0.02	−0.25	−0.34
居民消费价格指数	0.06	0.50	0.29	0.01	−0.22	−0.36	−0.28
企业生产价格指数	0.07	0.60	0.37	0.13	−0.03	−0.14	−0.19
固定投资价格指数	0.06	0.54	0.34	0.26	0.11	−0.02	−0.05
商品零售价格指数	0.06	0.50	0.29	0.03	−0.20	−0.34	−0.26
GDP 平减指数	0.14	1.21	0.29	−0.17	−0.85	−0.44	−0.17
名义货币供应量							
M_0	0.06	0.55	0.26	0.24	0.06	−0.13	−0.18
M_1	0.07	0.58	0.23	0.22	0.04	−0.18	−0.25
M_2	0.07	0.61	0.33	0.18	−0.04	−0.39	−0.47

数据来源：国家统计局，中经数据库和 Wind 数据库。

① 由于净出口、通货膨胀率有负数，所有不能取对数进行 HP 滤波，使用其他方法进行处理，其波动标准差与其他变量之间不具有可比性，因此，没有给出统计结果。
② 劳动生产率是实际 GDP 除以年中从业人数计算得到，年中从业人数是年初从业人数和年末从业人数的算术平均值。

表 3.4 宏观经济变量的波动特征（1992Q1—2018Q4）

变量	标准差 %	相对标准差	与产出间交叉相关系数				
			−2	−1	0	1	2
季度 GDP	3.11	1.00	0.81	0.93	1.00	0.93	0.81
居民消费	3.29	1.06	0.85	0.91	0.89	0.80	0.67
投资	5.24	1.68	0.34	0.49	0.64	0.65	0.61
政府消费	3.70	1.19	0.30	0.40	0.45	0.46	0.43
净出口①	—	—	0.20	0.19	0.13	0.07	0.02
进口	9.98	3.20	0.46	0.60	0.67	0.66	0.59
出口	10.62	3.41	0.23	0.45	0.62	0.67	0.66
固定资本投资额	4.88	1.57	0.18	0.32	0.49	0.53	0.58
存量增加值	—	—	0.07	0.15	0.21	0.21	0.15
社会消费品零售总额	2.90	0.93	0.73	0.78	0.75	0.66	0.55
总就业人数	0.07	0.02	−0.48	−0.53	−0.57	−0.58	−0.57
物价指数							
居民消费价格指数	1.99	0.64	0.92	0.93	0.84	0.70	0.50
固定资产投资价格指数	2.35	0.75	0.40	0.55	0.64	0.61	0.54
商品零售价格指数	2.18	0.70	0.93	0.94	0.88	0.74	0.56
GDP 平减指数	1.69	0.54	0.78	0.86	0.85	0.74	0.57
名义货币供应量							
M_0	3.30	1.06	0.13	0.33	0.52	0.62	0.69
M_2	2.28	0.73	0.35	0.39	0.46	0.49	0.51

数据来源：国家统计局，中经数据库和 Wind 数据库。

① 由于净出口、存量增加值有负数，所有不能取对数进行 HP 滤波，使用其他方法进行处理，其波动标准差与其他变量之间不具有可比性，因此，没有给出统计结果。

（1）需求方面的宏观经济变量的波动特征分析。

根据支出法看，总产出（GDP）有消费 C（居民消费和政府消费）、投资 I 和进出口 NX 三部分构成。在宏观经济波动中，它们有着至关重要的作用，它们的波动特征及其在 GDP 中所占份额将影响宏观经济波动，通过对经济系统各部分动态行为的刻画，可以更好地理解我国的经济波动。

改革开放以来，最终消费、资本形成总额和净出口 GDP（支出法）中所占比例发生了改变。居民消费占 GDP 的百分比随着时间呈下降的趋势，20 世纪 90 年代初有一个明显的下降，整个 90 年代平均为 46.2%，低于 80 年代的平均水平 50.9%，进入 21 世纪，又出现类似的下降趋势，2000—2010 年平均为 40.7%。在总消费所占比重下滑的过程中，政府消费率基本保持稳定，为 14.1%，因此，可以说居民消费所占 GDP 的比重呈现严重的下滑趋势。资本形成总额占 GDP 的比重（投资率）上升较快。20 世纪 90 年代，投资率平均为 37.2%，高于 80 年代的平均水平 35.8%，尤其 20 世纪 90 年代初，投资率出现了显著的急剧上升态势，1993 年达到 43.6% 的高水平。进入 21 世纪初期，投资率又开始出现上升态势。2004 年投资率达到 1978 年以来的最高水平 42.2%。2008 年全球经济危机以后，投资率逐年升高，在 2011 年投资率高达 47.3%，再次创历史新高。总体上可知，80 年代和 90 年代，由于居民消费所占 GDP 的百分比较高，其波动对总产出的波动影响较大，但是随着投资率的提高，投资率的波动与我国经济波动的同步性将逐渐加强。下面将具体分析改革开放以来各构成成分的波动情况及对宏观经济波动的影响。

从图 3.4 中，居民消费的波动在 20 世纪 80 年代初期和进入 21 世纪以来与总产出的周期波动一致性较高，而在 1996—2001 年期间居民消费的波对相对于总产出的波动具有滞后性，但是居民消费的经济波动强度比总产出的要小，其相对标准差为 0.95。

第3章 中国经济波动的"典型事实"：1978—2018年

而资本形成总额的波动可以分两个阶段来看，在1994年之前，资本形成总额的波动强度和幅度都比总产出的周期波动要剧烈，而从1995年以来，资本形成总额的经济波动明显减弱，并于总产出的波动趋于一致。需要注意的是在2008年、2009年以及2010年资本形成总额的波动于总产出的波动具有相反的趋势，即在2008年全球经济危机以后，我国经济增长出现下滑的情况下，国家增加了投资力度来抹平经济波动。由于净出口额的波动与总产出的波动存在着量纲的不同，研究使用出口额的波动作为指标，发现在1994年以前出口额的波动滞后于总产出的波动，而1995年以后波动的协同性相对增强。通过上面分析，可以直观的判断中国经济波动在1994年前后发生了结构性的变化。

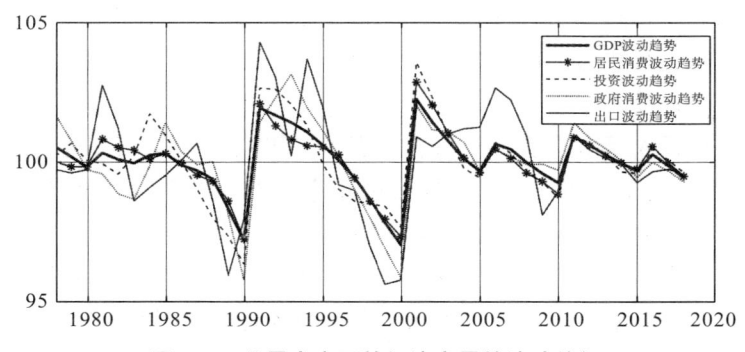

图3.4 总需求方面的经济变量的波动特征

从表3.3中可知，1978—2018年间，总消费的波动是总产出的0.96倍，略小于总产出，而居民消费（私人消费）的相对波动0.95，和总产出的波动基本相当。农村消费的波动略比城镇居民消费的波动要小，城镇居民消费的波动率基本上与总消费一致，相对波动率分别为0.95和1.00。政府消费波动是总产出的1.07倍。全社会固定资本投资波动总产出的1.24倍，投资波动率高于总产出的波动。另外，进口和出口的波动都大于总产出，并且出口比进口的波动更剧烈。全社会固定资本投资波动与总产出的相关系数为 0.93，总消费与总产出的相关系数为 0.97，说明彼此之间是强顺周期，投资和总消费的波动变化与产出保持较高的一致性。政府消费与产出的相关系数为 0.93，呈顺周期。净出口与产出呈非周期（相关系数仅为 0.07），但进口和出口与产出的相关系数都呈顺周期，相关系数分别为 0.8 和 0.78。为了进一步显示高频数据的协动性，表 3.4 给出了 1992Q1—2018Q4 的季度性数据的协动特征。整体上，宏观变量之间的协动性和波动强度基本一致，但局部有差别。首先，季度数据的居民消费、投资、政府消费的波动都比产出要高，分别是总产出的 1.06、1.68 和 1.15 倍，其投资波动相对强烈。同时，它们和产出呈强顺周期。其次，与年度数据不同，季度数据的进口和出口波动更大，相对波动率为 3.20 和 3.41，与总产出波动呈顺周期，相关系数为 0.67 和 0.62.

（2）投入要素的波动特征分析。

从投入要素来看，经济社会的总产出主要是由生产性投入（最重要的是劳动与资本）的数量和这些投入组合的效率（即全要素生产率）决定的。因此，无论是生产性投入要素发生波动，还是要素组合的效率发生波动，都无疑会引起总产出的波动，对宏观经济波动产生影响。例如，实际经济周期（RBC）学派认定经济波动的首要原因是对经济的实际（而不是货币的）冲击。实际因素的冲击，既包括来自需求方面的冲击，如个人需求偏好的变化、政府需求的变化等，更重要的是来自供给方面的冲击，如技术进步带来的生产率变动、生产要素供给的变动等。该学派认为，大多数宏观经济波动主要是由于技术冲击的动态影响所造成的。新凯恩斯主义也认为不稳定的总需求和总供给都是产生经济周期的重要决定因素。

在投入要素中，主要的宏观经济变量有实际 GDP、资本存量 K、就业人数 L，实际 GDP 和就业人数 L 可以从国家统计年

第3章 中国经济波动的"典型事实"：1978—2018年

鉴中获得，但是关于资本存量 K 的计算，目前的研究存在着分歧。借鉴最新文献，我们对资本存量 K 进行重新测算，并使用生产函数法测算出 TFP 值。在获得全要素素生产率、实际 GDP、资本存量 K 和劳动就业人数 L 后，使用 HP 滤波方法对各个宏观经济变量进行滤波处理获取其周期成分。然后，计算各变量周期成分的标准差、自相关系数和与 GDP 之间的时差相关系数，从而揭示各变量的波动性和协动性特征。资本存量与总产出是顺周期特征，但是资本存在波动程度比总产出波动要弱一些。资本存量的周期波动特征与投资的波特不同，投资与总产出的相关性更强一些，而资本存量相对于总产出还具有滞后一期的特征，可能原因是资本往往"投入容易撤出难"的原因。总体上看，资本存量对总量的经济波动具有一定的顺周期影响并且随着资本存量增加其总量经济波动越稳定。TFP 和总产出波动形态几乎一致。全要素生产率（TFP）的与总产出具有较强的顺周期特征，其波动特征符合真实周期波动理论（RBC）中的全要素生产率冲击是经济波动的主要原因。

进一步，表 3.3 显示存货增加值的波动最大，是产出波动的 3.02 倍，其次是固定资本形成额，是产出波动的 0.98 倍。总就业人数波动最小，三大产业就业的波动程度也相对平稳[①]，农业和服务业就业的波动比产业要小，其相对波动分别为 0.29、0.30 和 0.22。劳动生产率与总产出基本一致。从与产出的相关性来看，劳动生产率与总产出的相关系数为 0.99。其次是固定资产形成额与总产出的相关性 0.51，两者存在顺周期；而且产出的波动滞后于固定资本形成额。存货增长值与产出也是顺周期，相关系数为 0.22。总就业的波动滞后于总产出的顺周期特

---

① 就业人口数据的统计存在着严重的失真，虽然本书做了处理，但并不能客观我国就业人口的波动。

征，相关系数为 0.59。而产业就业中，农业就业波动与产出是弱顺周期，工业、服务业产业就业波动与产出是弱逆顺周期，存在着滞后特征。表 3.4 为季度数据测算的结果，可知固定资本投资额的波动是总产出的 1.57 倍，这个结果与年度数据结果基本一致。由于存量增加值存在着负数，与其他变量之间没有可比性。社会消费品零售总额的波动是 2.90，略低于产出的波动。总就业人数的波动为非常小，从与产出的相关性来看，固定资本投资额、社会消费平零售额与产出之间的相关系数分别为 0.49 和 0.75，彼此之间是强顺周期。而总就业人数和产出是强逆周期，相关系数是 -0.57。

(3) 货币供给与物价波动的特征分析。

一国货币供给量是央行通过货币政策进行宏观经济调控的重要手段，货币供给量的波动与总产出的关系对研究经济波动特征的基本方面之一。物价指数及其变化率（通货膨胀率）是直接导致生产要素重新配置的指标，其合理的波动对经济健康发展有着重要意义。表 3.3 显示，在 1978—2018 年，货币供给量的波动幅度都比总产出的波幅要小，相对波动率分别是的 0.55、0.58 和 0.61 倍。货币供应量 M_0、M_1 和 M_2 与总产出是"弱周期"，相关系数分别为 0.06、0.05 和 -0.04，这说明消除价格波动的影响因素真实 GDP 与不同口径的货币供应量之间相关性明显减弱，表现出较弱的"周期"特征，但从季节数据看，随着货币供给量与总产出呈现顺周期特征也越强，季度性宏观的货币供给量的波动特征基本与年度一致，具体见表 3.4。

从物价指数波动特征来看，它们都比总产出的波动要弱，基本接近 0.6 倍左右，而且与固定资本形成价格指数和固定资本投资价格指数相比，居民消费价格指数、商品零售价格指数以及 GDP 平均指数都有超前性但周期性特征是逆周期特征，从表 3.4 中可以看出物价指数波动不具有超前性，而且波特强度相对减

第3章 中国经济波动的"典型事实":1978—2018年

弱,这也说明物价指数波动的特征在季度层面与GDP波动特征一致。进一步,我们对中国的菲利普斯曲线曲线进行了验证。菲利普斯曲线(Phillips Curve)是指失业率与通货膨胀率直接反向相关的关系。由于我国的失业率数据在统计方面存在着问题,因此,结合奥肯定律(Okun's law),我们验证通货膨胀与总产出缺陷之间的关系,而当通货膨胀率和产出之间存在正的相关关系,也可以说成是菲利普斯曲线。从图3.5中,可以发现从1978—2018年间总产出缺口(Output Gap)与通货膨胀率(Inflation)之间存在着负相关性,相关系数是-0.284。图3.7两者的趋势图,也显示两者存在负相关性这说明菲利普斯曲线曲线不符合中国经济特征,这也不同于美国的经济波动特征。

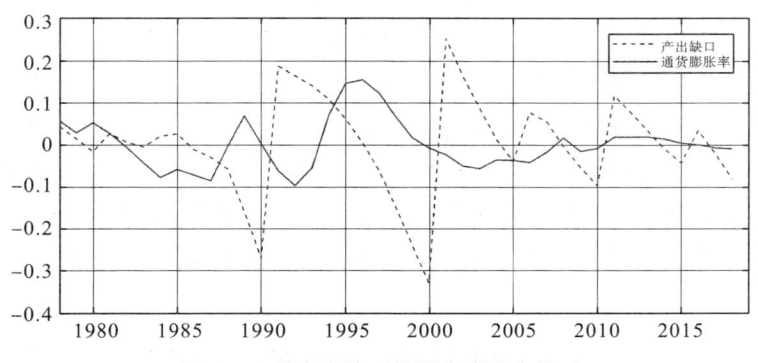

图3.5 总产出缺口与通货膨胀率关系

(4)产业增加值的波动特征分析。

改革开放以来,我国产业结构与经济发展目标之间的矛盾日益突出,产业结构优化升级是推动我国经济高质量发展的重要方向。从图3.6三大产业占GDP的比重可以看出,第一产业的比重逐渐下降,第三产业的比重逐渐上升,第三产业的比重在1985年超过第一产业占比,在2012年超过第二产业占比。不同产业的经济周期波动尤其特殊性,而产业之间的关联性是经济波动传导的一个重要途径，因此，产业结构的变迁对经济波动有着重要的影响，下面从 GDP 的产业构成分析其构成部分的波动特征，与整体宏观经济波动的相关波动性和协动性，为后续研究提供事实支持。

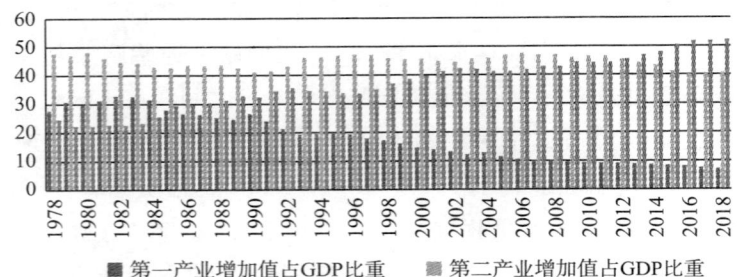

图 3.6 三产业占 GDP 的比重（1978—2018）

首先，使用 CF（2，8）滤波法对 1978—2018 年的三大产业实际值进行滤波处理，得到周期成分，其方法与计算总产出一样，得的数据分别定义为 CY_1、CY_2 和 CY_3。图 3.7 是不同产业与 GDP 的周期波动趋势图。表 3.5 是不同产业与总产出的波动的统计特征。图 3.7 中分别绘制了各个产业与 GDP 的经济周期波动的趋势图，可以直观地看到三大产业各自波动的趋势以及与 GDP 的协动关系。

表 3.5 三大产业和 GDP 周期波动序列的标准差、自相关系数及时差相关系数

周期波动项	标准差		与总产出的交叉相关系数				
	绝对值	相对值	−2	−1	0	1	2
GDP	0.12	1	−0.10	0.33	1.00	0.33	−0.10
第一产业	0.15	1.27	−0.17	0.24	0.93	0.37	−0.01
第二产业	0.09	0.79	0.03	0.40	0.93	0.23	−0.22
第三产业	0.15	1.30	−0.16	0.29	0.98	0.34	−0.05

第 3 章　中国经济波动的"典型事实"：1978—2018 年

图 3.7 和表 3.5，可以得知：第一产业经济增加值的波动率比 GDP 波动率要大，相对系数为 1.27，第二产业经济增加值的波动率比 GDP 波动率要小，相对系数为 0.79，第三产业经济增加值的波动率比 GDP 波动率要大，相对系数为 1.30。从三大产业经济周期波动的标准差来看，产业总量加总为总产生值，但三大产业的总波动程度都比总产出的波动程度要强，其存在着产业内部的消除现象。第一产业经济周期波动总体上具有放缓的趋势。在 80 年代我国第一产业出现过两次大的经济波动，但在市场经济体制确定以后第一产业经济周期波动明显减弱，第一产业与 GDP 的相关系数为 0.93，两者之间存在顺周期现象。从图 3.8 中，明显可以看出第二产业的经济周期波动与总产出经济周期波动就有较强的一致性，其相关系数 0.93，同样也是顺周期特征。第三产业占 GDP 百分比是衡量一个国家经济水平的一个指标，几乎所有发达国家的第三产业占 GDP 百分比都很高。改革开放以来，中国的第三产业发展速度也越来越快，占 GDP 比重也逐步提高。第三产业的比重在 1985 年以 0.293 超过第一产业占比，在 2012 年以 0.455 超过第二产业占比。从图 3.7 中可以看出其具有强顺周期特征，相关系数为 0.98。

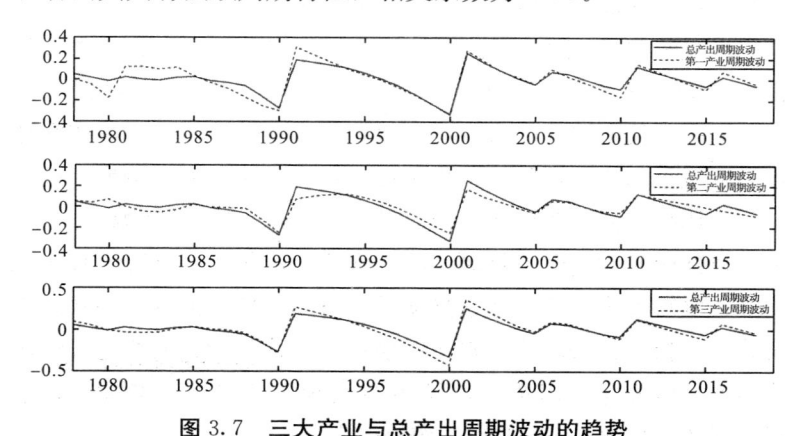

图 3.7　三大产业与总产出周期波动的趋势

3.4 经济波动特征的事实解释

上述分析是通过现代经济周期波动分析工具对经济周期波动的周期划分和"典型事实"进行的统计描述。从统计结果中得到了一些有趣的结论,那么是什么原因使得中国经济周期波动呈现这些波动特征呢?本节尝试从宏观经济政策的不确定性视角对经济波动的特征进行宏观层面的概括,来说明经济周期波动特征的原因。

在改革探索时期(1978—1994 年),国家酝酿了一系列改革措施,以恢复与发展生产:一是在放权让利改革和预算软约束刺激下,国有企业及民营、外资企业等各类投资主体的发展诉求得到了地方政府的有力支持,强烈的投资意愿衍化为现实的投资需求;二是非公有制经济的发展,推动了价格机制的改革,传统体制下企业生产物资按照计划调配以及价格被人为压低现象已不复存在,潜在的通货膨胀问题逐渐显性化;三是在广袤农村推行的家庭联产承包制改革及城市国有企业放权让利改革提高了居民收入水平,消费成为经济增长的新引擎;四是金融体制改革使得货币扩张的乘数效应得到充分发挥,加剧了投资与消费需求的扩张。如果投资和消费增速在合理范围内,能够有力拉动经济增长。但是,投资过快带来的产能过剩以及短缺经济带来的资源瓶颈,造成了国民经济的结构性失衡。由于市场机制不健全,政府主要采用行政调控来调节经济。政府急刹车式的"降温"方式,虽然能在短时间内迅速抑制经济过快增长的势头,却以破坏国民经济正常秩序为代价,往往加剧了经济的周期性波动,而且紧缩政策一放松,经济增长的势头很快恢复,甚至超过紧缩之前的经济增速,因此这一时期的经济运行表现为"扩张-紧缩-再扩张,通胀-紧缩-再通胀"的循环。

第 3 章 中国经济波动的"典型事实":1978—2018 年

1992年社会主义市场经济体制改革目标的确立,标志着中国经济体制改革进入了深化期。随着经济体制改革的深入推进和对外开放程度的提高,中国的国民经济结构、宏观经济环境和微观经济主体的行为方式都发生了明显的变化:一是随着投融资环境的改善和对外开放程度的提高,民营经济和外资经济等非公有制经济取得了长足发展,逐渐成为中国经济增长新的助推剂,但是财税和金融体制改革弱化了国有企业的投资冲动,使得国民经济总体的投资增速放缓;二是市场经济的发展极大丰富了居民消费的可行性,推动产业结构和居民消费结构不断升级。但是,收入分配与社会保障制度改革不完善,造成了消费需求增长乏力。为消化过剩产能,以缓解国内有效需求不足,中国贸易依存度不断提高,这也给1997年亚洲金融危机和2008年国际金融危机埋下了隐患。由于行政手段在国民经济调节的作用逐渐弱化,财政政策和货币政策等需求调控杠杆的作用不断增强,但是国际经济形势的急剧变化以及政策的时滞性等因素也在一定程度上制约了政策的有效性。因此,这一时期的经济运行的突出特点是流动性过剩、有效需求不足与通货紧缩。

1978—2018年间,中国共经历了6轮经济波动。根据改革开放发展历程和经济波动特征,可以将其归为改革探索时期和改革深化时期。在改革探索时期,产出波动表现出"峰位高、谷位深、振幅大和扩张期短"的特点,主要经济变量不仅表现出顺周期性,而且波动性均强于产出。进入改革深化时期,产出波动的峰位下降、谷位上升、振幅收窄、扩张期延长,且除贸易指标外的主要经济变量波动性明显减弱。经济周期波动特征是国民经济运行机制的真实写照。在改革探索时期,由于市场经济制度不健全,投资与消费需求超常规增长,导致了需求急剧扩张,经济迅速从高增长演变为过热增长。到了改革深化时期,虽然市场经济体制初步建立但尚不健全,消费与投资需求增长乏力造成有效需求不足。因此,保障国民经济持续、健康发展必须深化改革,而深化改革的核心问题是处理好政府与市场的关系,使市场在资源配置中起决定性作用,从而培育起一种稳定的、结构性增长机制。

3.5 本章小结

本章对三种滤波器进行甄别,首先,选择对我国经济波动滤波更加合适的 CF 滤波对宏观经济波动的周期特征进行了测度和划分,分析发现自 1978 年以来中国经济周期大致可以划分 6 个阶段,目前我国经济正处于经济周期的收缩时期,而且中国经济周期呈现振幅减小、峰位下降、谷位上升、平均位势提高、扩张长度延长的趋势。其次,从总需求、投入要素、货币和物价及产业增加值的视角对经济波动的特征进行统计性分析并对主要宏观经济指标的经济波动的典型事实进行统计描述。结果表明:①总消费、投资与产出呈现强顺周期,但在 1994 年以后投资与产出的相关性增强,总消费与产出的相关性减弱,农村消费波动比城镇消费波动要强。②劳动生产率、全要素生产率与产出是强顺周期,同时经济周期波动存在结构性变异。③货币供给量与总产出的波动呈现"强顺周期"特征,"货币中性"特征不符合我国的货币政策特征。物价波动与总产出波动之间是负向关系,说明菲利普斯曲线符合我国的经济特征。④第二产业增加值相对第一和第三产业波动最小,但其与产出呈强顺周期,第三产业与产出的相关性有增强的趋势,三产业与产出都是顺周期的。最后,针对中国经济波动的新特征和经济周期的新规律,对经济波动特征进行了探讨,发现市场经济体制的深化对经济波动的平稳化有重要的作用。

第4章　经济波动冲击的动态识别及结构性检验

"知其然亦知其所以然"。本章构建一般均衡模型对外生冲击效应进行动态识别并检验结构性变化，探求导致经济波动的重要冲击因素。

改革开放以来，我国经济周期波动经历了6次更迭，那么，影响中国经济波动的核心驱动因素是否发生了变化？如果发生了变化，那主要体现在哪些方面？这些是不确定的。在本章中，为了研究不同阶段，中国经济波动来源的差异性，我们在BCA模型的基础上构建了一个小型开放的BCA模型（考虑中国的消费偏好，引入资本调整成本和资本利用率），使用季度数据从市场经济初期、大稳健时期和2008年金融危机以后时期三个时间段对经济波动原因问题进行研究。

4.1　引言

自1992年社会主义市场经济确定以来，中国经济同比增长率由 1992 年一季度的 13.6% 增长到 1993 年一季度的 15.4%，达到历史最高；接着同比增长率在波动中缓慢下行到 1998 年二季度为 7%，尤其是 1997 年四季度到 1998 年一季度增长率的下降幅度最大；然后，经济增长开始稳步回升，历经 10 年，40 个季度，在 2007 年同比增长率达到最高，该年 4 季节的增长率都在 13% 以上；2008 年经济增长开始急速回落，到 2009 年一季度增长率为 6.2%，首次低于 7%，然而，增速又马上回升，仅一年时间回升到 12.2%；2010 年一季度之后，中国经济增长速度一路回落，2012 年一季度为 8%；至此中国经济增速进入 7% 的时代并在 2015 年四季度为 6.8%。至此，我国经济增速进入中高速增长阶段，经济结构处于转型升级，由原来高速增长转向高质量增长阶段。从整体上看，我国经济增长率的波动出现了两个"V"字形，其波动时间跨度差异是不同的，分别是 1993 年一季度到 2007 年四季度和 2007 年四季度到 2010 年一季度；2010 年以来中国经济由高速增长进行新常态即增速下降的结构调整期。从局部上看，1992 年市场经济制度的确立、1997 年的亚洲金融危机、2001 年加入 WTO、2008 年经济危机、"四万亿"的刺激政策和中美贸易战都对经济波动产生局部冲击（如图 4.1 所示）。中国经济在转型中发展，其波动特征与发达国家的经济波动存在着差异。一个显著的差别就是经济波动存在阶段性特征，即不同时期经济波动特征不同。并有大量学者[1][2][3]使用计量方法对其进行了实证，那么当经济波动特征发生了结构性变化，导致经济波

---

[1] 王宇，蒋彧. 中国经济增长的周期性波动研究及其产业结构特征（1992—2010 年）[J]，数量经济技术经济研究，2011（7）：3—17.

[2] 涂巍，王治国，邹恒甫. 转型期的中国经济波动特征 [J]，统计研究，2015（4）：8—13.

[3] 陈磊，孟勇刚，王艺枞. 双重视角下的中国经济周期混频测度 [J]，统计研究，2018（9）：29—39.

第4章 经济波动冲击的动态识别及结构性检验

动冲击的核心因素是否发生变化？如果经济波动的驱动因素发生了变化，其形式是什么？本章将对这些问题进行研究。

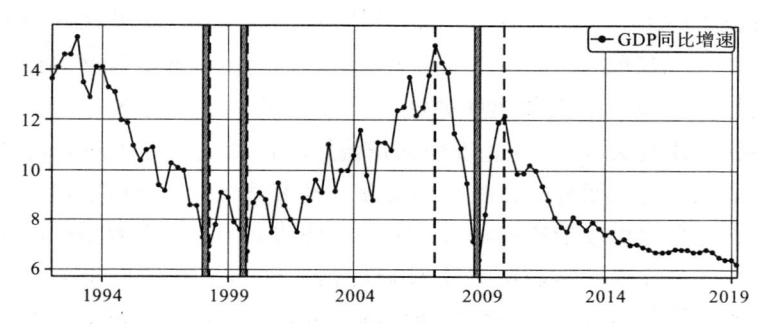

图 4.1 中国季度 GDP 同比增长率（1992Q1—2018Q4）

回顾有关经济波动的文献，可知计量经济学方法对宏观经济波动本身测度、周期的划分和特征总结在结论上没有太大的分歧。然而，对于中国经济波动的驱动因素及传导机制的探究存在着不同的理解。刘树成（2005）[1]对中国经济周期波动的冲击因素与传导机制进行了全面系统的研究，他认为投资需求冲击、消费需求冲击、外部冲击、技术冲击和货币供给冲击均是中国经济波动的重要来源。基于微观经济理论的 RBC 模型和 DSGE 模型，不同研究者引入的冲击因素不同会得出影响经济波动的不同因素。詹新宇和方福前（2012）[2]引入国有企业和民营企业两类厂商的异质性，对标准 RBC 模型进行扩展，模拟结果可以解释中国经济的"高位波动"现象和"波幅收缩"的性特征。梅冬州等（2014）[3]对党代会召开、监察力度变化与中国经济波动之间的

---

[1] 刘树成，张晓晶，张平. 实现经济周期波动在适度高位的平滑化 [J]，经济研究，2005 (11).

[2] 詹新宇，方福前. 国有经济改革与中国经济波动的平稳化 [J]. 管理世界，2012 (3)，11-22.

[3] 梅冬州，王子健，雷文妮. 党代会召开、监察力度变化与中国经济波动 [J]，经济研究，2014 (3)，47-61.

关系进行研究，研究发现其对经济波动有重要的影响。陈国进等（2014）[①] 使用扩展的 RBC 模型研究罕见灾难风险对中国宏观经济波动的影响，研究表明灾难性风险对中国宏观经济波动有显著的冲击。在新凯恩斯主义框架下的研究将更多的冲击类型包括到模型中，使得结论并不如 AD–AS 模型的结论那样统一。如李春吉、孟晓宏（2006）[②] 发现消费偏好冲击和技术冲击对经济波动变化具有较明显的影响；孙稳存（2007）[③] 考虑到利率和货币量的综合货币政策指标，认为中国经济波动的主要来源是货币政策缺乏独立性而造成的货币政策冲击；许伟、陈斌开（2009）[④] 将银行信贷引入动态一般均衡模型，发现技术冲击解释了大部分产出、消费的波动，信贷冲击有一定的解释能力，而货币冲击的效应不明显；陈晓光、张宇麟（2010）[⑤] 认为政府消费冲击是一个重要的波动源；王燕武、王俊海（2011）[⑥] 引入偏好冲击、加成冲击、政府支出冲击和利率冲击，发现来自供给方的冲击对中国经济波动具有重要作用。徐舒等（2011）[⑦] 在动态随机一般均衡的理论框架下建立了一个内生 R&D 投入与技术转化模型，以研究技术扩散对中国经济波动的影响，该模型较好地拟合了现实

[①] 陈国进，晁江峰等. 罕见灾难风险和中国宏观经济波动［J］. 经济研究，2014（8）：55–66.

[②] 李春吉，孟晓宏. 中国经济波动——基于新凯恩斯主义垄断竞争模型的分析［J］. 经济研究，2006（10）.

[③] 孙稳存. 货币政策与中国经济波动缓和化［J］，金融研究，2007（7）.

[④] 许伟，陈斌开. 银行信贷与中国经济波动：1993—2005［J］. 经济学（季刊），2009，（3）.

[⑤] 陈晓光，张宇麟. 信贷约束、政府消费与中国实际经济周期［J］，经济研究，2010（12）.

[⑥] 王燕武，王俊海. 中国经济波动来源于供给还是需求——基于新凯恩斯模型的研究［J］，南开经济研究，2011（1）.

[⑦] 徐舒，左萌，姜凌. 技术扩散、内生技术转化与中国经济波动——一个动态随机一般均衡模型［J］，管理世界. 2011（3）：22–31.

第4章 经济波动冲击的动态识别及结构性检验

经济波动,然而它忽视了信贷冲击等重要因素。栗亮、刘元春(2014)[①]通过构建附加"金融加速器"的DSGE模型,模拟和测算了2008年前后中国经济波动的来源和变化并针对这些变化提出了未来政策框架调整的建议。王国静、田国强(2014)[②]将金融冲击引入到动态随机一般均衡模型,结果表明金融冲击可以解释80%的产出增长波动。仝冰(2018)[③]使用中国宏观混频数据对DSGE模型的参数进行贝叶斯估计,通过方差分解,结果表明:中国产出波动的最主要解释因素是与投资相关的冲击,其次为货币政策冲击、持久性技术冲击和外生需求冲击。

那么,究竟是什么是主要因素呢?从长期看,究竟哪些冲击因素的影响比较大,诸多冲击因素的影响程度有何差别?对此问题,现有文献的研究结论很不一致。造成研究结论的差异可能是来自模型设定,数据处理以及参数估计等因素造成的,但作者认为是没有考虑中国宏观经济的结构性变化所造成的。我国正处于经济结构的转型期,而经济结构的转型升级从而导致了影响经济波动的因素的改变。中国经济经历四十多年的发展,从1978年到2018年先后经历改革开放,正式确立社会主义市场地位,亚洲金融危机,深化国有体制改革,加入WTO,全球经济危机,4万亿刺激政策和"中美贸易战"等,其经济规模、经济结构以及宏观环境都发生了重大的变化。

为了研究经济波动冲击的主要原因,本章构建小型开放经济周期波动冲击源的测度模型,该模型能够很好地识别经济周期波

---

① 刘宗明,李春琦. 投资效率、居民消费的惯性平滑与中国宏观经济波动[J],财经研究。2015 (1)。
② 王国静,田国强. 金融冲击和中国经济波动[J],经济研究,2014 (3),20—34。
③ 仝冰. 混频数据、投资冲击与中国宏观经济波动[J],经济研究,2017 (6),60—76。

动的根源（例如驱动 GDP 偏离潜在 GDP 的冲击和摩擦因素）。通过比较实际数据和模型的模拟解，该方法识别用来解释经济波动的各种摩擦因素。该分析方法也是一个成熟的分析方法，它被许多国家的研究者使用（Ahearne et al. 2005[1]，Kobyyashi and Inaba, 2006[2], Chari et al. 2007, Cavalcanti, T. 2007[3], Kersting, E, K, 2008[4], Simonovska and Soderling, 2008[5], Meza, 2008[6], Bridji, 2013[7]）。中国也有学者使用该模型对中国经济波动进行研究。徐高（2008）使用 BCA 研究方法研究中国经济波动，发现中国在 1992 年之前经济波动主要是技术冲击的结果，1992 年以后投资冲击也发挥了一定作用。Q. He（2009）[8] 等人发现技术冲击能最好的解释中国 1978—2006 年的总量经济行为，而其他冲击对经济解释也有一定的作用。蒋涛（2013 年）[9] 也是用 BAC 模型来研究中国 1978—2011 宏观经济波动情况，研究发现技术冲击的波动是主要解释中国经济波动的

---

[1] Ahearne, A., Kydland, F. and Wynne, M. A.. Ireland's great depression. Working Papers 05-10, Federal Reserve Bank of Dallas, 2005.

[2] Kobayashi, K. and Inaba, M. Business cycle accounting for the japanese economy. Japan and the World Economy, 2006, 18 (4), 418-440.

[3] Cavalcanti, T. Business cycle and level accounting: the case of portugal. Por-tuguese Economic Journal, 2007, 6 (1), 47-64.

[4] Kersting, E. K. The 1980s recession in the uk: A business cycle accounting perspective. Review of Economic Dynamics, 2008, 11 (1), 179-191.

[5] Simonovska, I. and Soderling, L. Business Cycle Accounting for Chile. IMF Working Paper WP/08/61, International Monetary Fund, 2008.

[6] Meza, F. Financial crisis, fiscal policy, and the 1995 gdp contraction in mexico. Journal of Money, Credit and Banking, 2008, 40 (6), 1239-1261.

[7] Bridji, S. The french great depression: A business cycle accounting analysis. Explorations in Economic History, 2013, 50 (3), 427-445.

[8] Q. He, T. Tai-Leung Chong, K, Shi. What Accounts For Chinese Business Cycle?. China Economic Review, 2009, 20 (4), 650-661.

[9] 蒋涛. 怎样解释中国经济波动：基于 BCA 的分析 [J]. 经济理论与经济管理，2013，(12).

第4章 经济波动冲击的动态识别及结构性检验

原因。然而，研究者直接使用原模型而没有考虑中国经济波动的实际特征。例如，中国的投资波动比产出的波动要高很多，资本利用率和资本调整成本也不同于发达国家。其二，研究者没有考虑经济规模、经济结构以及宏观环境发生变化导致经济波动冲击的主要原因。最后，考虑宏观数据的质量，研究者使用年度数据不能很好地捕捉经济波动源，也没有对2008年以后的经济波动冲击进行实证。

基于此，本章构建一个小型开放的BCA模型（考虑中国的消费偏好，引入资本调整成本和资本利用率）。该模型使用1992—2018年的季度数据，在考虑经济结构变化和2008经济危机的前提下重新对我国宏观经济波动的根源进行研究。研究表明：从长期来看我国宏观经济波动冲击的主要原因没有变化，无论在市场经济初期、大稳健时期还是2008年经济危机时期，全要素生产率（TFP）一直是影响我国经济波动的主要来源；但是从短期来看，中国资本市场和劳动力市场的扭曲对中国经济波动的影响越来越大，国际贸易的冲击一直是我国经济波动的重要原因，但其影响程度相对于其他三种影响因素来说相对较弱。从经济结构的角度考虑，我国经济波动有从单一波动源向多个波动源发展的趋势。

与现有研究相比，本章的贡献和结论主要包括以下几点：第一，本章结合了中国的宏观季度数据，分析中国的经济波动的典型事实。第二，本章构建了符合中国经济的开放经济的DSGE模型，分别采用市场经济初期（1992—1997年）、大稳健时期（1998—2007年）和经济危机后期（2007—2018年）的季度数据，识别不同时期中国经济波动冲击的核心因素。第三，利用模型模拟的结果，结合不同时期的波动源对经济波动原因进行政策性挖掘。本章结构安排如下：第2节，变量来源和典型特征；第3节，模型与求解；第4节，数值模拟和比较分析；第5节，本章小结。

4.2 变量来源和典型特征

4.2.1 数据说明

研究经济波动选用季度数据更好，因为年度数据去掉了很多周期波动的信息而不适合用于分析经济波动问题。由于我国宏观经济季度数据是从 1992 年开始统计发布的，本章选用 1992Q1—2018Q4 的季度宏观经济数据，共 110 个样本数据，宏观经济指标分别是实际 GDP、实际社会消费品零售总量（C）、固定资产投资完成额（I）、政府财政预算支出（G）和进出口差额占总产出比（TB/GDP）。数据来源于中经网统计数据库和万德（Wind）数据库以及中国统计局官网。

总产出（GDP）：使用中经网统计数据库的季度名义 GDP 累计值。在 2005 年，我国第一次经济普查，统计局对 2004 年以来的季度数据进行了调整。这使得序列在 2004 现了断点，无法直接使用。采用国家统计局（2006）所采用过的"趋势离差法"，对 2004 年以前的数据进行了调整，恢复了序列的可比性。通过对累积季度数的逐季作差，并利 X12 进行季节调整，得到了不含季节因素的名义季度 GDP 数据。然后用 CPI 代替 GDP 缩减指数，将名义国内生产总值转化成实际国内生产总值。

私人消费（C）：私人消费用社会商品零售总额代替。由于中经网只公布月度数据，本书用累加值法将月度数据转换成季度数据。再利用季节性 CPI 值将名义的消费量折算成实际消费量。就业人数（L）：使用季度的城镇单位就业人员。

实际政府支出（G）：政府财政预算支出代替政府支出，需要将月度数据转换成为季度数据并将名义数据转移为实际数据；实际政府支出由名义的中国财政预算支出的月度数据换算成季度

第4章　经济波动冲击的动态识别及结构性检验

数据后除以季度 CPI 得出。

投资（I）：由于在目前正式公布的统计资料中，暂无私人投资的官方数据，与廖楚晖等人（2005）[①]、杨子晖（2008）[②] 的研究相一致，按投资资金来源分类，把国内贷款、自筹资金、利用外资以及其他资金的合计作为私人投资的代表变量，然后再除以季度 GDP 平减指数，得到实际私人投资。考虑的数据可获取性，使用投资用固定资产投资完成额代替。由于中经网数据库公布的是固定资产完成额的月度存量数据，本章根据存量数据换算成每个季度固定资产完成额的流量数据值，用 CPI 将季度固定资产投资完成额转化为实际固定资产投资完成额。

进出口差额（TB）是来自中经网的数据，由于其为月度数据，单位是美元。利用当年的名义汇率将单位转换为人民币，在使用累加值法将月度数据转换季度数据，利用季度性 CPI 将名义进出口差额转化为实际进出口差额。

由于统计数据公布的都是名义数据，而研究实际宏观经济波动需要使用实际的宏观经济数据。关于将名义数据转换为实际数据的方法主要是将名义数据除以 GDP 平减指数得到，但是我国没用公布季度的 GDP 平减指数，部分学者使用年度 GDP 平减指数按照复利计算出季度 GDP 平减指数，例如王文甫（2010）的方法，也有学者根据国家统计局按月公布消费者价格指数（CPI）同比变化率数据，将该 CPI 序列转换为定基比，并用季度平均的方法将其再度转换为 CPI 季度序列，利用季度 CPI 指数替代 GDP 平减指数，从而得到实际值。本书使用季度 CPI 替代 GDP 平减指数，将变量转换为实际变量，在使用 X12 消除季

[①] 廖楚晖，刘鹏. 中国公共资本对私人资本替代关系的实证研究 [J]，数量经济技术经济研究，2005（7），35—43.

[②] 杨子晖. 财政政策与货币政策对私人投资的影响研究 [J]，经济研究，2008（5），81—93.

节性影响因素，使用 HP 滤波得到各个变量的周期波动部分。

本章使用 CPI 季度序列替代 GDP 平减指数，月度 CPI 同比转化为 CPI 环比的具体方法如下：

1998 年 12 月的环比 CPI 可以表示为：

$$CPI_{1998_{12}} \text{ 环比} = \frac{P_{1998_{12}}}{P_{1998_{11}}} \quad (4.2.1)$$

1999 年 12 月的同比 CPI 可以表示为：

$$CPI_{1999_{12}} \text{ 同比} = \frac{P_{1999_{12}}}{P_{1998_{12}}} \quad (4.2.2)$$

1999 年 11 月的同比 CPI 可以表示为：

$$CPI_{1999_{11}} \text{ 同比} = \frac{P_{1999_{11}}}{P_{1998_{11}}} \quad (4.2.3)$$

将式（4.2）和式（4.3）的两个同比数据相除，可以得到：

$$\frac{CPI_{1999_{12}} \text{ 同比}}{CPI_{1999_{11}} \text{ 同比}} = \frac{\frac{P_{1999_{12}}}{P_{1998_{12}}}}{\frac{P_{1999_{11}}}{P_{1998_{11}}}} = \frac{CPI_{1999_{12}} \text{ 环比}}{CPI_{1998_{12}} \text{ 环比}}$$

因此，可以达到 1998 年的 CPI 环比数据为：

$$CPI_{1998_{12}} \text{ 环比} = \frac{CPI_{1999_{12}} \text{ 同比}}{CPI_{1999_{11}} \text{ 同比}} \times CPI_{1999_{12}} \text{ 环比} \quad (4.2.4)$$

按照（4）式依次类推，可以依次推导出 1999 年之前每个月的环比 CPI 数据。在计算环比数据后，还需要将其转换为定基数据。定基数值为环比数据的连乘。本书设定 1992 年 1 月为基期，已经计算出 1992 年各月的环比 CPI，那么假设现在要计算 1993 年 1 月的定基 CPI，计算公式如下：

$$CPI_{1993_{1}} \text{ 定基} = CPI_{1993_{1}} \text{ 环比} \times CPI_{1992_{12}} \text{ 环比} \times \cdots \times CPI_{1992_{2}} \text{ 环比}$$
$$(4.2.5)$$

根据公式（4.2.5）可以得到 1993 年 1 月为定期的 CPI 数值，然后取月度数据的平均值得到定基 CPI 的季度数据。

4.2.2 经济波动特征

通过对中国1992Q1—2018Q4期间的宏观经济数据进行统计特征进行分析，本节得出一些经济波动的典型事实。考虑到从1992Q1—2018Q4期间的经济系统的结构性变异［参考林建浩和王美今（2013）、涂巍、王治国和邹恒福（2015）等的经济结构识别研究］，将其分为三个时间段，分别是：1992Q1—1997Q4（市场经济初期）、1998Q1—2007Q（大稳健时期）和2008Q1—2018Q4（经济危机后期）。进一步，为了得出经济变量的波动特征，经过季节调整以消除季节波动，分离出各个宏观序列中的波动成分，并对其进行统计性描述，以总结出我国经济波动的典型事实。对经济变量取对数，然后利用HP滤波方法进行处理（季度数据$\lambda=1600$），具体结果如图4.2所示。表4.1为计算的宏观经济变量之间的协同特征。

表4.1 各个宏观经济变量波动的统计特征（1992Q1—2018Q4）

变量	标准差	相对标准差	GDP与不同滞后期各变量的相关系数				
1992Q1—1997Q4			−2	−1	0	1	2
季度GDP	5.19%	1.00	0.85	0.94	1.00	0.94	0.85
居民消费	5.76%	1.11	0.94	0.97	0.93	0.83	0.71
投资	8.59%	1.65	0.16	0.35	0.58	0.66	0.74
政府支出	3.88%	0.75	0.37	0.55	0.70	0.75	0.76
TB/GDP	1.69%	0.33	0.30	0.20	0.06	−0.05	−0.15
1998Q1—2007Q4							
季度GDP	1.08%	1.00	0.84	0.93	1.00	0.93	0.84
居民消费	1.34%	1.24	0.60	0.69	0.78	0.78	0.72
投资	3.68%	3.40	0.33	0.41	0.43	0.38	0.34

续表

变量	标准差	相对标准差	GDP与不同滞后期各变量的相关系数				
政府支出	3.30%	3.05	0.02	0.01	0.02	0.08	0.06
TB/GDP	1.18%	1.09	0.31	0.25	0.22	0.19	0.14
2008Q1—2018Q4							
季度GDP	1.97%	1.00	0.68	0.90	1.00	0.90	0.68
居民消费	1.87%	0.95	0.68	0.79	0.78	0.66	0.46
投资	2.00%	1.02	0.03	0.03	0.09	0.15	0.17
政府支出	4.48%	2.27	0.48	0.56	0.51	0.42	0.32
TB/GDP	1.23%	0.62	0.40	0.40	0.32	0.21	0.14
1992Q1—2018Q4							
季度GDP	3.06%	1.00	0.81	0.93	1.00	0.93	0.81
居民消费	3.23%	1.06	0.84	0.90	0.88	0.79	0.66
投资	4.78%	1.56	0.17	0.32	0.49	0.53	0.57
政府支出	3.97%	1.30	0.30	0.39	0.43	0.44	0.41
TB/GDP	1.32%	0.43	0.32	0.26	0.15	0.08	0.00

从表4.1各个宏观经济变量波动的统计特征中，第2列为各个宏观经济变量和各个时期的标准差，用来反映经济变量对其趋势的对数偏离程度；第三列为各个宏观经济变量的波动幅度相对于总产出的倍数，最后一列是各个宏观经济变量与总产出的相关系数，用来反映变量之间的顺周期和逆周期特征以及变量之间是先行指标还是滞后指标。

首先，从整体上看（1992Q1—2018Q4）：①我国私人消费、政府支出和投资的波动程度比总产出要大。其中，波动性最大的是政府支出，政府支出是GDP的2.1倍，私人消费和投资分别是1.13倍和1.43倍。与年度的波动性相比，季度性的波动性相对偏小，但总的特征没有变化。私人消费的波动性大于 GDP 的波动性，这一点不同于发达国家（例如美国经济中的产出的波动性大于消费），但与新兴发展中国类似。②私人消费，投资和政府支出与总产出（GDP）的波动呈顺周期，进出口与 GDP 比与总产出（GDP）的波动呈逆周期。私人消费与 GDP 的波动呈强顺周期，为 0.856，私人消费与 GDP 呈弱顺周期。而投资的波动领先于 GDP 一个时期顺向波动，净出口与 GDP 比滞后于 GDP 一个时期逆向波动。

其次，从三个不同阶段分别来看总体经济波动特征没有变化，但是一个显著的特征就是市场经济初期（1992Q1—1997Q4）比 1998Q1—2007Q（大稳健时期）和 2008Q1—2018Q4（经济危机后期）的波动性要强烈一些，这符合我国宏观经济波动的实际情况，社会主义初期我国市场经济经验不足，对政府支出和私人消费的波动与 GDP 是强顺周期，投资有滞后性。大稳健时期（1998Q1—2007Q），我国宏观经济的各项指标的波动性相对减弱，投资也有滞后性的特征。经济危机后期（2008Q1—2018Q4），宏观经济的波动性有所回升，私人消费和净出口额与 GDP 比的波动性增强，变量之间的周期性增强，不存在领先和滞后的关系。

在图 4.2 总量变量的真实周期波动中，可以更加直观地看到 1992 年我国建立市场经济初期总产出的波动幅度较大，其后虽然经历了 1997 年的亚洲经济危机的冲击，但经济波动随后进入了一段大稳健的时期，随着 2008 年经济危机的冲击，经济波动出现了新特征，波动性有所增强。从图 4.2 中可以看出私人消费和政府支出与 GDP 的正相关性很强，而净出口与 GDP 比与 GDP 呈负相关。

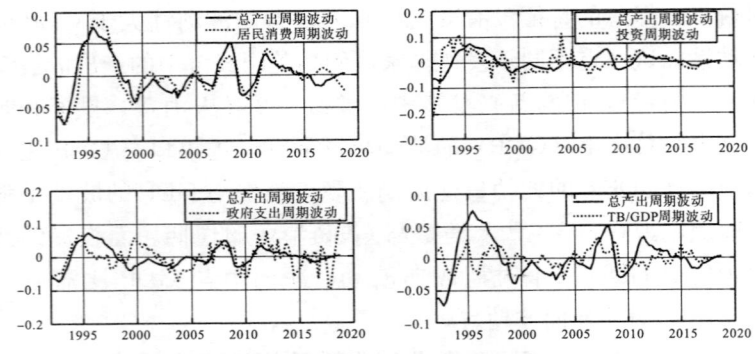

图 4.2　总量变量的真实周期波动（1992Q1—2018Q4）

4.3　模型与求解

BCA（Chari, V. V., Kehoe, P. J. and McGrattan, E. R, 2007）模型是一个带有时变楔子的标准新古典随机增长模型，它给基本新古典增长模型引入效率、劳动、投资和政府消费四种市场扭曲楔子，用于识别影响经济波动的主要因素。该模型与其他经济周期模型之间有着等价关系，查理等（Chari, V. V. et al, 2007）使用该方法对美国大萧条时期和1982年的经济衰退的根源进行了测度。然而，如前所述，标准的扩展 BCA 模型可能并不适应转型时期的中国。中国经济波动有自身波动特征（例如，消费相对波动性大于GDP。），中国资产调整成本过大。因此，本章在标准扩展BCA 模型的基础上，建设一个符合中国经济特征的小型开放的扩展 BCA 模型。

4.3.1 模型设定

参考 Mendoza（1991）[①]，Correia et al.（1995）[②] 和 Schmitt-Grohe 和 Uribe（2003）[③] 等人的研究基础上，本书构建了一个带有 4 个楔子的小型开放的扩展 BCA 模型，分别是全要素生产率（TFP）、劳动楔子、投资楔子和国际贸易楔子。假设有大量同质的家庭和厂商构成，家庭效用最大化由未来消费和劳动决定的预期效用贴现值，厂商最大化当期利润。假设在完全竞争市场下，它们都是价格接受者。在每 t 期，经济系统受到随机事件 s_t 的冲击，给个初始事件为 s_0。事件的可能取值集合为有限集，用 $s^t = (s_0, s_1, \cdots, s_t)$ 表示从 0 期到 t 期冲击的历史事件，记它的概率为 $\pi_t(s^t)$。经济模型中，有四个外生随机变量是历史事件的函数，即效率楔子 $A_t(s^t)$，劳动楔子 $1-\tau_{lt}(s^t)$，投资楔子 $(1-\tau_{kt})$ 和国际贸易楔子 $(1+\tau_{bt})$，它们是驱动模型内生变量波动的外生冲击。

假设家庭最大化的效用函数形式如下：

$$E_0 \sum_t^\infty N_t \beta^t U(c_t, l_t)$$

同时，家庭需要满足以下预算约束条件：

$$(1+n)b_{t+1} + c_t + i_t \leqslant (1-\tau_{lt})w_t l_t + (1-\tau_{kt})r_t k_t + (1+\tau_{bt})(1+r_t^*)b_t + tr_t \quad (4.3.1)$$

$$(1+n)k_{t+1} = (1-\delta)k_t + i_t - \varphi\left(\frac{i_t}{k_t}\right)k_t \quad (4.3.2)$$

[①] Mendoza, E.. Real business cycle in a small open economy. American Economic Review 1991, 81, 797-818.

[②] Correia, I., Neves, J., Rebelo, S., Business cycles in a small open economy. European Economic Review 1995. 39, 1089-1113.

[③] Schmitt-Grohé, S., Uribe, M., Closing small open economy models. Journal of International Economics. 2003, 61, 163-185.

$$(1+r_t^*) = (1+r^*)\left(\frac{b_t}{b^*}\right)^\nu \qquad (4.3.3)$$

在消费者的效用函数中，N 是人口总数量，β 是贴现因子，E_0 是期望符号。c_t 和 l_t 分别是人均消费和人均劳动供给量。在预算约束条件中，b_t 是外国债务量。i_t 是投资量，k_t 是资本存量，w_t 是劳动工资，r^* 是资本利率，r_t^* 是国际债务利率，tr_t 是政府转移支出。在预算约束条件中，所有的价格都乘以扭曲锲子（Wedges），扭曲锲子在带有财政政策的新古典增长模型中作为扭曲税收来解释经济波动的影响因素。$(1-\tau_{lt})$，$(1-\tau_{kt})$ 和 $(1+\tau_{bt})$ 分别是劳动锲子，投资锲子和国际贸易锲子。方程（2）是资本存量方程；按照 Schmitt-Grohe 和 Uribe（2003）研究和结合中国实际情况，引进一个资本调整成本函数 $\varphi(*)$ 用来匹配数据投资波动的特征，最后考虑到经济模型的稳定性，研究采用向上倾斜的资金供给方程（4.3.3）来方便模型求解。

假设有大量同质的厂商，按照生产函数 $y_t = A_t F[k_t, (1+\gamma)^t l_t]$ 进行生产，其中 $(1+\gamma)$ 劳动扩展技术进步趋势，随机全要素生产率（TFP）是 A_t。在每一期，厂商通过选择资本量和劳动量来利润最大化：$\max_{l_t, k_t} A_t F[k_t, (1+\gamma)^t l_t] - r_t k_t - w_t l_t$。

为下一步的校准和估计参数，我们给出具体的函数形式和 FTP 和各个锲子的随机冲击过程。假设一个标准的对数效用函数，其形式如下：

$$U(c_t, l_t) = \log\left(c_t - \frac{\psi}{1+\mu} l_t^{1+\mu}\right),$$

因为中国消费波动相对是比较高的，按照 Otsu（2008）的方法，使用 GHH 偏好函数，其中，ψ 是休闲的效用权重，μ 是劳动供给弹性。

标准的柯布道格拉斯生产函数的资本利用率是随着不同时期

是变化的，加入一个变量u_t，其用来测量资本利用率。新的柯布道格拉斯生产函数的形式为：$F(u_t k_t, l_t) = (u_t k_t)^a l_t^{1-a}$。

其中，a是资本产出弹性系数，u_t是资本利用率。进一步假设折旧率决定资本利用率，其按照 Greenwood et al. (1988) 给出的函数关系式：$\delta(u_t) = \frac{1}{\omega} u_t^\omega$，$\omega > 1$。在稳定状态下，设定函数的参数$\varepsilon$。

参照 Chari 等（2007）的做法，投资调整成本模型同原模型在其他方面保持一致，只是在资本积累方程中对每单位存量资本减去投资调整成本，投资调整成本函数如下：

$$\varnothing\left(\frac{i}{k}\right) = \frac{a}{2}\left(\frac{i}{k} - \delta - \gamma - n - \gamma n\right)^2,$$

其中，a是资本调整成本参数，而资本积累方程就是$(1+n)k_{t+1} = i_t + (1-\delta)k_t - \varnothing(i_t/k_t)k_t$。

假设随机过程为：$Z_t = \left[\log\left(\frac{A_t}{A}\right), \log\left(\frac{1-\tau_{lt}}{1-\tau_l}\right), \log\left(\frac{1-\tau_{kt}}{1-\tau_k}\right), \log\left(\frac{1+\tau_{bt}}{1+\tau_b}\right)\right]$，并表示为一阶向量自回归形式 [VAR (1)] 的形式：

$$Z_t = A Z_{t-1} + \varepsilon_t \qquad (4.3.4)$$

$$A = \begin{bmatrix} \rho_1 & 0 & 0 & 0 \\ 0 & \rho_2 & 0 & 0 \\ 0 & 0 & \rho_3 & 0 \\ 0 & 0 & 0 & \rho_4 \end{bmatrix}, \quad V = \begin{bmatrix} \sigma_1 & 0 & 0 & 0 \\ 0 & \sigma_2 & 0 & 0 \\ 0 & 0 & \sigma_3 & 0 \\ 0 & 0 & 0 & \sigma_4 \end{bmatrix}$$

其中，ε_t是多变量的独立同分布$\varepsilon_t \sim iid(0, \sigma^2)$，均值等于0，方差为V。其中每个变量代表一个随机过程，各变量之间的相关系数为零。

4.3.2 模型求解

在设定好模型后，通过对经济行为主体（消费者和厂商）的优化决策性进行求解，可以得到：

$$-\frac{U_{lt}}{U_{ct}} = (1-\tau_{lt})A_t F_{lt} \quad (4.3.5)$$

$$U_{ct} = \beta E_t[U_{ct+1}(1+r_{t+1}^k)] \quad (4.3.6)$$

$$1+r_{t+1}^k = \left(1-\varnothing\left(\frac{\hat{i}_t}{\hat{k}_t}\right)\right)\left[(1-\tau_{kt+1})A_{t+1}F_{kt+1} + \frac{1}{1-\varnothing'\left(\frac{\hat{i}_{t+1}}{\hat{k}_{t+1}}\right)}\right.$$

$$\left.\left[(1-\delta)-\varnothing\left(\frac{\hat{i}_{t+1}}{\hat{k}_{t+1}}\right)+\varnothing'\left(\frac{\hat{i}_{t+1}}{\hat{k}_{t+1}}\right)\frac{\hat{i}_{t+1}}{\hat{k}_{t+1}}\right]\right]$$

$$U_{ct} = \beta E_t[U_{ct+1}(1+\tau_{bt+1})(1+r_{t+1}^*)] \quad (4.3.7)$$

$$(1+n)(1+r)\hat{b}_{t+1} = (1+r_t^*)\hat{b}_t + A_t F(\hat{k}_t, l_t) - \hat{i}_t - \hat{c}_t \quad (4.3.8)$$

其中，变量 $\hat{x}_t$ 表示除去技术进步的趋势以后的稳定变量［即 $\hat{x}_t = x_t/(1+\gamma)^t$］。方程（4.3.4）消费－休闲决策的一阶条件，方程（4.3.5）和方程（4.3.6）是资本和债务的欧拉方程，方程（4.3.7）是经济系统的资源约束条件。方程（4.3.5）（4.3.8），同时加上资本存量方程、资金供给方程、各个锲子的外生冲击过程和初始条件可以求解给扩展的经济模型扩展 BCA。然而，该模型为动态非线性系统，不存在解析解。依据 King, Plosser and Rebelo (1988a) 对模型的约束方程，在稳态附近进行对数线性化，得到所需的系数矩阵，然后用计算机程序解模型。

4.3.3 参数校准与估计

为求解和分析线性模型，必须对模型的相关参数值进行校准和估计。模型的参数主要包括三类，一类是模型的结构性静态参数，比如消费跨期替代弹性 σ 等，这一类参数需要着重考虑两个因素：①保证模型存在唯一的稳定解，②尽可能与已有文献取值保持一致，对于无法利用文献进行确定的参数，我们利用中国的

第4章 经济波动冲击的动态识别及结构性检验

宏观数据加以确定；第二类是与外生冲击变量有关的动态参数，包括各种冲击的自回归系数和冲击标准差，这一类参数将利用中国的数据，使用最大释然函数进行参数估计并进行稳健性检验；第三类是变量的稳态值，亦需要在现实数据的基础上进行校准。因此，我们定义参数向量为 $\varnothing' = [\Delta', \Psi']$，其中 Δ 部分是与技术进步，偏好和人口增长相关的经济模型参数，而 Ψ 中是随机过程 A 和 V 中的参数。采用 Chari 等（2007）的参数估计方法，校准 Δ 中的参数和使用最大释然函数（MLE）估计 Ψ 的参数。

（1）静态参数的校准。

①资本的产出弹性 α。参考国内近五年的文献中资本产出弹性 α 取值如表 2，可见取值在 0.5 附近，但参考马文涛的研究（2011）发现取值位于 0.3 到 0.8 之间，考虑到中国经济出现的结构性变化，我们使用下式对资本产出弹性 α 进行重新估计：

$$\ln \frac{Y_t}{L_t} = \beta_0 + \alpha \ln \frac{K_t}{L_t} + \beta_1 t + \varepsilon_t \quad (4.3.9)$$

本书采用 Young（2003）提出的永续盘存法，对我国季度性的资本存量进行重新估算。

表 4.2 资本的产出弹性 α

徐舒等 (2011)	王国静等 (2014)	刘宗明等 (2015)	孙宁化等 (2013)	许伟等 (2009)	庄子罐等 (2012)	耿强等 (2011)	胡永刚等 (2013)
0.512	0.5	0.50	0.46	0.489	0.48	0.500	0.5

②贴现率 β 的确定。

采用 Zhang（2009）[①] 的计算方法，从 1992 年到 2018 年的年平均利率约为 0.08，则稳定时的季度利率为 0.02，有公式 β

---

① Zhang, W., China's Monetary Policy: Quantity versus Price Rules, Journal of Macroeconomics, 2009, 31 (3), 473—484.

$=1/(1+r)$，计算可得 $\beta=0.98$。我国 RBC 模型中大多数学者一般将其设定在 0.96—0.97 之间。研究表明此时 RBC 模型的模拟结果比较符合我国改革开放后的实际经济。由此本书使用该方法对这一参数的不同时期进行校准。

③折旧率 δ 值的确定。

季度折旧率一般取值为 0.025，年度折旧率为 0.1，假设我国固定资本使用年限为 10 年，因此，折旧率 δ 的取值为 0.025。技术进步的趋势增长率 γ 和人口增长率 n，通过平均增长率来获得，分别是 0.081 和 0.016。

④资本调整成本参数及其他参数。

采用 Bernanke et al.（1999）的方法估计资本调整成本参数 a。首先，定义资本价格函数为 $q=1/\left(1-\varphi'\left(\frac{i}{k}\right)\right)$，使用该函数替代资本调整成本函数。在稳定状态下，可以推出资本价格弹性 η 与资本调整成本参数 α 之间的关系为 $\eta=\alpha(\delta+\gamma+n+\gamma n)$。

按照 Schmitt-Grohe 和 Uribe（2001）[1] 的方法，假设资本供给弹性系数 $\nu=0.001$，模型对该参数不敏感。利用一阶条件均衡以及其他参数、相关变量的均衡值计算可以得出休闲的偏好权重 ψ 为 3.44。设 Frisch 劳动供给弹性 μ 为 2.0（Mao & Tao, 2011）[2]。参考胡永刚（2007）[3] 的计算方法，折旧的资本利用率弹性 ω 为 2.17。稳定状态下外债与总产出比（TB/GDP）为每个时期的平均值。

---

[1] Schmitt-Grohé, S., Uribe, M., Stabilization policy and the costs of dollarization. Journal of Money, Credit, and Banking. 2001. 33, 482—509.

[2] Mao, J. J., and P. Tao, Business Cycles and Macroeconomics Policy in China: from an Estimated DSGE model, Working Paper, 2011.

[3] 胡永刚，刘方. 劳动调整成本，流动性约束与中国经济波动 [J]. 经济研究，2007，(10).

第4章 经济波动冲击的动态识别及结构性检验

表 4.3 各个时期校准的参数集①

参数	参数符号	i	ii	iii	iv
资本产出弹性	α	0.62	0.53	0.50	0.52
贴现率	β	0.98	0.97	0.95	0.97
外生技术进步率	γ	0.43%	0.61%	0.53%	0.55%
资本调整成本参数	a	3.25	3.15	2.51	2.93
休闲偏好权重	ψ	3.53	2.87	3.42	3.36

(2) 动态参数估计。

为了使用 MLE 方法估算 Ψ 的参数，将经济模型均衡状态下的一阶对数线性条件表示为状态空间形式为：

$$X_{t+1} = B X_t + C \in_t,$$
$$Y_t = D X_t,$$

其中，$X_t = \left[\log\left(\dfrac{b_t}{b}\right),\ \log\left(\dfrac{k_t}{k}\right),\ Z_t \right]$，

和 $Y_t = \left[\log\left(\dfrac{y_t}{y}\right),\ \log\left(\dfrac{i_t}{i}\right),\ \log\left(\dfrac{l_t}{l}\right),\ \log\left(c_t/c\right) \right]$。矩阵 B，C 和 D 决定者向量 Ψ 的参数，它是最大化释然函数的参数。通过使用观察数据（人均 GDP、人均投资、人均消费和人均劳动量），使用最大释然估计从而获得合理的参数。表 4.4 给出估计的参数和标准差。

---

① i，ii，iii 和 iv 分别表示市场经济初期（1992Q1—1997Q4）、大稳健时期（1998Q1—2007Q）、经济危机后期（2008Q1—2018Q4）和整个时期（1992Q1—2018Q4）。

表 4.4 估计随机过程的参数①

楔子名称	i	ii	iii	iv
AR（1）系数				
全要素生产率（TFP）	0.98 (0.003)	0.99 (0.001)	0.97 (0.003)	0.99 (0.004)
劳动楔子	0.99 (0.000)	0.99 (0.000)	0.98 (0.001)	0.96 (0.003)
投资楔子	0.79 (0.013)	0.95 (0.000)	0.96 (0.000)	0.92 (0.001)
国际贸易楔子	0.98 (0.015)	0.92 (0.002)	0.99 (0.002)	0.99 (0.000)
标准差				
全要素生产率（TFP）	0.048 (0.006)	0.035 (0.003)	0.034 (0.003)	0.037 (0.002)
劳动楔子	0.035 (0.005)	0.047 (0.004)	0.037 (0.004)	0.064 (0.009)
投资楔子	0.109 (0.060)	0.045 (0.000)	0.045 (0.000)	0.013 (0.000)
国际贸易楔子	0.000 (0.000)	0.001 (0.004)	0.000 (0.002)	0.001 (0.001)

4.4 数值模拟与比较分析

本节采用扩展的小型开放的扩展 BCA 模型，分解各个冲击因素对个宏观经济变量的数量影响，首先，使用估计的参数模拟中国经济中的真实锲子的时间序列值，然后将楔子的现实值带回设定的经济模型中，从而模拟出经济模型在具体的单个外生楔子冲击下，宏观经济变量的波动特征。通过波动冲击分离的方法，

---

① i，ii，iii 和 iv 分别表示与表 3 相同，该表是估计 TFP、劳动楔子、资本楔子和债务楔子的随机过程的参数，括号里面的是标准误差。

第 4 章 经济波动冲击的动态识别及结构性检验

定量的测度出哪些冲击因素对经济系统的经济周期影响更重要。从经济结构变化视角，把 1992Q1 到 2018Q4 年分为三个阶段（如图 4.3 所示），第一个阶段为市场经济初期（1992Q1—1997Q4），该阶段中国经济波动频率高，波动幅度大；第二个阶段为大稳健时期（1998Q1—2007Q4），该阶段经济受亚洲经济危机受到小幅冲击，1999 年回归于平稳，小幅波动范围。第三个阶段为经济危机后期（2008Q1—2018Q4），该阶段中国经济波动又出现了新波动特征。那么，市场经济初期的经济波动的主要因素是什么？中国为什么经历大稳健时期，是什么原因引起的？经济危机后期中国经济波动出现新的经济波动特征的原因是什么？我们通过扩展的开放型扩展 BCA 模型对这三个时候和整个阶段进行数值模型和比较分析，尝试回答上面这些问题。

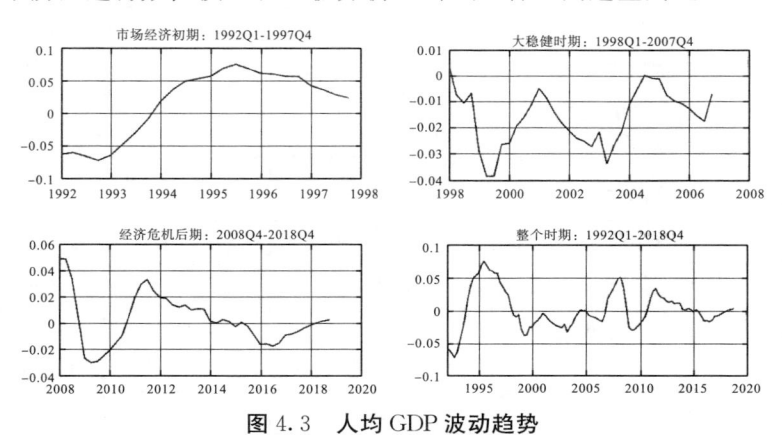

图 4.3 人均 GDP 波动趋势

4.4.1 外生楔子的估计

在完成参数估计以后，通过扩展 BCA 模型计算四个楔子 [效率楔子 $A_t(s^t)$，劳动楔子 $1-\tau_{lt}(s^t)$，投资楔子 $(1-\tau_{kt}(s^t))$ 和国际贸易楔子 $(1+\tau_{bt}(s^t))$] 的真实值并计算波动的统计特征。表 4.5 是四个楔子与 GDP 波动在不同时期的统计特征。图 4.4—4.7 表示四个楔子在不同时期的波动趋势图。

表 4.5　四种楔子波动的统计特征①

变量	相对标准差	GDP 与不同楔子滞后期的相关系数				
1992Q1—1997Q4		−2	−1	0	1	2
全要素生产率（TFP）	1.277	−0.075	0.448	0.913	0.593	0.015
劳动楔子	0.734	0.016	−0.017	−0.061	−0.143	−0.241
投资楔子	1.300	0.017	−0.025	−0.073	−0.146	−0.239
国际贸易楔子	2.180	−0.066	0.424	0.753	0.346	−0.054
1998Q1—2007Q4						
全要素生产率（TFP）	1.119	−0.231	0.469	0.817	0.736	0.517
劳动楔子	0.909	−0.039	−0.032	−0.026	0.044	0.120
投资楔子	2.374	−0.025	−0.010	0.275	0.059	0.127
国际贸易楔子	2.167	0.488	0.516	0.407	0.508	0.337
2008Q1—2018Q4						
全要素生产率（TFP）	1.758	0.160	0.152	0.707	0.361	0.446
劳动楔子	1.112	0.162	0.102	0.078	0.069	0.065
投资楔子	3.146	0.170	0.122	0.381	0.283	0.067
国际贸易楔子	1.518	0.528	0.538	0.577	0.515	0.466
1992Q1—2018Q4						
全要素生产率（TFP）	1.092	0.050	0.183	0.769	0.606	0.268
劳动楔子	0.845	0.020	0.000	−0.011	−0.043	−0.082
投资楔子	1.168	0.025	0.011	0.181	−0.037	−0.083
国际贸易楔子	2.055	0.148	0.471	0.487	0.422	0.146

① 该表为 TFP 和各个楔子的经济周期波动特征，所有的变量都使用 HP 滤波（$\lambda=1600$），第二列为 TFP 和楔子与产出的相对标准差，其余列是 TFP 和楔子与产出的不同期的相关系数。

第4章　经济波动冲击的动态识别及结构性检验

表 4.5 是四种楔子在不同时期与 GDP 之间的统计关系。在市场经济初期（1992Q1—1997Q4），全要素生产率（TFP）、投资楔子、国际贸易楔子的波动程度比 GDP 的波动程度要大，TFP、国际债务楔子与 GDP 的波动呈顺周期并具有很强的相关性。从图 4.4 中可以更加直观地看到以上结论，我们也发现四种楔子在 1992 和 1993 年周期波动尤为强烈。在大稳健时期（1998Q1—2007Q4），虽然从前面的分析我们知道这个时期 GDP 波动相对比较稳健，但是通过图 5.5 直观地发现四个楔子的波动情况中，资本楔子的波动明显增强，相对 GDP 的波动程度为 1.3。然而，全要素生产率（TFP）、资本楔子和国际债务楔子与 GDP 的波动仍然是顺周期，国际债务楔子与 GDP 的相关性相比于市场经济初期有所减弱，资本楔子相对增强。

图 4.4 是各个楔子在不同时期的波动特征的描述。从图 4.5 中可以看到在 1997 年的亚洲金融危机的冲击下，劳动楔子和国际债务楔子的波动幅度变大，而资本楔子和 TFP 相对稳健。在后经济危机时期（2008Q1—2018Q4），劳动楔子与 GDP 波动由原来的逆周期变成了顺周期，并且波动的幅度和强度都相对增强。受 2008 年经济危机的冲击，资本楔子和国际债务楔子与 GDP 波动的相关也进一步增大，而全要素生产率（TFP）的波动仍是主要因素。从整体上看（1992Q1—2018Q4），全要素生产率（TFP）与 GDP 波动的相关性最强，达到 0.769，国际债务楔子的相关性次之；全要素生产率（TFP）、资本楔子和国际债务楔子与 GDP 波动呈顺周期，而劳动楔子与 GDP 波动呈弱的逆周期；波动强度来说，劳动楔子的波动性最弱，而国际债务楔子的波动性最强，相对 GDP 波动分别为 0.845 和 2.055。

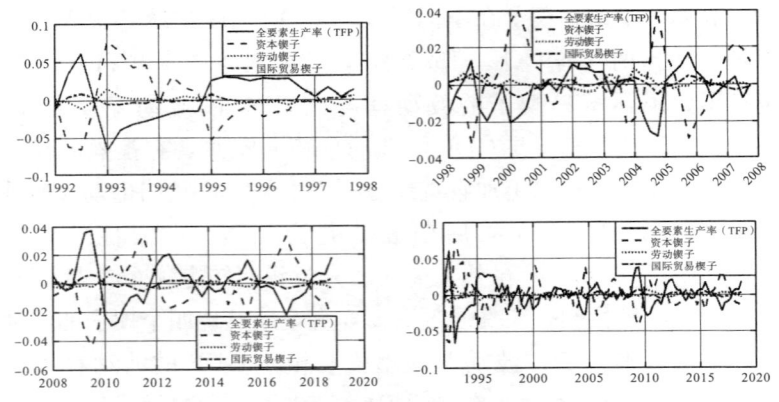

图 4.4　不同时期的四类楔子的波动特征

4.4.2　波动冲击的分解

在真实的经济世界里，看到的仅仅是各种冲击对宏观经济共同作用的波动效果，很难将影响总量波动的冲击分离出来。虽然测算出 4 个楔子的真实值与 GDP 之间的标准差比和它们之间的相关系数，但是也不能说明具体哪个冲击因素占主导作用，因为总量的变动是有四个波动冲击共同作用的结果。而该模型最大的优点就是可以对单个冲击变量进行分离，我们可以随意的引入一个或多个冲击变量来模拟总量的波动情况，从而识别出对总结经济波动的主要影响因素。

分解过程如下进行：假设要研究技术冲击对宏观经济的单独影响，我们可以设定模型中的技术冲击等于前面估出的实现值，而其他各冲击等于它们各自的长期均值（没有波动）。例如设定效率楔子 $A_t(s^t)$，劳动楔子 $1-\tau_l$，资本楔子 $(1-\tau_k)$ 和国际债务楔子 $(1+\tau_b)$，然后，将这组设定的冲击组合带回模型，模拟各内生变量的动态。通过对这些模拟值的研究，可以了解技术冲击对模型内各内生变量的单独影响。类似的，我们还可以假设其他一个或多个冲击等于估计的实现值，而其余的冲击为常数，从

第4章 经济波动冲击的动态识别及结构性检验

而研究一个（或多个）冲击的单独影响。这样，我们就分离了各个冲击的数量影响，具体结果见表 4.6 实际数据与模拟数据的统计特征和图 4.8。图 4.8 是在只有唯一全要素生产率楔子（TFP），唯一劳动楔子，唯一资本楔子以及唯一国际债务楔子的作用模拟总产出并将其与实际值进行比较。

表 4.6 实际数据与模拟数据的统计特征[①]

变量	相对标准差	GDP 与不同模拟值的滞后期的相关系数				
1992Q1—1997Q4		−2	−1	0	1	2
全要素生产率（TFP）	1.264	−0.075	0.448	0.913	0.593	0.015
劳动楔子	0.384	0.016	−0.017	−0.061	−0.143	−0.241
资本楔子	0.504	0.017	−0.025	−0.073	−0.146	−0.239
国际贸易楔子	0.091	−0.066	0.224	0.353	0.346	−0.054
1998Q1—2007Q4						
全要素生产率（TFP）	1.636	−0.231	0.269	0.812	0.737	0.017
劳动楔子	0.607	−0.039	−0.031	−0.260	0.044	0.119
资本楔子	2.031	−0.025	−0.01	0.083	0.058	0.127
国际贸易楔子	0.196	0.487	0.516	0.477	0.507	0.337
2008Q1—2018Q4						
全要素生产率（TFP）	2.637	0.160	0.152	0.707	0.361	0.446
劳动楔子	0.739	0.162	0.102	0.078	0.069	0.065
资本楔子	2.061	0.170	0.122	0.171	0.083	0.067

① 该表是每个时期模拟 GDP 的经济周期波动特征，每一行表示模拟 GDP 在唯一的外部冲击的作用下的波特特征，例如市场经济初期的 TFP 一行是在唯一 TFP 的冲击下 GDP 与实际 GDP 的波动特征比较。所有的变量都使用 HP 滤波（$\lambda=1600$），第二列为与产出的相对标准差，其余列是与产出的不同期的相关系数。

续表

变量	相对标准差	GDP与不同模拟值的滞后期的相关系数				
国际贸易楔子	0.110	0.528	0.538	0.587	0.515	0.466
1992Q1—2018Q4						
全要素生产率（TFP）	1.708	0.051	0.383	0.769	0.607	0.268
劳动楔子	0.506	0.019	0.001	−0.011	−0.043	−0.082
资本楔子	0.765	0.025	0.012	0.301	−0.037	−0.083
国际贸易楔子	0.121	0.148	0.471	0.487	0.423	0.147

从表4.6中我们可以看到：在市场经济初期（1992Q1—1997Q4），全要素生产率（TFP）的冲击对GDP的波动起主导作用，与GDP波动呈现强顺周期特征。国际债务楔子冲击对GDP波动的影响较大，也是顺周期；而资本楔子和劳动楔子冲击导致GDP波动的特征与真实GDP波动特征进行比较，效果相当较差，并呈现逆周期特征，这说明这个时期资本市场和劳动市场的经济波动对GDP波动有削弱的作用（如图4.8所示）。在大稳健时期（1998Q1—2007Q4），当仅有全要素生产率（TFP）的冲击作用，GDP波动十分剧烈，这与实际GDP波动的特征不相符，并且模拟数据与实际GDP波动呈顺周期现象。仅有劳动楔子冲击下，效用同全要素生产率（TFP）的作用呈现逆周期现象。而仅有资本楔子和国际债务楔子冲击下模拟的GDP和实际GDP之间呈顺周期，然而冲击作用较弱，这也可能是该时期出现大稳健的原因。在后经济危机时期（2008Q1—2018Q4），无论是哪种冲击导致GDP的波动都与实际GDP的波动呈顺周期特征，全要素素生产率（TFP）冲击的作用仍然是主导作用，我们也可以看到在资本楔子冲击的作用下模拟数据与实际GDP呈弱顺周期，相关性为0.171；从图4.8（3）中看2008—2009年期

第4章 经济波动冲击的动态识别及结构性检验

间,模拟数据与实际 GDP 趋势相同随后又明显的逆周期特征。从整体上(1992q1—2018q4),GDP 波动的主要原因来自全要素生产率(TFP)的冲击作用,劳动楔子冲击的效果和实际 GDP 的相关性不强。国际债务楔子的冲击作用一直是导致 GDP 波动的原因之一,然而,其冲击作用对 GDP 的影响相对较弱。

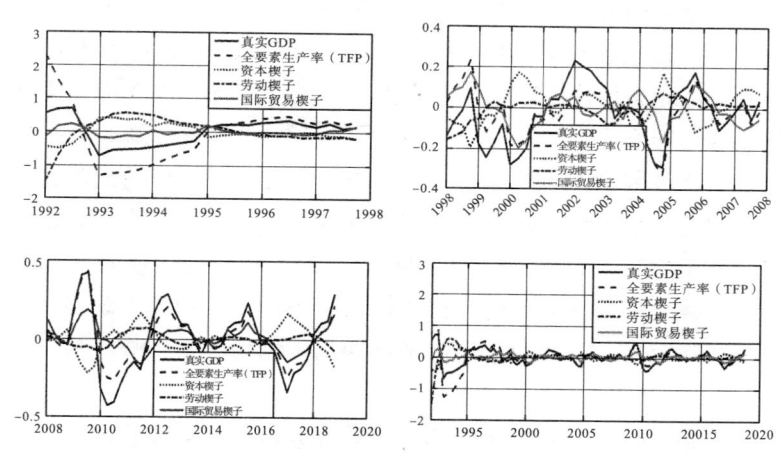

图 4.8 不同时期仅有一种冲击下模拟总量的波动情况

总之,从 1992 年到现在,全要素生产率(TFP)对中国宏观经济波动起着重要的影响;1993 年社会主义市场经济决定以后,中国宏观波动的主要来源没有发生发生根本性变化,主要是全要素生产率(TFP)作用的结果,但是不同时期导致 GDP 波动的因素有所不同。市场经济初期和大稳健时期劳动楔子对经济波动有缓解作用,而在经济危机后期,劳动因素成为影响经济波动的一个因素。国际贸易楔子的波动比较剧烈,但其对 GDP 波动的冲击作用相对比较弱,投资楔子对 GDP 的冲击,由市场经济初期的抑制经济波动到成为经济波动的原因,尤其是后经济危机时期,资本楔子的冲击已成为波动来源之一,也发现有从单一波动源向多种冲击共同作用的趋势发展。

4.4.3 波动冲击核心因素的解释

在构建扩展的扩展 BCA 模型中,设定了四个楔子[全要素生产率(TFP)楔子、劳动楔子、投资楔子和国际贸易楔子]与宏观经济的财政政策、货币政策,经济结构调整,市场经济改革进程以及劳动力市场等有着密切的联系。通过经济波动影响因素的分解,知道影响中国经济波动的主要因素是全要素生产率(TFP),那么是什么影响全要素生产率的波动呢?也知道从需求侧来看,影响我国经济波动的因素发生了一些变化,哪是什么原因导致这些因素发生的呢?一些经济学家将四种楔子与宏观经济政策的变化联系在一起,例如 Ohanian 等(2008)认为劳动楔子与劳动税收政策有关;Kamisnky 等(2004)研究表明新兴市场中的财政政策是顺周期的。也尝试从影响楔子波动的宏观经济政策、国际贸易、劳动力市场以及产业结构的角度来解释经济波动来源。

首先,引起全要素生产率变化的因素很多。从经济体内部看投入要素在部门内和部门间的配置的效率即产业结构的转型能影响全要素生产率的变化;从经济体外部看新技术出现或者引入都能反映在 TFP 的变化上,经济体制改革也能改变 TFP,使其引起波动。中国从 1992 年正式确立市场经济体制以来,进步深化市场经济体制改革,深化国有体制改革,引进发达国家的先进技术,产业结构升级等都是在提高 TPF 的效率,因此,TFP 的变化也成为导致中国经济波动的主要因素,无论是在市场经济初期还是后经济危机时期都是如此。从影响 TFP 的角度来建立模型,也是后期研究经济波动的一个重要方向。有学者研究发现 1996—2005 年间驱动中国经济波动的主要力量是总供给。高储蓄导致的快速资本深化,经济结构调整引发的微观市场资源配置效率的提高,以及近年来针对生产者的一系列减税政策产生的对高新技术企业和资本密集型企业的激励等,是供给能力扩张的重要原因。这与分析的结论一致。

其次,劳动楔子是对劳动市场扭曲的测度,主要反映在工作粘性,个人所得税等因素的变化。从劳动楔子冲击对经济波动影响的作用来看,在市场经济初期和大稳健时期,劳动楔子冲击对 GDP 的波动有削弱的作用,而在后经济危机时期,劳动楔子冲击成为 GDP 波动的一个因素,那么是什么原因导致这种经济波动的变化呢?研究发现我国经济从改革开放以来存在着大量农村劳动力往城市转移的趋势,这群劳动力有其自身的流动性,大大减弱工资粘性以及所得税对经济波动的影响,另外中国经济中也长期存在隐性失业,中国大部分企业无须在产量提高是增加就业;由于制度和传统原因,企业很难再经济不景气时解雇职工,从而增加或减少劳动存在着较大调整成本,劳动的跨期替代在中国受到很大限制,劳动调整成本的增加会大大减弱劳动对波动的传递作用。

第三,投资楔子是对资本市场扭曲的测度,主要反映在金融市场的摩擦因素以及资本市场的成熟程度。随着资本市场也发达,资本楔子的波动对 GDP 的冲击作用越大。从构建的扩展扩展 BCA 模型分析,也是如此。从市场经济初期到大稳健时期再到后经济危机时期,资本楔子对经济波动的影响越来越大,已近成为一个主要的影响因素。后经济危机时期资本楔子的作用越来越重要,对经济波动具有重要影响的因素有信贷供给的变化,而金融市场上的信息不对称和各种金融摩擦会影响企业获得贷款额,从而影响企业生产的波动,进一步传到经济波动。同时,财政政策和货币政策也能通过利率也影响资本市场的扭曲,从而影响宏观经济波动。例如,宋国青认为,利率在解释中国经济波动中起着至关重要的作用。中国宏观经济波动的基本原因是对名义利率的控制导致真实利率的大幅波动,而中国的消费、投资和净出口对利率的变动都很敏感，所以真实利率变动引起总需求的大幅变动，进而引起产出的波。实际上，2008年的"四万亿"的经济刺激政策是导致我国经济波动的主要因素之一，而不是国际贸易的冲击。加上我国地方政府在财政激励和政治晋升激励下，推出竞争性产业政策，因此，地方政府补贴导致市场要素价格扭曲，过渡性投资，重复性建设进而导致供需不平衡，产能研究过剩，从而引起经济波动。

最后，国际贸易楔子是反映国际贸易市场扭曲的测度。本质上国际贸易的波动对经济波动是有正冲击作用的。中国先后经历了1997年亚洲金融危机和2008年世界经济危机两次大的国际贸易波动的冲击。这两点冲击对GDP的波动又产生了一定的因素，但很快就恢复了。从经济模型分析来看，国际贸易楔子虽然是影响进行经济波动的因素，但现阶段其对经济波动影响程度相当最弱，不是中国经济波动的主要因素。

4.5 本章小结

基于新古典增长模型（扩展BCA）基础上，本书构建了一个符合中国经济的小型开放BCA模型，使用季度性数据对中国从1992年到2018年的总量经济波动的原因及波动冲击结构问题进行研究。在考虑经济结构变化的前提下，将从1992年市场经济正式确定以来划分三个阶段（市场经济初期、大稳健时期和经济危机后期），使用该模型进行模拟比较分析。研究表明：无论在哪个时期中国经济波动的主要因素是全要素生产率（TFP），但是，中国的资本市场和劳动力市场的扭曲对中国经济波动的影响越来越大，国际贸易的冲击一直是我国经济波动的原因，但其影响程度相对于其他三种影响因素来说相对较弱。从经济结构的角度考虑，我国经济波动有从单一波动源向多个波动源发展的趋势。

因此，为了对中国经济波动的进一步深入研究，需要考虑宏观经济波动的主要来源。从研究结果来看，全要素生产率（TFP）仍然是经济波动主要原因，但是由于全要素生产率（TFP）的变化是有许多因素引起的。如何找到主要引起 TFP 变化的因素，分析它如何通过影响 TFP 来影响宏观经济的波动是本书第六章的工作。

本章附录

A 模型推导过程

A1 解消费者最优化问题

$$\max E_0 \sum_t^\infty N_t \beta^t U(c_t, l_t)$$

消费者需要满足以下预算约束条件：

$$(1+n)b_{t+1} + c_t + i_t \leqslant (1-\tau_{lt})w_t l_t + (1-\tau_{kt})r_t k_t + (1+\tau_{bt})(1+r_t^*)b_t + tr_t$$

$$(1+n)k_{t+1} = (1-\delta)k_t + i_t - \varphi\left(\frac{i_t}{k_t}\right)k_t$$

$$(1+r_t^*) = (1+r^*)\left(\frac{b_t}{b^*}\right)^\nu$$

建立拉格朗日函数为

$$L = E_0 \sum_t^\infty N_t \beta^t U(c_t, l_t) + E_0 \sum_t^\infty \beta^t \lambda_t \Big\{ (1-\tau_{lt})w_t l_t + (1-\tau_{kt})r_t k_t + (1+\tau_{bt})(1+r_t^*)b_t + tr_t - (1+n)b_{t+1} - c_t - (1+n)k_{t+1} + (1-\delta)k_t - \varphi\left(\frac{i_t}{k_t}\right)k_t \Big\}$$

其一阶条件为

$$\frac{\partial L}{\partial c_t} = 0 : N_t \beta^t U_{ct} - \beta^t \lambda_t = 0$$

$$\frac{\partial L}{\partial l_t} = 0 : N_t \beta^t U_{lt} + \beta^t \lambda_t (1 - \tau_{lt}) w_t = 0$$

$$\frac{\partial L}{\partial k_{t+1}} = 0 : -\beta^t \lambda_t (1 + n) + E_t \beta^{t+1} \lambda_{t+1} \Big\{ (1 - \tau_{k+1t}) r_{t+1} + (1 - \delta) - \varphi\Big(\frac{i_{t+1}}{k_{t+1}}\Big) + \varphi'\Big(\frac{i_{t+1}}{k_{t+1}}\Big) \Big\}$$

$$\frac{\partial L}{\partial b_{t+1}} = 0 : -\beta^t \lambda_t (1 + n) + E_t \beta^{t+1} \lambda_{t+1} (1 + \tau_{bt+1})(1 + r^*_{t+1})$$

消除乘子可得:

$$-\frac{U_{lt}}{U_{ct}} = (1 - \tau_{lt}) A_t F_{lt}$$

$$U_{ct} = \beta E_t [U_{ct+1}(1 + r^k_{t+1})]$$

$$1 + r^k_{t+1} = \Big(1 - \varnothing\Big(\frac{\hat{i}_t}{\hat{k}_t}\Big)\Big) \Bigg[(1 - \tau_{kt+1}) A_{t+1} F_{kt+1} + \frac{1}{1 - \varnothing'\Big(\frac{\hat{i}_{t+1}}{\hat{k}_{t+1}}\Big)}$$

$$\Big((1 - \delta) - \varnothing\Big(\frac{\hat{i}_{t+1}}{\hat{k}_{t+1}}\Big) + \varnothing'\Big(\frac{\hat{i}_{t+1}}{\hat{k}_{t+1}}\Big)\frac{\hat{i}_{t+1}}{\hat{k}_{t+1}}\Big) \Bigg]$$

$$U_{ct} = \beta E_t [U_{ct+1}(1 + \tau_{bt+1})(1 + r^*_{t+1})]$$

$$(1 + n)(1 + r)\hat{b}_{t+1} = (1 + r^*_t)\hat{b}_t + A_t F(\hat{k}_t, l_t) - \hat{i}_t - \hat{c}_t$$

这里变量 $\hat{x_t}$ 表示除去技术进步的趋势以后的稳定变量 (即 $\hat{x_t} = x_t / (1 + \gamma)^t$。

A2 厂商利润最大化问题

厂商最大化每期的利润问题如下:

$$\max_{k,l} y_t - w_t l_t - r_t k_t$$

生产函数为: $y_t = A_t F[k_t, (1+\gamma)^t l_t]$, 其中 A_t 是全要素生产率 (TFP), $(1+\gamma)$ 是劳动增强型技术进步, 一阶最优条件为: $w_t = A_t F_{lt}$; $r_t = A_t F_{kt}$。

A3 政府均衡条件

政府按照财政收支平衡的原则，转移支付等于税收即满足：
$tr_t = \tau_{kt} r_t k_t + \tau_{lt} w_t l_t + \tau_{bt}(1+r_t^*) b_t$。

A4 外生冲击变量

外生冲击变量 A_t、$(1-\tau_{lt})$、$(1-\tau_{kt})$ 和 $(1+\tau_{bt})$ 按照一阶自回归过程 AR（1），形式分别如下：

$$\log(A_t) = (1-\rho^A)\log(A) + \rho^A \log(A_{t-1}) + \varepsilon_t^A$$
$$\log((1-\tau_{lt})) = (1-\rho^L)\log((1-\tau_l)) + \rho^L \log((1-\tau_{lt-1})) + \varepsilon_t^L$$
$$\log((1-\tau_{kt})) = (1-\rho^K)\log((1-\tau_k)) + \rho^K \log((1-\tau_{kt-1})) + \varepsilon_t^K$$
$$\log((1-\tau_{bt})) = (1-\rho^B)\log((1-\tau_b)) + \rho^B \log((1-\tau_{bt-1})) + \varepsilon_t^B$$

第5章 不确定性对经济波动的影响及相关作用机制

"最大的确定性是不确定性"。本章对中国经济不确定性指标进行综合分析及比较，构建含随机波动率的双因子FAVAR模型，实证研究不确定性与宏观经济波动的传导冲击机制。

5.1 引言

当前，中国经济正处在转型升级的关键时期，同时又面临"四期叠加"的挑战，即全球利率上行长周期，中美贸易战，"中等收入陷阱"跨越期，以及经济从高速增长到高质量发展的转换期。在新的增长动能形成之前，中国经济发展的长期不确定性依然存在。作为国家经济的主要支柱产业，房地产也一直面临"价格泡沫"的风险。房地产市场由早期"安居时代"发展到"投资时代"，再到当前"投机时代"，其一直都处在快速发展阶段，而快速发展也必将带来房地产市场的不确定性。同时，由于房地产市场的特殊性，我国政府又频频出台调控政策，例如，2008年政府出台"四万亿"并放松对房地产行业的调控、2010年"国

第 5 章 不确定性对经济波动的影响及相关作用机制

十一条"、2014 年颁布"930"新政，2016 年启动金融杠杆收紧货币政策等等，频繁的房地产政策进一步强化房地产政策的不确定性。

事实上，国际金融危机期间全球金融市场的剧烈动荡，美国及欧洲等国家经济衰退的长久持续，让经济学家对传统宏观经济波动的根源产生了质疑。通过对此事件大量理论和实证的研究，业界与学界已经达成普遍共识，认为房地产市场泡沫的破裂是金融危机的导火索，金融市场和经济不确定性冲击或它们的组合冲击是经济波动的另一类重要的冲击因素（Bloom，2009；Bloom et al.，2012；Arellano et al.，2012；Christiano et al.，2014；Gilchrist et al.，2014）。然而，房地产市场波动对整个宏观经济不确定性都会带来较强的冲击效应，尤其是中国的房地产市场与宏观经济整体关系密切，其带着的直接或间接关联产业高达 60 多种，有很强的经济带动效应。房地产行业不仅是驱动经济高速增长的重要因素（何青等，2015；许宪春等，2015），也是宏观经济不确定性之所在。从实证分析上识别房地产市场不确定性和经济不确定性是困难的，因为房地产市场不确定性与经济不确定性有着密切关系，房地产市场既是经济不确定性的重要来源，也是不确定性冲击的重要传导机制。

基于此，如何测度地产市场的不确定性，识别房地产不确定性与经济不确定性？并探究房地产不确定性与经济不确定性对宏观经济的传导机制及其冲击效应？这些问题是本书研究的重点。本书参考 Mumtaz 和 Theodoridis（2018）和 Alessandri 和 Mumtaz（2019）的研究方法，构建一个含随机波动率的双因子 FAVAR 模型，在统一框架下测度房地产不确定性、分析房地产不确定性和非房地产不确定性对宏观经济变化的影响。该模型可以较好地解决内生性偏误、模型不统一、遗漏变量偏误、非基本面等问题。在实证分析中，首先，采用含随机波动率的单因子

FAVAR 模型对房地产不确定性指数进行测度并研究变量间的传导机制，其次，扩展原来基准模型，使用双因子 FAVAR 模型分解出非房地产不确定指数，分别研究两类指数的宏观经济的传导和冲击效应。

本章后续结构安排如下：第 2 节相关文献回顾。第 3 节含随机波动的双因子 FAVAR 模型。第 4 节为实证分析。第 5 节不确定性指数的综合比较及对宏观波动的影响。第 6 节本章小结。

5.2　相关文献回顾

目前，对经济和政府政策的不确定性问题的研究是学术界重要的热点之一，在理论上也有一些重要发现，而对房地产市场不确定性研究相对较少。结合本书研究问题，我们重点从不确定性测度、不确定性与经济作用机制和房地产不确定性对宏观经济的影响三个视角对当前文献进行回顾及评述。

5.2.1　经济不确定性的测度

根据不确定性测度方法的不同，不确定性的测度大致可分为四类。第一类为单一经济或金融变量的波动率（Bloom，2009；Bloom，2014；王义中和宋敏，2014；鲁晓东和刘京军，2017），如 GDP、工业增加值、股票价格、汇率、债券收益率等。文献中常使用广义自回归条件异方差（简称 GARCH）模型来计算特定变量的条件波动率。第二类方法采用微观变量（如企业的股票收益、企业利润增长率、行业全要素生产率、专家预测值等变量）的截面离散度衡量经济的不确定性（Bloom，2009；Bloom，2014；Bloom et al.，2018）。如果离散度越大，那么经济中的不确定性成分越大。第三类基于数据挖掘技术构建若干不确定性指数，如 Baker et al.（2016）基于《南华早报》中"和不确定性

第 5 章 不确定性对经济波动的影响及相关作用机制

相关"的词频数构建了中国的 EPU 指数，国内大量文献采用该指数。第四类从预测的角度构建经济的不确定性指数（Bachmann et al.，2013；Jurado et al.，2015）：主观上可利用企业家或专家对经济的预测偏差来衡量经济的不确定性；客观上可利用预测模型和宏观数据计算预测误差，以此代表宏观经济不确定性（Macroeconomic Uncertainty）。

上述指标从不同方法、不同角度衡量经济中的不确定性，但它们是否真的体现不确定性、多大程度体现了不确定性仍具争议。关于第一类方法，不同于发达经济体，直接融资在中国占比小，没有太多证据表明中国的股票市场波动和宏观经济波动之间存在紧密联系，因此少有文献使用股票类变量反映中国的经济不确定性。其次，国内生产总值或工业增加值的条件方差没有剔除能被经济主体预测到的部分，因此它可能会高估真实的不确定性。关于第二类方法，企业经营或调查预测的截面分布变化不一定代表整个经济的不确定性改变，只要样本中企业活动、被调查专家的异质性足够强，企业利润、销售、生产率和调查预测的截面离散度就会发生变化，尽管整个经济的不确定性可能未发生改变（Jurado et al.，2015）。关于第三类方法，Baker et al.（2016）在构建美国 EPU 指数时采用了多个出版物来源，但在构建中国的 EPU 指数时仅用了一份来自中国香港的英文报纸《南华早报》。从构建方式看，Baker et al.（2016）构建的中国 EPU 指数存在报纸选择的定位问题，因为《南华早报》更像一家境外媒体，并且报纸词频的变化还包含了编辑和记者的主观判断。

关于第四类方法，虽然企业家或分析家的预测具有一定权威性，但这类指标也存在一些问题：首先，预测值和实际值进行比较，但主观预测数量有限，很多宏观数据没有对应的预测序列；其次，预测调查的标准差可能仅反映了预测人员的观点分歧，而非不确定性的增加。正是因为前三种方式和主观预测的局限性，使得预测模型更容易使人接受（Jurado et al.，2015）。对经济主体而言，最重要的不是某个指标的波动率变化或离散度变化，而是整个经济是否变得更加（不）可预测。

5.2.2 不确定性对宏观经济的影响

大部分研究发现不确定性冲击对经济形成负面影响。Bloom（2009）的 VAR 估计结果表明，当股票市场波动率上升时，实际经济活动首先受到抑制，然后开始反弹增加，形成一种所谓的"长期超调"。Caggiano 等（2014）基于 STVAR 模型和美国数据，发现不确定性在经济萧条时期对就业有更强的负面效应。类似的，Jurado et al.（2015）发现宏观不确定性冲击同样对经济形成长期显著的负面影响。Baker et al.（2016）采用 EPU 指数和面板 VAR 方法，发现 EPU 冲击引起经济活动的全面下降。少量文献认为不确定性对投资具有积极作用（Bloom，2014；Bloom et al.，2018），如果企业的边际利润是需求和成本的凸函数，不确定性的增加将提高企业的预期利润，于是企业增加投资。此外，还有部分文献认为不确定性是经济衰退的结果而非原因，由经济系统内生决定（Bachmann et al.，2013；Ludvigson et al.，2018）。

从国内研究来看，大部分文献发现经济不确定性的上升对经济有抑制作用。王义中和宋敏（2014）、李凤羽和杨墨竹（2015）、饶品贵等（2017）都发现不确定性会引起投资的显著下降，张浩等（2015）发现政策不确定性会加剧房价的波动，杨海生等（2014）发现官员变更所引发的不确定性显著抑制了经济增长，陈德球等（2016）发现官员更替频率的增加会强化上市公司的税收规避倾向，鲁晓东和刘京军（2017）发现不确定性冲击对中国出口产生负面影响。个别文献发现 EPU 的增加促进了中国企业的研发和创新（顾夏铭等，2018）。综合来看，已有研究大多采用常规不确定性指标和普通 VAR 模型分析不确定性冲击对中国经济的影响，鲜有文献尝试估计中国的经济不确定性指数和讨论不确定性冲击的非对称影响。

5.2.3 房地产不确定性与宏观经济的内在机制

研究房地产市场和不确定性之间的关系的文献很少，刘金全等（2018）基于 LT-TVP-VAR 模型采用政策不确定性通过影响货币政策来研究对房价的调控效应，对货币政策、政策不确定性和房地产价格的调控效应进行分析，并认为不确定性对房价能产生明显的溢出效应。本章直接测算宏观房地产不确定性指数，和本章主题最为接近的文献来自张浩等（2015）。张浩等（2015）基于理论模型和数量估计，发现宏观冲击对房地产市场的影响随着政策不确定性的增加而加强，宏观冲击存在明显的非对称性。然而，张浩等（2015）和本书的分析范式有明显不同：首先，张浩等（2015）采用的是 Baker 等（2016）的 EPU 指数，而 EPU 和宏观经济不确定性存在差异，比较 Baker 等（2016）和 Jurado 等（2015）、Mumtaz 和 Theodoridis（2018）的结果可知，EPU 很高时经济不确定性未必很高，本书的经济不确定性来自于模型估计，更符合不确定性的定义（Jurado et al.，2015；屈文洲和崔峻培，2018）。其次，张浩等（2015）的转换变量为 EPU 指数，考察了若干宏观冲击在不同 EPU 下的影响，本文的转换变量为房地产指标，考察不确定性冲击在不同的房地产景气状态下的非对称效应。第三，张浩等（2015）的机制转换是一种平滑转换，本书采用的是门限转换，是一种跳跃转换，类似于 Markov 转换。第四，从数量结果来看，虽然两者都采用月度数据，但张浩等（2015）中房价的脉冲响应缺乏持续性，波动过于频繁，既没有典型的"驼峰状"形态，也没有体现个别冲击的持久性效应，和一般的脉冲响应函数不符。

5.3 含随机波动的双因子FAVAR模型构建

为研究房地产不确定性对宏观经济波动的作用机制，本书采用多变量均值波动率模型，该模型是一种包含随机波动率的FAVAR模型，能够识别共同波动率和异质性波动率以及变量之间的交互作用（注：加粗变量表示向量或矩阵，不加粗变量为标量）。

5.3.1 含随机波动率的FAVAR基准模型

令 y_t 表示 $n \times 1$ 维的内生向量，包含所有观测变量。m_t 表示宏观不确定性，假设对数宏观不确定性 m_t 对内生变量 y_t 存在同期影响和滞后期影响，于是均值波动率模型的简化式设为：

$$y_t = \Pi(L) \cdot y_{t-1} + \Pi_m(L) \cdot \ln m_t + v_t \quad (5.3.1)$$

其中，$\Pi(L) \equiv \Pi_1 - \Pi_2 \cdot L - \cdots - \Pi_l \cdot L^{l-1}$，$l$ 表示 y_t 的滞后阶数，Π_i 是 $n \times n$ 维系数矩阵。$\Pi_m(L)$ 表示对数宏观不确定性的滞后矩阵多项式，滞后阶数为 l_m。v_t 表示 $n \times 1$ 为简化式冲击向量。遵循Cogley和Sargent（2005）和Primiceri（2005）的设计，v_t 可分解为：

$$v_t = A^{-1} \Lambda_t^{0.5} \in_t, \in_t \sim i.i.d. N(0,I) \quad (5.3.2)$$

其中 $\in_t$ 表示结构冲击向量。A 表示 $n \times n$ 为下三角矩阵，主对角元素为1，影响着结构冲击对不同宏观变量的同期影响，假设为参数恒定［Primiceri（2005）假设 A 为时变］。Λ_t 是对角矩阵，对角元素为随机波动率 λ_{jt}。假设随机波动率的对数值 $\ln \lambda_{jt}$ 由对数宏观不确定性因子 $\ln m_t$ 和对数异质性波动率的过程 $\ln h_{j,t}$ 组成：

$$\ln \lambda_{j,t} = \beta_{m,j} \ln m_t + \ln h_{j,t}, j = 1,2,\cdots,n \quad (5.3.3)$$

第5章 不确定性对经济波动的影响及相关作用机制

其中，$\beta_{m,j}$ 表示宏观不确定性的加载参数。为便于识别，设第一个变量的加载参数 $\beta_{m,1}=1$，同时假设 $\ln m_t$ 的无条件均值为 0。假设对数宏观不确定性服从自回归过程：

$$\ln m_t = D(L) \cdot \ln m_{t-1} + u_{m,t} \qquad (5.3.4)$$

其中，$D(L)$ 表示 d 阶滞后矩阵多项式，$u_{m,t} \sim N(0, \varphi_u)$。Carriero 等（2018a，2018b）假设对数共同不确定性 $\ln m_t$ 还受到上期宏观变量的影响，虽然 Carriero 等（2018a）的设计更一般，但这意味着宏观不确定性具有内生性，或者说是前定的。虽然不确定性的内生性也是重要的问题，但有关不确定性是否具有内生性仍存在争议，如 Carriero 等（2018b）认为美国的宏观不确定性可视为外生，Ludvigson 等（2018）认为宏观不确定性内生。为避免陷入不确定性内生性的探讨，简化模型分析，本书采用 Mumtaz 和 Theodoridis（2018）、Alessandri 和 Mumtaz（2019）的策略，假设宏观不确定性外生。变量 $h_{j,t}$ 表示第 j 个变量的异质性波动率，假设 $h_{j,t}$ 的对数形式服从一阶自回归过程（AR）：

$$\ln h_{j,t} = \gamma_{j,0} + \gamma_{j,1} \ln h_{j,t-1} + e_{j,t}, j = 1,2,\cdots,n \qquad (5.3.5)$$

其中扰动向量 $\xi_t = (e_{1,t}, e_{2,t}, \cdots, e_{n,t})'$，服从联合正态分布 $i.i.d. N(0, \Phi_\xi)$。假设 ξ_t 的每个元素相互独立，于是 $\Phi_\xi = diag(\varphi_1, \varphi_2, \cdots, \varphi_n)$。这些冲击同样独立于结构冲击向量 ϵ_t。

(5.3.1)—(5.3.4)式构成了基准模型，宏观不确定性 m_t 从两方面影响宏观变量 y_t：一是对条件方差的影响，即 v_t 的同期变化；二是对条件均值的影响，即 $\ln m_t$ 的同期和滞后期变化。基准模型和部分经典随机波动率模型存在联系：当 $\Pi_m(L)=0$ 且 $\beta_j=0$ 时，基准模型退化为 Cogley 和 Sargent（2005）的异质性波动率模型；当 $\beta_j=1$ 且 $\ln h_{j,t}=0$ 时，基准模型退化为 Mumtaz 和 Theodoridis（2018）、Alessandri 和 Mumtaz（2019）的均值共同波动率模型；当$\Pi_m(L)=0$时，基准模型退化为Carriero等（2016）的共同波动率模型。

考虑到过渡参数化和完整动态特征之间的矛盾，参考Carrie等（2016）、Carriero等（2018a，2018b）的思路在方程（1）中，宏观变量的滞后阶数l设为6，宏观不确定性的滞后阶数l_m设为2。在方程（5.3.4）中，宏观不确定性方程的滞后阶数d设为2。稳健性检验中尝试了其他滞后阶数，基本结论不变。

5.3.2 样本抽样和参数估计

采用贝叶斯和MCMC算法估计模型，先验和后验设计方案参考Carriero等（2016）、Carriero等（2018a，2018b）。总抽样次数为30,000次，前5,000次烧掉，剩余25,000次抽样每间隔5次保留一个抽样，最终获得5,000次抽样，所有分析结果基于这5,000次抽样。定义向量a_j，a_j包含矩阵A的第j行元素；定义向量$\gamma=\{\gamma_1,\gamma_2,\cdots,\gamma_n\}$为异质性波动率成分$h_{1,T}$转移方程的参数集合；定义向量$\delta=\{D(L)\}$为宏观波动率成分$m_{1,T}$转移方程的系数集合。系数矩阵$\Phi_v$和$\Phi_u$分别表示异质性波动率冲击和共同波动率冲击的方差。除了因子加载向量β外，本书将模型中所有参数集中于向量$\Theta=\{\Pi,A,\gamma,\delta,\Phi_v,\Phi_u\}$。最后，令$s_{1,T}$表示构造的混合时间序列，用来对$h_{1,T}$抽样。

从模型参数Θ、加载参数β、潜在状态变量$h_{1,T}$，$m_{1,T}$，$s_{1,T}$的联合后验分布中获得抽样。抽样过程分为两步：（1）$h_{1,T}$，$\beta\mid\Theta,s_{1,T},m_{1,T},f_{1,T}$和（2）$\Theta,s_{1,T},m_{1,T},f_{1,T}\mid h_{1,T},\beta$。

第一步基于异质性波动率的状态空间系统抽样。根据（2）式，定义残差$\widetilde{v}_t=Av_t$，取平方对数后减去共同因子部分可得异质性波动率成分的观测方程：

$$\ln(\widetilde{v}_{j,t}^2+\bar{c})-\beta_{m,j}\ln m_t=\ln h_{j,t}+\ln\epsilon_{j,t}^2, j=1,2,\cdots,n$$

(5.3.6)

第5章 不确定性对经济波动的影响及相关作用机制

其中，$\bar{c}$表示抵消常数。异质性波动率状态空间系统的转移方程和观测方程分别是（5.3.6）式和（5.3.7）式。该系统是线性的，但非高斯，因为误差项$\ln \epsilon_{j,t}^2$是非高斯的，我们采用Kim等（1998）的混合正态近似方法，得到以状态变量$s_{1,T}$为条件的近似高斯分布。为了从$h_{1,T}$，$\beta \mid \Theta$，$s_{1,T}$，$m_{1,T}$的分布中生成抽样，可按如下步骤抽样：①借鉴Kim等（1998）的改进算法，给定加载因子β，从$(h_{1,T} \mid \beta, \Theta, s_{1,T}, m_{1,T})$的后验分布获得$h_{1,T}$的抽样；②给定状态变量$h_{1,T}$，从$(\beta \mid h_{1,T}, \Theta, s_{1,T}, m_{1,T})$的后验分布获得$\beta$的抽样。

第二步以异质性波动率$h_{1,T}$和因子加载因子β为条件，生成模型系数Θ、共同不确定性因子$m_{1,T}$和混合状态变量$s_{1,T}$的抽样。抽样过程分为三步：（1）$\Theta \mid m_{1,T}, h_{1,T}, \beta$；（2）$m_{1,T} \mid \Theta, h_{1,T}, \beta$；③$s_{1,T} \mid \Theta, m_{1,T}, h_{1,T}, \beta$。

最后，本章采用规模以上工业增加值的单变量随机波动率作为宏观不确定性的初始值（采用其他变量的随机波动率作为初始值不会显著影响结果）。

5.3.3 脉冲响应函数

不同于传统的VAR模型，变量y_t的顺序不会影响不确定性冲击的脉冲响应函数。为说明这一点，结合式（1）、（2）、（3），基准模型可写为：

$$y_t = \Pi(L) \cdot y_{t-1} + \Pi_m(L) \cdot \ln m_t + A^{-1} \cdot \underbrace{\begin{bmatrix} m_t^{\beta_{m,1}} \cdot h_{1,t} & 0 & 0 \\ 0 & \ddots & 0 \\ 0 & 0 & m_t^{\beta_{m,n}} \cdot h_{n,t} \end{bmatrix}^{0.5}}_{\Lambda_t} \cdot \epsilon_t \quad (5.3.7)$$

变量顺序之所以会影响结构冲击的脉冲响应函数主要源于下三角矩阵A^{-1}。当计算宏观不确定性冲击$u_{m,t}$的脉冲响应函数时，

由于 $u_{m,t}$ 和 $\in_t$ 相互正交,可将结构冲击 $\in_t$ 关闭,即特定冲击的脉冲响应是不存在其他冲击时的脉冲响应。换句话说,宏观不确定性冲击 $u_{m,t}$ 对 y_t 的影响仅通过矩阵 $\Pi_m(L)$ 实现。

5.3.4 历史方差分解

在均值波动率模型中,由于存在交互项残差 $A^{-1} \cdot \Lambda_t^{0.5} \cdot \in_t$,传统的历史方差分解方法并不适用。这里采用一种近似分解方法,将 y_{t+s} 的预测误差方差分解为三部分:①宏观不确定性冲击 u_{t+s} 的直接贡献;②结构冲击 $\in_{t+s}$ 的直接贡献,该部分剔除了宏观不确定性冲击引起的 $\Lambda_t^{0.5}$ 变化,即假设 Λ_t 恒定时 $\in_{t+s}$ 对方差的贡献;③宏观不确定性冲击 u_{t+s} 和结构冲击 $\in_{t+s}$ 的交互效应。为了更清楚的说明该方法,设滞后的阶数为 1 的单因子模型为例:

$$\begin{cases} y_t = \Pi y_{t-1} + \Gamma_1 m_t + \Gamma_2 m_{t-1} + v_t \\ m_t = \gamma m_{t-1} + u_t \end{cases} \quad (5.3.8)$$

其中,v_t 和 u_t 各自的方差为 Σ_t 和 Φ_u。将 v_t 替换为 $\Sigma_t^{0.5} \cdot \in_t$,其中 $\Sigma_t^{0.5}$ 是矩阵 Σ_t 下三角分解,假设 $\in_t \sim N(0, I_n)$。于是宏观变量的一阶前向预测误差可表示为 $y_{t+1} - E_t y_{t+1} = \Sigma_{t+1}^{0.5} \cdot \in_{t+1} + \Gamma_1 \cdot u_{t+1}$。令 $\hat{\Sigma}_{t+s|t}$ 表示关闭不确定性冲击时的前向预测误差方差矩阵,$\hat{\Sigma}_{t+s|t}$ 包含 $\in_t$ 冲击引起的 y_t 的变化和异质性波动率 $h_{j,t}$。通过在预测误差中引入 $\hat{\Sigma}_{t+1|t}^{0.5} \cdot \in_{t+1}$,可实现历史方差分解:

$$y_{t+1} - E_t y_{t+1} = \Gamma_1 u_{t+1} + \hat{\Sigma}_{t+1|t}^{0.5} \cdot \in_{t+1} + (\Sigma_{t+1}^{0.5} - \hat{\Sigma}_{t+1|t}^{0.5}) \cdot \in_{t+1}$$
$$(5.3.9)$$

(5.3.9)式右边的第一项 $\Gamma_1 u_{t+1}$ 表示宏观不确定性冲击的直接贡献,第二项 $\hat{\Sigma}_{t+1|t}^{0.5} \cdot \in_{t+1}$ 表示结构冲击的直接贡献,第三项 $(\Sigma_{t+1}^{0.5} - \hat{\Sigma}_{t+1|t}^{0.5}) \cdot \in_{t+1}$ 表示交互成分。第三项可视为残差项贡献,即数据减去前两项的剩余部分。由于残差协方差矩阵 Σ_t 包含了宏观不确定性和异质性不确定性的乘积项,因此上述方法无

法区分交互项中宏观不确定性冲击和异质性不确定性冲击各自贡献的部分。此外，在交互项中，宏观不确定性冲击和异质性不确定性冲击的分解还取决于模型变量y_t的顺序，因为交互项中Σ_t包含下三角矩阵A^{-1}。正因为如此，本书保持交互项不变，不区分交互项中的总体不确定性和异质性波动率。事实上，从数值上看，交互效应的贡献部分远小于直接贡献部分。

5.3.5 扩展双因子的随机波动率 FAVAR 模型

基准模型的共同因子只有一个，因此只有一种宏观不确定性，然而不确定性的测度没有统一定论，如经济政策不确定性可分为财政政策不确定性、货币政策不确定性、贸易政策不确定性等（Huang and Paul，2018）。宏观不确定性也可能存在不同分支，不同类型的不确定性指数在形态和经济影响方面都可能不同，如金融不确定性的影响有别于宏观不确定性的影响（Jurado et al.，2015；Caldara et al. 2016；Ludvigson et al.，2018；Carriero et al.，2018a，2018b）。遵循经典文献的做法，本书引入两个共同不确定性因子，分别对应非金融类变量和金融类变量，于是模型改写为：

$$y_t = \Pi(L) \cdot y_{t-1} + \Pi_{nf}(L) \cdot \ln nf_t + \Pi_f(L) \cdot \ln f_t + v_t \tag{5.3.10}$$

其中，nf_t表示非金融不确定性因子，f_t表示金融不确定性因子，$\Pi_{nf}(L)$、$\Pi_f(L)$表示非金融因子和金融因子对应的系数矩阵。v_t的表达式不变，但矩阵Λ_t的对角元素$\lambda_{j,t}$改写为：

$$\ln \lambda_{j,t} = = \begin{cases} \beta_{nf,j} \ln nf_t + \ln h_{j,t}, j = 1,2,\cdots,n_{nf} \\ \beta_{f,j} \ln f_t + \ln h_{j,t}, j = n_{nf}+1,\cdots,n \end{cases} \tag{5.3.11}$$

于是宏观不确定性分解为非金融不确定性和金融不确定性。理论上，不同类型的不确定性不是完全独立的，但如果不对共同波动率因子的独立性设置约束，不利于区分不同类型的不确定性，特别是区分不确定性的经济影响。因此，不同于 $Carriero$ 等（$2018a$，$2018b$）的设计，本书假设两个不确定性因子相互独立，这和 $Caldara$ 等（2016）、$Ludvigson$ 等（2018）的正交假设一致。具体的，假设两个共同不确定性因子的对数值服从独立的自回归过程：

$$\begin{cases} \ln nf_t = D_{nf}(L)\ln nf_t + u_{nf,t} \\ \ln f_t = D_f(L)\ln f_t + u_{f,t} \end{cases} \quad (5.3.12)$$

其中 $D_{nf}(L)$，$D_f(L)$ 表示 d 阶滞后矩阵多项式。假设不确定性因子冲击 $u_{nf,t}$，$u_{f,t}$ 独立于异质性波动率冲击 $e_{j,t}$ 和结构冲击 $\in_t$，同时假设 $u_{nf,t}$，$u_{f,t}$ 之间也相互独立：

$$\text{var}(u_t) = \text{var}((u_{p,t}, u_{o,t}, u_{f,t})') = \boldsymbol{\Phi}_u = \begin{bmatrix} \varphi_{n+1} & 0 & 0 \\ 0 & \varphi_{n+2} & 0 \\ 0 & 0 & \varphi_{n+3} \end{bmatrix}$$

$$(5.3.13)$$

上述独立性假设还有另一个优点，即不确定性因子的顺序也不影响不确定性冲击的脉冲响应。在这种设计下，非金融类和金融类不确定性对所有宏观变量均有一阶效应，但只对各自对应的变量有二阶效应。

5.4 实证分析

5.4.1 数据说明与统计性描述

由于传统数据库（统计局官网、中经网、万德等）对月度宏观数据统计不够充分，而且不少月度数据存在着局部缺失和异常值等问题，一些数据还存在着较大跳跃，这些跳跃在剔除季节性因素依然存在并难以找到合理解释。为最大程度避免陷入数据争议，模型实证的数据来自 Chang 等（2016）的月度数据，包括月度 GDP 数据、月度 GDP 平减指数、M2。Chang 等（2016）的数据优点在于数据完整，并且已剔除季节性。月度 GDP 数据和 M2 采用 Chang 等（2016）的 GDP 平减指数剔除价格因素（祝梓翔和邓翔，2017）。本书数据包括宏观经济数据、价格水平数据、货币政策数据和房地产市场数据四个方面，具体见表 5.1，数据起止时间为 2000 年 1 月至 2018 年 6 月，所有数据转换为同比增长率数据。反映房地产市场状态的指标非常重要，目前中国综合性最强的房地产指标为国房景气指数，这也是本书采用的变量，国房景气指数来自中经网统计数据库，不需剔除季节性。

表 5.1 构建房地产市场不确定性指数所用变量的情况说明

名称	变量名称	计算方法及说明
宏观经济	GDP	剔除价格和季节性＋对数差分＋标准化
	规模以上工作增加值	剔除价格和季节性＋对数差分＋标准化
价格水平	GDP 平减指数	剔除季节性＋对数差分＋标准化
	居民消费价格指数	剔除季节性＋对数差分＋标准化
货币政策	M2	剔除季节性＋对数差分＋标准化
	银行间同业拆借利率	标准化
房地产市场	国房景气指数	标准化
	房地产开发投资额	剔除价格和季节性＋对数差分＋标准化
	住房开发投资	剔除价格和季节性＋对数差分＋标准化
	商业营业用房开发投资	剔除价格和季节性＋对数差分＋标准化
	房地产投资资金来源	剔除价格和季节性＋对数差分＋标准化
	房地产实际到位资金	剔除价格和季节性＋对数差分＋标准化
	房地产开发国内贷款	剔除价格和季节性＋对数差分＋标准化
	房地产开发定金及预收款	剔除价格和季节性＋对数差分＋标准化
	商品房销售额	剔除价格和季节性＋对数差分＋标准化
	住宅房屋销售额	剔除价格和季节性＋对数差分＋标准化
	商业营业用房销售额	剔除价格和季节性＋对数差分＋标准化
	商品房销售面积	剔除季节性＋对数差分＋标准化
	住宅销售面积	剔除季节性＋对数差分＋标准化
	商业营业用房销售面积	剔除季节性＋对数差分＋标准化

5.4.2 房地产不确定性的测算

房地产不确定性定义为共同波动率因子 $\sqrt{m_t}$ 的平方根，图 5.1 展示了由 2000 年 1 月到 2018 年 6 月的 20 变量房地产市场不确定性指数的估计值，黑色实线表示后验中位数值，黑色虚线表示房地产市场不确定性的 15% 和 85% 边界，由此形成 70% 置信区间。阴影部分表示 OECD 的宏观经济下行时期［注：下行期定义为经济综合领先指数（Composite Leading Indicators, CLI）］从波峰跌倒谷底的时期，宏观经济综合领先指数来自 OECD 数据库①。由图 1 可知，房地产市场不确定性存在着高不确定性阶段：2000 年 1 月—2003 年 6 月和 2008 年 8 月到 2011 年 1 月。

回顾房地产发展历程，1998 年是一个分水岭，在取消福利分房、金融政策和税收政策多重作用下，房地产行业高速增长。在 2003 年达到最高峰。从 1998—2003 年期间，房地产市场也暴露出房价过高、结构不合理等问题。2004 年国家开始实施宏观调控、以收紧土地与信贷为主要手段。从图 1 中可以看出 2000 年 1 月—2004 年 1 月房地产市场不确定指数非常高。2005 年中央进一步加大宏观调控力度，从 2005 年下半年开始到 2007 年初，房地产市场处于调控状态下，而这个时期房地产市场不确定性指数也相对比较平稳。2007 年各大一线城市的房地产市场从住房消费为主导的市场变为住房投资为主导的市场，一线城市住房价格快速提高，房地产泡沫已逐渐积累，同时，房地产市场不确定性指数也在拉高。而 2008 年初次贷危机波及国内，从信贷坏账、资金链等视角导致房地产市场出现低迷；紧接着，国务院提出 2 年 4 万亿的目标，快速降低利

---
① https://stats.oecd.org/#

第 5 章　不确定性对经济波动的影响及相关作用机制

率、加快放贷，化解我国经济风险，其间也伴随着房地产市场不确定性指数的提高。2010 年以来，房地产市场不确定性大幅下滑，至今维持在较低水平波动。我国宏观经济正由高速增长向高质量发展转型，而经济增长的动能也有房地产行业向高科技方向发展，同时中央也加大对房地产调控的力度，提出"房子是用来住的而不是用来炒的"。

从整体上看，中国房地产市场不确定性指数与宏观经济综合领先指数由较强的相关性，每次中国宏观经济下行都是房地产市场发展的调整期。在 70% 的置信区间下，上下边界的变化趋势和后验中值基本一致，表明估计结果的误差可接受即房地产市场的不确定性是存在的。

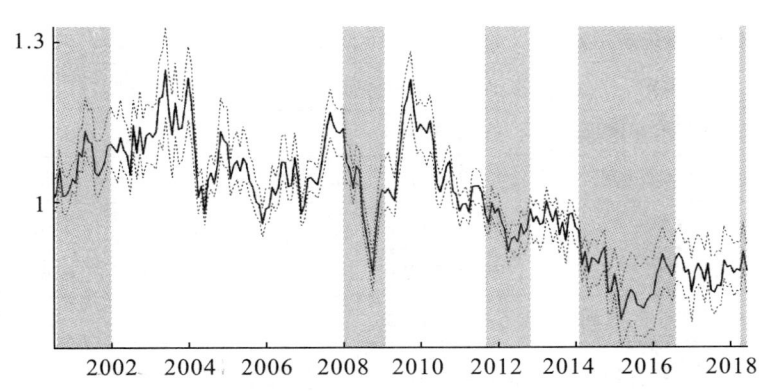

图 5.1　房地产不确定性指数（20 变量的单因子模型）

注：~虚线表示 70% 置信区间，下同。中国下行区的数据来自 OECD.stat 官网。

表 5.2 为测算的房地产市场不确定性指数与主要宏观经济指标的相关关系。首先，可以看出房地产不确定指数的自相关性比较强，说明房地产市场的历史时期对当前影响较大。从产出类看，房地产不确定指数与 GDP 和规模以上工业增加值具有较强的正相关性，分别为 0.613 和 0.766。以跨期相关系数看，在滞

135

后两期是相关系数最大，这说明房地产不确定指数是产出类变量的先行指数。从价格类指数看，房地产市场不确定性指数与其相关性较弱，尤其是 CPI 是负相关性，房地产不确定性指数对商品价格具有抑制性作用。以货币政策看，M2 与房地产不确定指数有很强的正相关性，而且跨期相关系数也稳定在 0.67，这说明房地产不确定性很大程度上是来自于宽松的货币政策。这也与银行间同业拆借利率负相关一致。

表 5.2　房地产不确定性与主要宏观经济变量相关系数（2000 年 1 月—2018 年 6 月）

变量	标准差（%）	与不同滞后期各变量的相关系数				
		−2	−1	0	1	2
房地产不确定指数	0.11	0.819	0.846	1.00	0.846	0.819
GDP	2.02	0.624	0.616	0.613	0.594	0.589
规模以上工业增加值	4.21	0.798	0.786	0.766	0.727	0.786
GDP 平减指数	2.79	0.184	0.213	0.241	0.279	0.321
CPI	2.06	−0.089	−0.054	−0.032	0.027	0.072
M2	4.24	0.629	0.654	0.669	0.657	0.635
银行间同业拆借利率	0.74	−0.338	−0.314	−0.294	−0.257	−0.232

注：所有指数的样本区间为 2000 年 1 月—2018 年 6 月

5.4.3　脉冲响应和历史方差分解

在模型的条件方差和条件均值中，由于共同波动率代表着房地产市场不确定性，可解释为所有房地产变量的条件方差突然增加。由于房地产市场不确定性冲击和结构冲击独立，这可以为房地产市场不确定性提供识别约束。需指出，尽管模型采用标准化的数据估计，在最终计算时仍将脉冲响应函数转换至文献中的常用单位。为实现该转换，采取以下步骤：①首先计

第5章 不确定性对经济波动的影响及相关作用机制

算标准化数据（差分平稳）下的脉冲响应函数；②将每个脉冲响应函数乘以对应变量真实数据的标准差；③将第二步的脉冲响应函数进行累加，以此获得水平值或对数水平值的脉冲响应函数。

图 5.2 报告了脉冲响应函数的后验中值和 70% 置信区间。如图 5.2 所示，在 20 变量模型下，当出现一单位房地产市场不确定性冲击时，GDP 和规模以上工业增加值出现了正向驼峰状偏离，偏离程度在 12 个月左右到达顶点，然后向稳态收敛。GDP 平减指数和 CPI 在面对房地产市场不确定性冲击时首先出现负向驼峰状偏离，于 3 个月左右降至最低点，然后迅速上升，于 5 个月后由负转正，然后出现一定程度正向偏离。M2 的脉冲响应函数呈正向驼峰状偏离，在 5 个月后上升至最高点，然后均衡收敛。银行间同业拆借利率出现负向驼峰状偏离，于 6 个月左右降至最低点，然后向均衡收敛。相比而言，价格类变量和货币政策类变量的反应更为迅速。房地产景气指数的脉冲响应函数呈正向驼峰状偏离，房地产景气指数偏离程度在 8 个月左右达到顶点，然后向稳态收敛。除了房地产开发国内贷款呈现快速回落的特征，其他房地产市场的变量指标在房地产市场不确定的冲击下均呈现正向驼峰状偏离，差别在于其趋于平稳状态的速度，这说明房地产市场的不确定性冲击对房地产市场具有正向冲击作用。综上所述，由脉冲响应可知房地产市场不确定性冲击引起了产出类变量的正向变化，引起了价格类变量的负向变化，同时引发积极的货币政策，也引起房地产类变量的正向变化。房地产市场不确定性冲击此时近似于一种正向供给冲击。

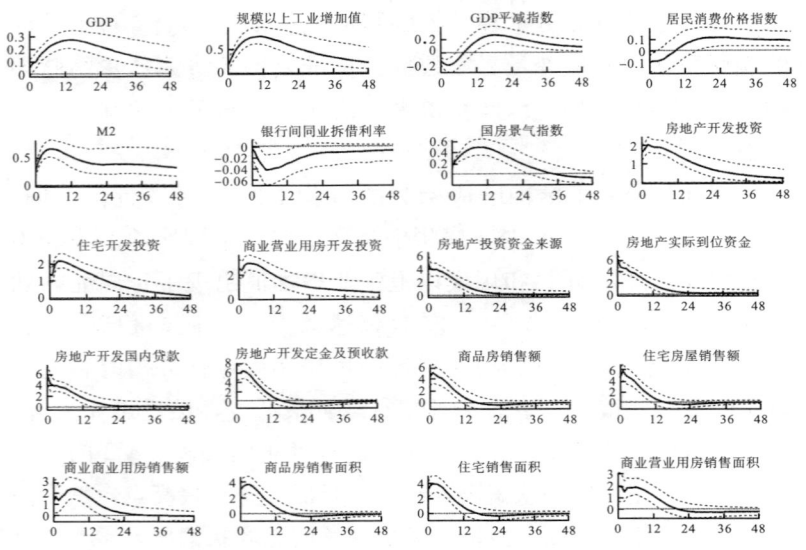

图 5.2 房地产不确定性冲击脉冲响应（20 变量的单因子模型）

注：虚拟部分表示 70% 置信区间。

仅列出 2003 年后的方差分解结果，这段时期包括了 2008—2009 年全球经济危机时期、2010—2011 的复苏期和 2011 以后的新常态减速时期。图 5.3 展示 20 变量单因子模型下的方差分解结果，黑色实线表示标准化的宏观经济变量，深色阴影表示房地产市场不确定性冲击的直接贡献，浅色阴影表示结构冲击的直接贡献。如图所示，房地产市场不确定性冲击对 GDP 和工业增加值有较强的解释力，特别是近期的经济下行由房地产不确定性所主导。房地产市场不确定性冲击对价格类变量的解释力相对较小，并不对近些年的价格变化构成显著影响。房地产市场不确定性冲击解释了 M2 波动的绝大部分变化，近几年货币供给增速下降主要由房地产市场不确定性冲击所致，即房地产市场不确定性与货币供给量存在较强的相关性。相较而言，房地产不确定性冲击对银行间同业拆借利率的解释效力偏弱，解释比重在 2008—

第 5 章　不确定性对经济波动的影响及相关作用机制

2010 年经济危机和后来的复苏期略高于其他时期。房地产市场不确定性对房地产市场自身的冲击主要体现在房地产开发投资、住房开发投资、商业经营用房开发投资以及资金来源和到位资金，这说明房地产市场不确定性冲击在房地产市场的金融领域有着重大解释力。

基于此，由 20 变量的单因子模型可知，宏观经济下行由房地产市场不确定性冲击主导，但这种下行并非房地产市场不确定性冲击增加所致，相反，经济下行源于房地产不确定性的下降，首先导致房地产市场融资规模的下行，而这种下行由于货币供给增速的下降得到强化。

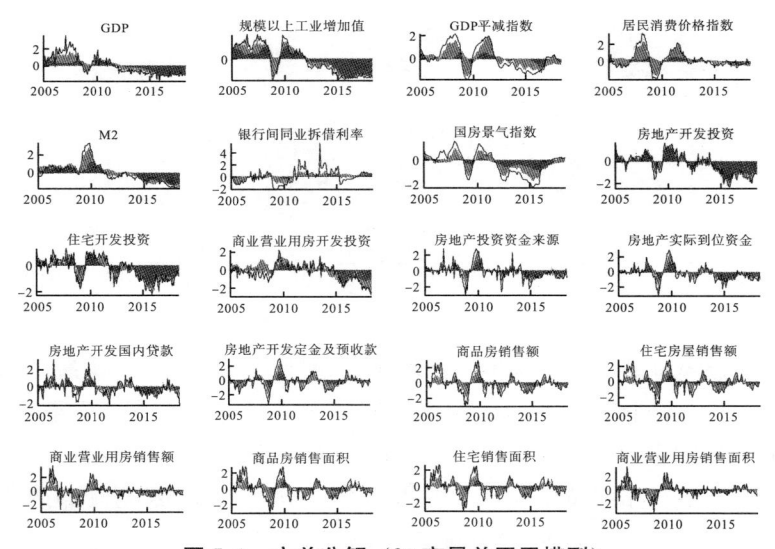

图 5.3　方差分解（20 变量单因子模型）

注：黑色阴影部分为房地产不确定性冲击，灰色阴影部分为 VAR 模型结构冲击效应。

5.4.4　双因子 FAVAR 的实证分析

基准模型的共同因子只有一个即一种房地产市场不确定性。

本研究通过含随机波动率的双因子 FAVAR 模型将房地产市场中非房地产不确定性提取，构建含有房地产不确定性和非房地产不确定性的两个共同不确定因子的 FAVAR 模型。事实上，经济政策不确定性可以分解为财政政策不确定性、货币政策不确定性、贸易政策不确定性等等（Huang and Paul，2018）

研究采用与含随机波动率的单因子 FAVAR 模型相同的抽样和估计方法，以 GDP、GDP 平减指数、M2 的随机波动率的后验中值作为非房地产不确定性房地产市场不确定性的初始值（其他初始值选择不影响基本结论）。

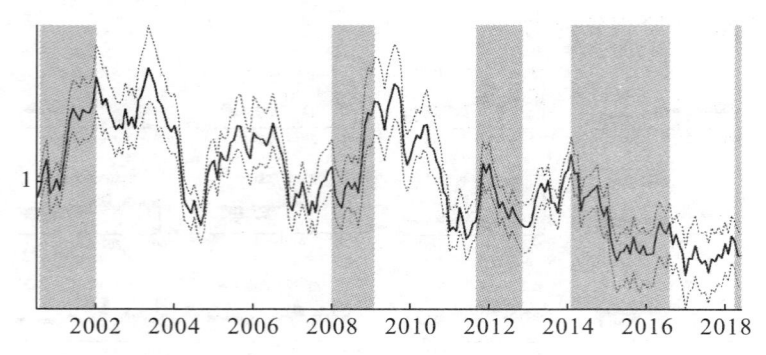

图 5.4 非房地产市场不确定性指数

图 5.4 显示为非房地产市场不确定性指数和单因子房地产不确定性指数相比，非房地产市场不确定指数的形态有一定变化，置信区间更大，估计结果的准确性相对较低。非房地产市场不确定性指数处于高位的时期主要集中在 2001—2003、2005—2007 和 2009—2011 年，这些期间并不出在宏观经济的下行区间。2014 年后，非房地产市场不确定性大幅下降，至今维持在较低水平，与单因子房地产不确定性基本一致。图 5.5 显示房地产不确定性指数。由图可知，房地产不确定指数在形态上与单因子房地产不确定指数基本一致，而置信区间更小，说明估计结果的准确性更高，双因子的房地产不确定性能够更好地把握房地产市场的不确定性。

第 5 章 不确定性对经济波动的影响及相关作用机制

图 5.5 房地产市场不确定性

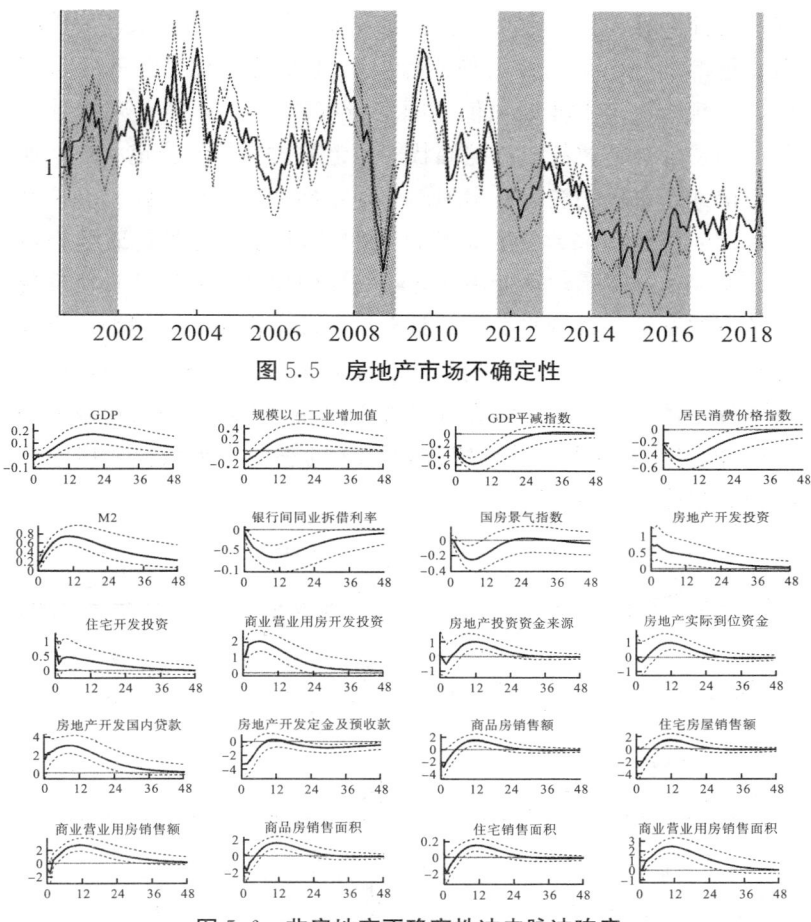

图 5.6 非房地产不确定性冲击脉冲响应

图 5.6 所示，非房地产不确定性一单位的波动能引起 GDP、规模以上工业增长值、M2、房地产开发国内贷款、商业营业用房开发投资以及房地产投资资金来源的显著正向偏离。而这些变量是宏观经济增长的核心变量。而房地产景气指数，房地产销售额、房地产的预收金以及住宅房屋销售额、商品房和住宅的销售面积在非房地产冲击下呈现显著负向。而图 5.7，房地产市场不

141

确定性冲击脉冲响应。对所有宏观经济变量、价格指数、货币政策变量都是产生正向冲击作用，但区别表现为宏观经济变量如GDP、规模以上工业增加值、国房景气指数、GDP平减指数和居民消费价格指数都成正驼峰状即先上升再回落的稳定状态。而反应房地产市场的变量在房地产不确定性冲击下快速跳到高位然后迅速回落到负向水平，最后回归稳定状态。根据实证结果可知，非房地产不确定性冲击会导致短期内宏观经济增速加快和货币政策的宽松，对价格类指数具有负向冲击作用，对房地产类指标具有正向冲击作用，有利于房地市场和宏观经济的发展；房地产不确定性冲击则会导致宏观经济正向冲击效应，但货币政策的负向冲击效应，GDP平减指数和CPI的正向冲击效应，房地产类指标整体呈现负向冲击效应。

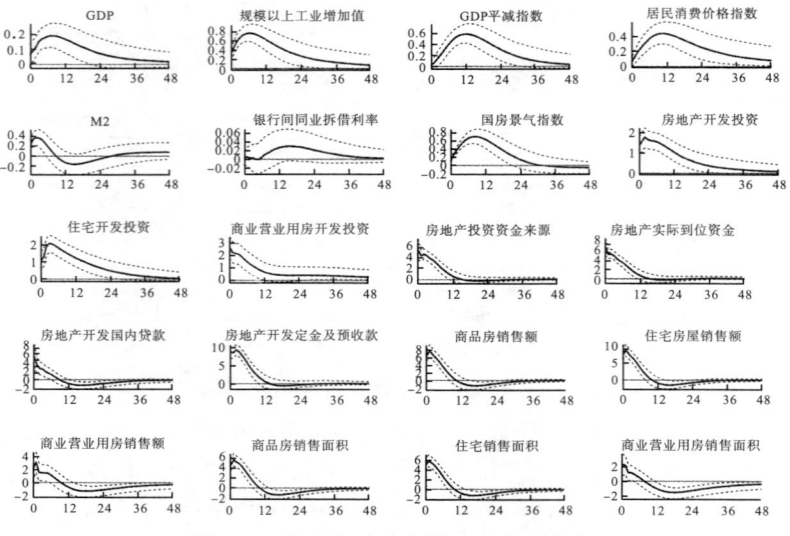

图 5.7 房地产不确定性冲击脉冲响应

图 5.8 展示了双因子模型下的历史方差分解。如图所示，黑色阴影表示非房地产不确定性冲击解释的部分，浅灰色表示房地

第 5 章 不确定性对经济波动的影响及相关作用机制

产不确定性冲击解释的部分，深灰色表示 VAR 模型结构冲击解释的部分。首先，非房地产不确定性解释了 GDP 和工业增加值 2011 年后的小部分变化，对 GDP 平减指数、CPI 在 2008—2012 年的波动程度有较强解释力，但非房地产不确定性对 M2 的贡献非常高，能够解释 M2 的大部分波动。对于房地产类指标，非房地产不确定指数对房地产开发投资、房地产开发国内贷款、住宅开发投资、商业营业用房开发投资等投资类指标有一定的解释力，对商品房销售额、住宅房屋销售额、住宅房屋销售面积等销售类指标的解释力较差。其次，房地产不确定性指数能够解释 2008 年以前 GDP 的大部分变化，对工业增长增加值变化的解释

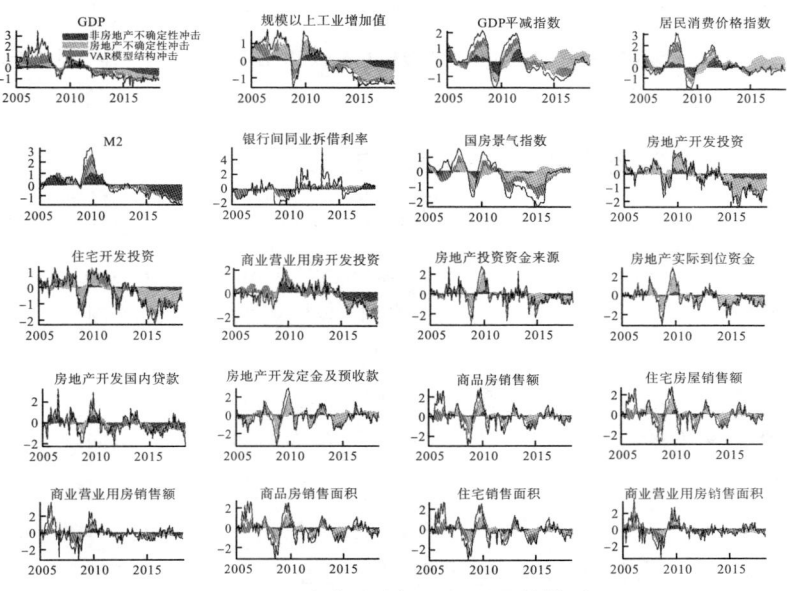

图 5.8　历史方差分解（双因子的模型）

注：黑色实现表示标准化的数据序列，黑色阴影表示非房地产不确定性冲击解释的部分，浅色阴影表示房地产不确定性解释的部分，灰色阴影表示 VAR 结构冲击解释的部分。

力非常强。对价格类指标，房地产不确定性指数有非常强的解释力，但对 M2 变化的解释力很弱。对房地产市场类指标，房地产不确定指数主要是能够解释国房景气指数、房地产开发投资额和住宅开发投资等金融投资类变量，而对像商品房销售面积、住宅房销售面积等销售类变量的解释力相对弱一些。

5.5　不确定性指数的综合比较及对宏观波动的影响

通过实证分析，我们知道房地产不确定性指数对宏观经济波动尤其是 M2 变化具有重要影响，那么，房地产不确定指数与其他不确定性政策指数有什么区别以及反映的经济含义是什么。通过对宏观经济波动与房地产不确定性进行分析，探究其间的作用机制，进一步厘清房地产不确定性指数的经济含义及机制。

5.5.1　综合分析不确定指数及其比较

不确定性是指经济主体无法准确预测未来的发展变化，不可预测性是不确定性的核心特征（Jurado et al.，2015；屈文洲和崔峻培，2018）。然而，不确定性概念是仍然存在着模糊性。目前，对不确定性测算的方法和视角很多，但集中在两个方面：①通过宏观计量经济模型测算模型预测偏差，即变量的不确定性被定义为该变量序列中不可预测部分的条件波动率；②通过收集媒体信息，以消息冲击（news shock）的强度作为不确定性的测度指标。本书分别对两类不确定性指数进行综合分析并对其进行比较，厘清其内在的经济含义。目前，政策不确定性指数（EPU）主要是由斯坦福大学和芝加哥大学的 Scott R. Baker、Nicholas Bloom 和 Steven J. Davis 三位学者编制，用来反映世界各大经济体经济和政策的不确定性。中国经济政策不确定性（EPU）指标是基于报纸新闻中于政策有关的经济不确定性文章

第 5 章　不确定性对经济波动的影响及相关作用机制

频数，新闻主要来源于"南华早报"和香港的主要英文报纸，以月为频率，从 1995 年更新到现在。进一步，他们又基于大陆主要报纸编制了中国贸易政策不确定性指数。同时，由陆尚勤和黄昀两位学者对 114 份中国内地的报纸进行文本挖掘，编制了一系列全新的中国经济政策不确定性指数（China Economic Policy Uncertainty Index），数据主要包括三种，①每月中国经济政策不确定性指数；②每日中国经济政策不确定性指数；③中国经济政策不确定性指数——政策细化指数，包括贸易政策、财政政策、货币政策和汇率政策。

为了数据的统一性，本书研究使用 2000 年 1 月到 2018 年 6 月的月度数据进行比较分析，具体见图 9。从图 9 中可以比较直观地看出两类不确定性指数的差异。房地产不确定指数和非房地产不确定指数是本书通过随机波动率的双因子模型分解出的共同波动率，而政策不确定性指数①是 Scott R. Baker、Nicholas Bloom 和 Steven J. Davis 采用"南华早报"和香港的主要英文报纸，以月为频率编制的政策不确定指数；政策不确定指数②是他们进一步基于大陆主要报纸编制了不确定性指数；政策不确定指数③由陆尚勤和黄昀两位学者对 114 份中国内地的报纸进行文本挖掘，编制了一系列全新的中国经济政策不确定性指数。结合不确定性指数间的相关系数，本书发现通过宏观经济提取经济变量的共同波动率其特征与宏观经济变量的变化趋势具有很强的相关性，GDP 增长率与非房地产不确定性指数的相关性高达 0.673，与房地产不确定性指数的相关系数为 0.362，但与政策不确定性指数都是负相关，分别为：－0.497、－0.442 和 －0.347。虽然政策不确定性指数与 GDP 增长率是负相关，但是该指数能够很精准地捕捉到宏观经济发展中的重要政策事件。这样就面临一个问题：不确定性对宏观经济是正向还是负向影响？经济不确定性越高，其经济增长率越快还是增长率越慢？从目前研究成果来看，主流经济学家认为经济不确定性越高，其经济增长率越慢，但是结合上文的实证分析，中国经济的不确定性会带来短期内经济增长，然后才出现回落下滑。

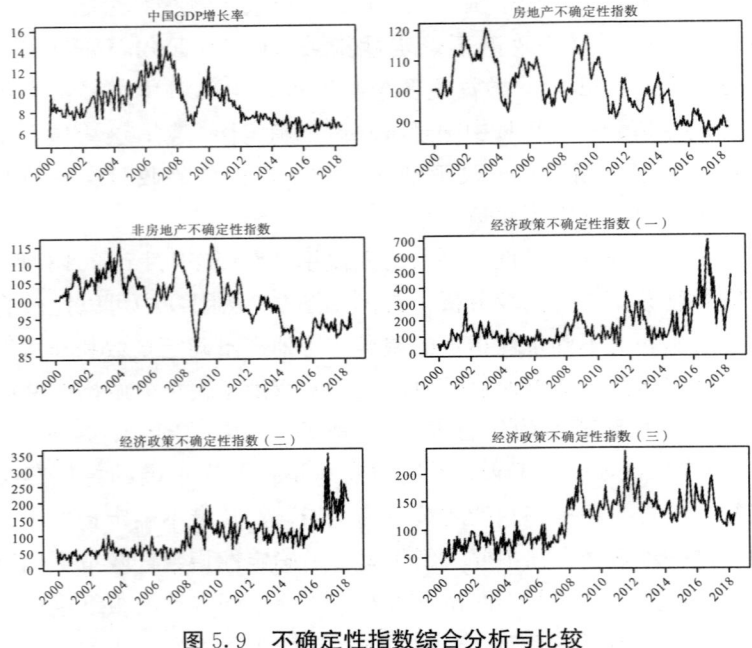

图 5.9 不确定性指数综合分析与比较

5.5.2 房地产不确定性指数如何影响宏观经济活动

为了研究房地产不确定性对宏观经济活动的影响，本章让政策不确定性和房地产不确定性作为预测因素对宏观经济活动进行预测。具体地，Yt 为宏观经济活力的指标（GDP 增长率和工业增加值），按照以下预测回归模型进行预测分析：

$$\Delta_h Y_{t-h} = \alpha + \beta_1 \sigma_t + \beta_2 HPU_t + \beta_3 FHPU_t + \sum_{i=1}^{h+1} \gamma_i \Delta Y_{t-i} + \varepsilon_{t+h}$$

(5.14)

其中，$\Delta_h Y_{t-h} = \frac{1200}{h+1} \ln\left(\frac{Y_{t+h}}{Y_{t-1}}\right)$ 且 $h \geq 0$ 是预测范围（$\Delta_0 \equiv \Delta$）；σ_t 代表不确定性指数，HPU_t 代表房地产不确定性指数，$FHPU_t$ 代表非房地产不确定性指数，ε_{t+h} 是预测误差。

本书使用不确定指数的作为代理变量，采用 OLS 分别对预测方程（1）进行回归，衡量每月经济活动指数分别采用 GPD 增长率和工业增长值。通过回归估计参数 α 和比较不同政策不确定性指数和房地产市场不确定指数对经济活动的预测能力，预测三个月的实证结果见表 5.3。通过表 5.3 可知，政策不确定指数显著影响宏观经济活动，主要体现在负向效应即政策不确定将导致未来 GDP 增长率和工业增长值减弱。房地产不确定性指数对未来 GDP 增长率的影响不显著，对未来工业增加值同样是显著性负向影响，而且影响程度比政策不确定要强。非房地产不确定性指数对宏观经济活动具有显著正向影响，但是非房地产不确定性指数增加会导致未来宏观经济活动更加强劲，该结论与实证研究结果一致。

表 5.3 不确定性指数与 GDP 增长率、工业增加值的预测效应

GDP 增长率	EPU1	EPU2	EPU3	工业增加值	EPU1	EPU2	EPU3
σ_t	−0.006*** [−7.32]	−0.012*** [−6.38]	−0.011*** [−4.59]		−0.018*** [−11.3]	−0.033*** [−9.12]	−0.035*** [−7.39]
HPU_t	−0.03 [−2.18]	−0.03 [−2.11]	−0.025 [−1.73]		−0.110*** [−3.92]	−0.099*** [−3.61]	−0.087*** [−3.01]
$FHPU_t$	0.128*** [9.09]	0.129*** [8.91]	0.126*** [8.33]		0.248*** [9.56]	0.250*** [8.93]	−0.248*** [8.37]
Adj. R2	0.436	0.402	0.353		0.553	0.482	0.437

实证分析表明房地产不确定性指数对宏观经济的影响主要体现在一致性上，房地产不确定性指数和非房地产不确定性指数是

宏观经济活动的先行指标，对宏观经济活动具有预测效果。同时，房地产不确定性指数与货币政策有着密切关系，房地产市场不确定性越高，其货币政策越宽松，M2 的增量越高，从历史方差分解也可以看出房地产不确定性对 M2 波动的解释力。实际上，从房地产不确定性对房地产市场的金融类变量和实体类变量脉冲响应函数可知，房地产不确定对金融类变量的影响是快速而且程度较强，这也是房地产市场与金融市场关系密切的重要原因。基于此，本书可以认为房地产不确定性指数也是金融市场风险增加指数，通过房地产市场和金融市场相互作用在推动宏观经济增长的过程中也伴随着宏观经济活动不确定性的增加。

5.6 本章小结

关于中国房地产市场不确定性指数的研究，目前还没有文献进行指标构建和系统分析。现有文献对不确定性的研究多是通过 Jurado 等（2015）的二步法测算共同波动率和采用 Baker 等（2015）的文本分析捕捉政策不确定性，而且对房地产市场的研究也多是不确定性如何间接影响房地产价格等问题，没有研究房地产市场不确定性如何影响宏观经济活动。因此，本书使用含随机波动率的双因子 FAVAR 模型测算房地产不确定指数和非房地产不确定性指数，并分析两者对宏观经济活动的影响，研究发现房地产不确定性对货币政策（M2）以及房地产市场的金融类变量有着重要影响，不确定性增加带来金融风险的增加。房地产不确定性与政策不确定性存在经济含义上的不同，前者是反映房地产市场综合发展的波动特征，后者是捕捉政策热点的重要程度。而非房地产不确定性指数对宏观经济活动具有较强的预测能力，能够捕捉宏观经济波动的主要特征。

基于此，本书认为房地产市场不确定是金融市场风险

第5章 不确定性对经济波动的影响及相关作用机制

最重要因素，房地产市场的快速发展直接影响其融资规模和投资规模的扩大从而导致金融市场风险增加。金融市场风险进一步冲击宏观经济尤其是实体经济，而包括房地产在内的实体经济的风险反过来又影响金融市场从而进一步增加房地产的不确定性，形成经济不确定的螺旋上升。政府部门应当加强对房地产市场风险的预期管理，构建房地产市场风险评价模型和风险实时监测系统，对房地产市场发展特征及状况进行精准把握；其次，房地产市场不确定性重点反映在金融类资产风险的不确定性。政府应该对房地产市场的金融类资产风险的管控，厘清房地产市场不确定性通过房地产金融类资产影响金融市场，进而冲击整合宏观经济的传导机制。当然，房地市场不确定性与金融市场不确定有着内生性相互作用机制，如何识别两者的区别是需要进一步考虑的。同时，在研究房地产不确定性对宏观经济活动的影响主要是从实证视角进行探究，构建理论模型是下一步研究方向。

第6章 经济结构视角下行业TFP与经济波动相互作用机制

"提高全要素生产率是高质量发展的动力源泉"。本章从全要素生产率（TFP）视角研究TFP的影响因子对经济波动的冲击效应和传导机制。根据第四章的研究结论，虽然劳动力市场、国际贸易和资本市场的扭曲冲击对不同时期宏观经济波动表现形式不同，但是影响宏观经济波动的最重要因素一直是全要素生产率（TFP）。因此，本章重新对中国1978—2018年间的全要素生产率（TFP）进行测算，从全要素生产率的视角来进一步定量研究是什么因素通过影响全要素生产率（TFP）来影响宏观经济经济波动以及彼此之间的传导机制。

6.1 引言

改革开放四十多年以来，中国经济已由高速增长阶段转向高质量发展阶段，正处在转变发展方式、优化经济改革、转换增长动力的攻关期。2012年以来中国经济增长速度开始出现回落，从2011年的9.5%下滑到2012年的7.7%，再到2015年的

第6章　经济结构视角下行业 TFP 与经济波动相互作用机制

6.7%，中国经济进入经济发展"新常态"。在"新常态"下，国内经济环境不容乐观，人口红利逐渐消失，人口老龄化严重，劳动力成本上升，资本回报率下降，民间投资增长率持续较低，经济结构扭曲等现象开始凸显，中美贸易战升级，欧美国家政治、战略等不确定因素增加，国内外因素共同导致了中国经济发展的不确定性。因此，党的十九大报告中提出经济发展的三个变革——质量变革、动力变革和效率变革，三者之间是高度统一的，其核心就是效率的提升，即全面提高全要素生产率。提高全要素生产率就是经济更加高质量的发展，而全要素生产率与实现更高质量、高有效、更加公平、更加可持续发展，以及建立现代化经济体系有着直接关系。那么，对全要素生产率的评估、测度、比较和路径提升等方向的深度理解是挖掘新时代下我国经济发展新动能的重要渠道和手段。

全要素生产率（Total Factor Productivity，TFP）是一个重要的宏观经济概念，它是一个经济增长质量的重要指标和依据，在一国和地区的经济和社会发展中发挥着重要作用。对 TFP 的最初研究始于丁伯根（Tibergen，1942）和索洛（Solow，1957）[1]在新古典框架下研究"索洛余值"对经济增长的贡献。此后，丹尼森（Denison，1967）[2]和乔根森（Jorgenson，1967）[3]对全要素生产率的测度做出了重要贡献。全要素生产率（TFP）是指扣除资本投入和劳动投入的贡献以外，其他所有能够实现经济增长的因素贡献的总和，其来源包括技术进步、产业

---

[1] Solow, M., Technical Change and the Aggregate Production Function [J]. Review of Economics and Statistics, 1957, Vol. 39, PP312—320.

[2] Denison, F., Why Growth Rates Differ: Post－war Experience in Nine Western Countries [J]. Washington Brooking Institution, 1967.

[3] Jorgenson, W., Grillches, Z., The Explanation of Productivity Change [J]. Review of Economic Studies, 1967, Vol. 34, PP249—283.

结构调整，规模经济、资源配置、政策法律、管理决策、教育进步和随机因素等。全要素生产率的变化可以分为技术进步率、技术效率变化、规模效率变化和产业结构调整变化[①]。自从克鲁格曼"东亚增长奇迹"一文发表以后，对全要素生产率的研究吸引了更多学者的目光。

中国经济虽然经历了高速增长时期、经济转型过程和经济大幅波动阶段并正在经历着。中国同时存在着区域经济发展不平衡、资源配置效率低、产业结构不合理、经济增长进入"新常态"等诸多问题。面对这些经济问题，许多学者从TFP入手，寻找宏观经济问题的答案。张军和施少华[②]（2003）最早使用C-D生产函数法对我国从1952—1998年的TFP进行测算并对TFP的波动特征进行了研究。回顾最新研究文献，对全要素生产率研究的文章主要集中在①全要素生产率的再测度体现在测度方法的创新[③]。②对全要素生产率影响因素的研究，郑丽琳、朱启贵（2013）[④]将能源环境约束下的经济增长问题直接推动了全要素生产率的深层研究，研究表明：规模因素、管理因素、科技因素、涉外因素等对TFP变化存在着正向影响，结构因素则存在负向冲击。袁志刚、解栋栋（2011）[⑤]分析了改革开放以来，劳动力错配对TFP有着明显的负效应。③全要素生产率对经济

---

① 刘光岭，卢宁. 全要素生产率的测算与分解：研究综述[J]. 经济学动态，2008（10）：79-82.

② 张军，施少华. 中国经济全要素生产率变动：1952-1998[J]，世界经济文汇，2003（2）.

③ 张少华，蒋伟杰. 中国全要素生产率的率的再测度与分解[J]. 统计研究，2014（3）：54-60.

④ 郑丽琳，朱启贵. 纳入能源环境因素的中国全要素生产率再估计[J]. 统计研究，2013（7）：9-17.

⑤ 袁志刚，解栋栋. 中国劳动力错配对TFP的影响分析[J]. 经济研究，2011（7）：4-17.

增长率的贡献性。翁娱娱，高汝嘉（2011）[①] 利用中国 1978—2008 年的数据，选取新古典模型、有效劳动模型以及人力资本外部性增长模型的生产函数模型对经济增长进行研究，发现经济增长的动力不足，主要来源全要素生产率的下降；蔡昉（2013）[②] 针对中国经济的实际特征（劳动力短缺和工资持续提高等），提出中国亟须通过政策调整，形成国内版的"雁阵"模型和"创造性毁灭"的政策环境，以全要素生产率来驱动经济增长。④全要素生产率对宏观经济波动的影响。陈国进、晁江峰等（2014）[③] 构建了包含灾难风险因素的 RBC 模型，通过区分 TFP 灾难、资本灾难和双重灾难三种形式，分析灾难风险因素对我国经济波动的解释能力，为 TFP 的细化做了初步尝试。（文献更新。）

首先，不可否认，这些研究对宏观经济政策的制定与调整都起到了重要的参考作用，但是对国内全要素生产率的研究还存在着一些不足。无论是对 TFP 的测度还是对 TFP 影响因素的分析，研究者在结论上还存在着分歧。其次，大多数研究更多关注于 TFP 对经济增长和经济波动的贡献问题，而很少细化 TFP 的因素，使用 TFP 分解的影响因素来解释对经济增长和经济波动的贡献程度。

真实经济周期（RBC）理论认为当技术进步给总量生产函数带来正向冲击时，劳动和资本等经济变量的相对价格将会发生变化，理性预期的经济主体将对消费和劳动供给进行相应的调整，

---

① 翁媛媛，高汝熹. 中国经济增长动力分析及未来增长空间预测 [J]. 经济学家，2011（8）：65-74.

② 蔡昉. 中国经济增长如何转向全要素生产率驱动型 [J]. 中国社会科学，2013（1）：57-72.

③ 陈国进，晁江峰等. 罕见灾难风险和中国宏观经济波动 [J]. 经济研究，2014（8）：55-66.

由此导致产出和就业等经济变量波动，进而引起宏观经济整体波动。Prescott（1986）用全要素生产率的短期变化表示技术冲击，标准 RBC 模型模拟的结果很好地重现了二战后美国经济波动的许多重要特征。虽然中国学者也这方面做过中国经济波动的研究和跟进，但是我们知道 TFP 是一个综合概念，用技术进步代表全要素生产率是不全面的。那么，如何对全要素生产率进行细分？哪些因素影响全要素生产率的变化？这些因素又是如何通过 TFP 来影响 GDP 总量的波动？对 GDP 总量波动的贡献程度是多少？这些问题是本节研究的目的。

本章首先对全要素生产率（TFP）进行测算并将结果与其他研究者的结果进行比较，进一步，参考最新关于 TFP 的影响因素的研究文献总结影响全要素生产率的主要因素。其次，构建一个因子增广向量自回归模型（FAVAR）模型从 32 个影响因素中提取 5 大类共同影响因子，分析 TFP 的共同影响因子对 GDP 的冲击效应和波动贡献度。这些结论对宏观经济波动政策制定提供理论支持。

6.2 总量生产率（TFP）的测算

在第四章中，研究宏观经济波动的影响因素时，我们发现虽然资本、劳动以及国际贸易有一定的作用，但是主要影响因素仍然是全要素生产率。而全要素生产率（Total Factor Productity，TFP）在宏观经济研究领域也是一个重要的概念。全要素生产率也称索洛残差，是指各要素（如资本和劳动等）投入之外的技术进步对经济增长贡献的因素，是估算总量生产函数时所得到的残差。所说的技术进步是广义的技术进步，既包括生产中使用的硬技术，也包括生产中使用的软技术如要素配置效率、规模经济、组织管理及经济机制等因素。为了更好地弄清楚 TFP 如何影响

第6章 经济结构视角下行业 TFP 与经济波动相互作用机制

经济周期波动的机理,首先,我们需要对全要素生产率(TFP)进行测算,分析其周期波动特征以及它与总产出周期波动之间的关系。

6.2.1 全要素生产率研究的国内外评述

全要素生产率(Total Factor Productivity,简称 TFP),是指产出增长中不能由要素投入增长所解释的部分,通常将其与技术进步、专业化和规模经济等非要素投入原因联系起来,反映经济运行的效率。考虑到研究产业和细分行业的 TFP 测算以及驱动因素,本文从宏观和行业 TFP 测算及影响因素分析的视角对现有研究文献进行评述。

全要素生产率(TFP)评估和测度方法的进展。

改革开放以来,尤其是亚洲金融危机以后,国内大量学者对全要素生产率的研究逐步开展。在初期,国内主要是以总量全要素生产率的研究为主,张军和施少华(2003)采用 Solow 余值法为研究中国不同阶段的全要素生产率。随着测量方法的不断完善(Fare,1994;O'Donnell,2008),有更多的学者对中国全要素生产率进行了再测算。李宾和曾志雄(2009)通过要素收入份额可变的增长核算法,测算了我国改革开放以来的全要素生产率增长率;张少华和蒋伟杰(2014)采用基于投入冗余的全要素生产率指数来重新测度和分解中国 1985—2009 年的全要素生产率。蔡跃州、付一夫(2017)将宏观全要素增长率进行分解,从技术进步的技术效应和要素流动配置的结构效应分析中国改革开放以来中国经济增长不同阶段的增长动力,研究发现中国经济增长得益于后发优势,未来保持中国经济中高速增长、提高经济增长质量的最重要支撑是宏观和产业 TFP 的增长。同时,中国经济的快速发展也引起了国际经济学界的研究兴趣。Chow(1993)首次对中国经济增长源泉进行了深入分析;Borensztein(1996)在

Chow 的基础上，研究了改革开放后的中国，并认为虽然全要素生产率对改革后的中国经济作为了很大贡献，然而由于技术进步所造成的纯生产率增长却是很低的。Hsieh & Klenow（2009）研究了资源错配对中、印两国全要素生产率的影响。不同行业或部门的全要素生产率研究也是学者们的研究的重点。对于行业部门的全要素生产率研究覆盖较广，但主要以研究工业部门和银行业较多。李胜文和李大胜（2008）基于中国 34 个工业细分行业面板数据，运用三阶段投入的随机前沿生产函数，分别测算工业及其细分行业的全要素生产率增长率。钟世川（2014）从技术进步偏向角度出发，利用 CES 生产函数研究了中国工业行业的全要素生产率。蔡跃洲和郭梅军（2009）、张健华和王鹏（2010）采用 DEA-MI 指数发现中国上市银行全要素生产率总体略有下降，其中技术变化出现下降，而纯技术生产率和规模生产率略有提高。

关于全要素生产率的驱动影响因素，不同学者对全要素生产率影响因素的研究侧重点不同，采用的分析方法不同则其选择的相对应的指标也就不尽相同。总体上，包括研究和开发、人力资本和基础设施等要素禀赋投入，以及经济开放度和市场化等制度环境因素。李小平和朱钟棣（2006）运用对中国工业行业数据研究发现 R&D 对工业行业的技术效率及全要素生产率起阻碍作用，而通过国际贸易渠道的 R&D 溢出促进了工业行业的技术进步、技术效率和生产率增长。王玲（2008）认为 R&D 的提高有利于提高进口技术吸收能力的作用，促进高新技术企业的全要素生产率进一步提高。孙晓华等（2012）以我国制造业为研究对象，研究发现产业间、国际贸易与外国直接投资渠道下 R&D 溢出对行业 TFP 均存在显著的正效应，行业自身 R&D 投资却具有一定的抑制作用。何元庆（2007）研究了人力资本、进出口以及外商直接投资对技术效率、技术进步以及全要素生产率增长的影响。尹希果（2008）认为外商直接投资和国际贸易显著地促进了中国全要素生产率的增长，并主要通过与人力资本相结合来实现，且主要体现在促进了技术的进步，而对技术效率的改善作用不明显。叶明确、方莹（2013）发现出口额对本地区的全要素生产率增长没有显著的影响。樊纲、王小鲁、马光荣（2011）则认为中国作为重要的转轨国家，全要素生产率在1997—2007年间增进的39.2%是由市场化贡献的。TFP测算主要有增长核算法、生产函数法、随机前沿分析法以及数据包络分析等方法，其中，数据包络分析法由于不需要对生产函数结构做先验假定、不需要对参数进行估计、允许无效率行为存在、能对全要素生产率变动进行分解等优点，被广泛应用于行业生产效率测算，能够较好地解释了各行业部门的发展变化情况。而对于全要素生产率变动的影响因素的研究也不断地补充和完善，逐渐形成了以R&D、人力资本、外商直接投资以及进出口、市场化等方面的研究角度。

全要素生产率（TFP）的变化主要体现在技术进步和技术效率提升两个方面，而科技创新、经济结构转型升级和深化经济体制改革则是三个重要手段。从宏观层面，科技创新是推动技术进步的最直接手段，在科技创新方面，发达国家由于技术创新处于全球技术前沿，只能不断地研发和自主创新，而发展中国家处于追赶和跟跑阶段，除自主创新外，还可以借助国外技术转移，通过"引进—消化—吸收—再创新"的方式提升本国的前沿技术水平。那么，哪些因素影响了科技创新和技术成果的转化呢？首先，需要有持续充足的R&D经费投入，包括基础研究投入和技术开发投入。系统性、有组织的现代科研院所的研究成果都是有大量R&D经费投入作为保障支出（Isaksson，2007；Syverson，2011）[5]－[6]。其次，需要有充足的人力资本积累。无论是自主创新还是模仿创新，都需要大量人力资本积累，人力资本主要体现在研发人员数量和研发人员综合素质，后者包括个体的知识储备、研发经验、创新能力、对新技术的消化吸收能力等。第三，需要配套相关体制机制，例如，科研经费分配管理机制、收入分配机制、技术转移扩散通道和知识产权及法律制度的完善等（Keller 和 Yeaple，2003）。从中观层面，经济结构优化表现在技术效率提升，通过产业结构、区域结构、分配结构和贸易结构等结构转型手段来优化资源要素的重新配置，调高要素资源的利用效率，例如，产业结构主要表现为产业结构的合理化和高级化，从行业内部来看就是从 TFP 低的行业向 TFP 高的行业转型升级。区域结构主要包括城镇化、区域协调、统筹城乡等，我国城镇化率对人力资本的提升和生产要素的优化配置起了重要作用。从微观层面，首先，厂商通过努力改善、优化企业的生产活动从而提升投入产出效率和 TFP 增长。例如，改善企业内部管理组织模式，通过提升生产经营管理增加要素间的协同性。其次，提高企业员工素质。企业员工素质是管理水平和技术效率的重要因素。第三，企业应该完善信息通信技术的现代化。大量研究表明，信息通信技术能够提高要素之间的协同性，而从带来 TFP 增长（Bartel，Ichniowski and Kathran Shaw，2007）。

6.2.2 变量选择和数据处理

结合现有 TFP 测算的文献研究，本文分别使用索罗余值法测算深圳市整体的 TFP 及增长率。考虑到不同区域和行业的生产函数的不一致性，研究使用 DEA－MI 模型对深圳市六区和产业及细分行业的全要素生产率进行测算和分析。进一步，探讨导致 TFP 变化的途径及影响映射，并使用 Tobit 模型对影响因素进行实证研究，具体方法如下。

采用生产函数 C－D（柯布－道格拉斯）函数，在两个投入要素下，其函数形式为：

$$Y_t = A_0 \, e^{rt} \, K^\alpha \, L^\beta \tag{6.2.1}$$

其中，α 和 β 是分别代表资本和劳动的产出弹性。对生产函数两边取对数，可得：

$$\ln Y_t = \ln A_0 + rt + \alpha \ln K_t + \beta \ln L_t \qquad (6.2.2)$$

当 $\alpha+\beta=1$ 时，该生产函数为规模报酬不变，则有：

$$\ln\left(\frac{Y_t}{L_t}\right) = \ln A_0 + rt + \alpha \ln\left(\frac{K_t}{L_t}\right) \qquad (6.2.3)$$

对方程（2）和（3）进行回归，可以得到资本和劳动的产出弹性 α 和 β，正规化可得：$\alpha^* = \alpha/(\alpha+\beta)$，$\beta^* = \beta/(\alpha+\beta)$。定义全要素生产率为：

$$TFP_t = \frac{Y_t}{K_t^{\alpha^*} L_t^{\beta^*}} \qquad (6.2.4)$$

第 t 年的 TFP 增长率为：

$$TFP_t = \frac{TFP_t}{TFP_{t-1}} - 1 \qquad (6.2.5)$$

从测算方法中，可知为了测算 TPF，需要确定总产出 Yt、资本存量 Kt、就业人数 Lt 的数据序列和 α、β 的参数值。全要素生产率是衡量某一时期静态的经济效率水平，全要素生产率的增长率是指总产出增长率减去要素加权投入增长率的余值，是衡量经济增长效率变化的动态指标，即反映动态的经济增长效率水平。

总产出以不变价格的 GDP 作为衡量经济增长产出的指标，按照 1979 年不变价格进行调整。劳动投入虽然发达国家通常使用工作时间来对劳动投入进行质量和效率的调整，但是由于我国统计资料的缺失，本文使用历年劳动投入指标来替代。对资本存在的测算是本节的一个重难点。对我国资本存量进行估算的文献大多采用的是简化的永续盘存法，即

$$K_t = \frac{I_t}{P_t} + (1-\delta) K_{t-1} \qquad (6.2.6)$$

其中，K_t 是 t 期以其中，Kt 是 t 期以基年不变价格计价的

实际资本存量；It 是以当期价格计价的投资额；Pt 是 t 期定基价格指数；参数 δ 是折旧率。

6.2.3 测算和结果分析

为了测算全要素生产率（TFP）的值，我们需要利用最小二乘法对方程（6.2.3）进行回归分析，计算出资本和劳动弹性 α 和 β，进而计算全要素生产率。利用 Eviews 7.2 软件采用最小二乘法对模型进行回归，其结果如下：

$$\ln\left(\frac{Y_t}{L_t}\right) = -67.71\ln A + 0.0335t + 0.583\ln\left(\frac{K_t}{L_t}\right)$$

11.64 0.0058 0.0621

$t = (-5.81)(5.75)(9.39)$

$R^2 = 0.991$，调整后的 $R^2 = 0.989$，$F = 1723.12$。

根据参数 $\alpha = 0.583$，可知 $\beta = 0.417$，将参数 α 和 β 代入方程（6.2.4）、（6.2.5）得到 TFP 的值和 TFP 的增长率，具体结果如表 6.1。

表 6.1 全要素生产率及增长率

年份	全要素生产率	TFP 增长率（%）	年份	全要素生产率	TFP 增长率（%）
1978	0.28	—	1997	0.45	4.78
1979	0.28	1.36	1998	0.46	3.48
1980	0.27	−2.60	1999	0.48	3.45
1981	0.27	−2.44	2000	0.51	5.82
1982	0.27	−0.40	2001	0.53	4.47
1983	0.27	3.24	2002	0.55	3.51
1984	0.30	8.99	2003	0.56	3.32
1985	0.32	6.05	2004	0.59	3.67
1986	0.32	−0.60	2005	0.60	2.99

第6章 经济结构视角下行业 TFP 与经济波动相互作用机制

续表

年份	全要素生产率	TFP 增长率（%）	年份	全要素生产率	TFP 增长率（%）
1987	0.32	1.00	2006	0.62	3.63
1988	0.31	−2.81	2007	0.66	6.03
1989	0.28	−9.81	2008	0.66	−0.01
1990	0.27	−3.40	2009	0.65	−2.57
1991	0.29	7.74	2010	0.67	3.28
1992	0.33	14.53	2011	0.68	1.69
1993	0.36	9.51	2012	0.66	−2.44
1994	0.39	6.12	2013	0.65	−1.94
1995	0.41	4.78	2014	0.63	−2.71
1996	0.43	5.04			

为了确定本书测算的 TFP 的合理性，将 TFP 增长率测算的结果与赵志耘，杨超峰[①]的测算结果进行比较，我们发现全要素生产率增长率趋势基本一致，仅存在较小的偏差，偏差原因来源于选择资本存量及估计方法的不同，在劳动力和资本要素投入数据处理的方法，具体如图 6.1 所示。

从图 6.1 中发现，1994 年以前，中国全要素生产率增长率的波动主要受自身制度改革的影响。随着宏观政策的变化而波动，在 1989 年的增长率为−9.81%，到 1992 年其增长率高达 14.53%。1992 年后，随着社会主义市场经济体制的确立，对外开放的步伐加快，自身经济体制更加稳定，外部因素对中国全要素生产率的影响力逐渐增强，包括 1997 年的东南亚金融危机对其冲击作用也非常小。2001 年加入 WTO 以后，全要素生产率

---

① 赵志耘，杨朝峰. 中国全要素生产率的测算与解释：1979—2009 年 [J]，财经问题研究，2011（9）：3—12.

增长率进入一个稳定阶段，但在 2008 年全球经济危机的冲击下，全要素生产率增长率进入负增长时代。2010 年、2012 年在财政政策和货币政策刺激下，TPF 的增长率再次回升，但是中国经济正处在经济周期的下降阶段，三重经济周期的叠加阶段，经济增长进入"新常态"，TFP 的增长率也相对回落。总体上来看，TFP 增长率处于波动状态，阶段性的呈现上升和下降趋势，但是 TFP 增长率的波动变化由减小的趋势，增长率波动程度越来越平稳，从一定程度上说中国 TFP 波动由以前宏观经济政策影响正慢慢转向由市场经济影响的阶段。

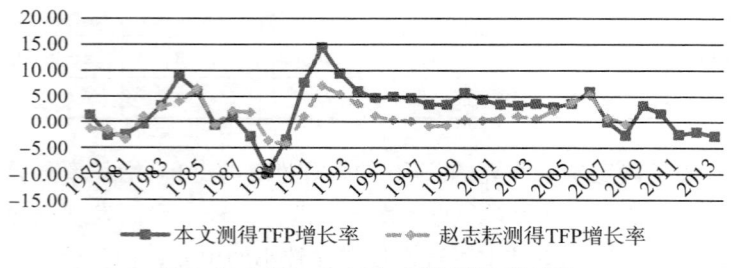

图 6.1 1978—2014 年中国 TFP 增长率

通过上面对 TFP 增长率波动的分析，可以发现 TFP 增长率的波动特征与 GDP 增长率波动的特征具有高度一致性，为了研究 TFP 和总产出经济周期波动的相关性，对 TFP 和真实 GDP 使用 CF 滤波，得到 TFP 和真实 GDP 的周期成分，并对两者的经济周期波动特征进行了描述，具体如图 6.2 总产出和 TFP 的经济周期波动特征。可以看到：TFP 的波动上升时，总产出的波动也上升，TFP 的波动周期下降是，总产出的波动也下降，其两者之间具有较强的相关性，其相关系数为：0.836。结合第四章研究，知道中国经济波动主要因素一直是全要素生产率的冲击作用，那么，全要素生产率是一个综合性概念，如何分解全要素生产率？什么经济因素影响全要生产率，它们又是如何通过全

第6章　经济结构视角下行业 TFP 与经济波动相互作用机制

要生产率来影响总产出的波动？其间的传导机制又如何？这些问题是下一节我们将要解决的问题。

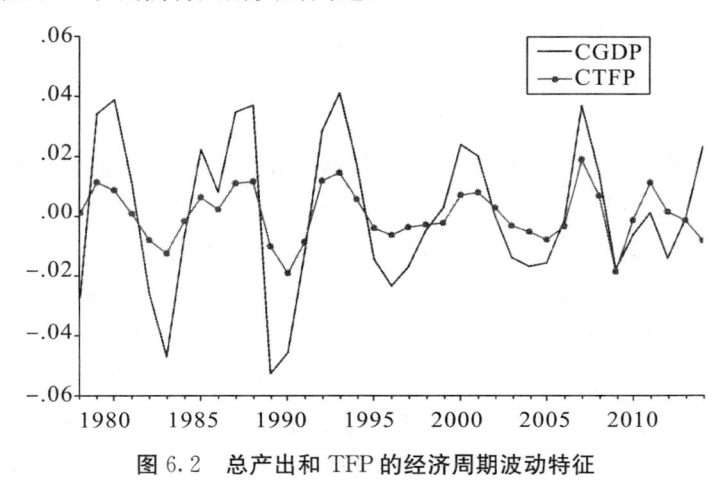

图 6.2　总产出和 TFP 的经济周期波动特征

6.3　探讨全要素生产率（TFP）变化的影响因素

在上一节，我们对全要素生产率进行了测度并对 TFP 的周期波动特征进行了分析。全要素生产率（TFP）的周期波动程度有变弱的特征和更加稳定的趋势，重要的是 TFP 的波动冲击是经济总量波动的主要因素，那么，哪些因素影响全要素生产率（TFP），这些因素中又是哪些主要因素在影响总量经济波动？

关于全要素生产率影响因素分析方面的研究主要有：李明智，王雅莉（2005）[①] 选取了资本投入、劳动投入、企业 R&D 投入和公共 R&D 投入这几个指标对我国高技术产业全要素生产

---

① 李明智，王雅莉. 我国高技术产业全要素生产率及其影响因素的定量分析[J]，科学管理研究，2005（6）：34—38.

率及其影响因素进行了定量分析。丁建勋（2009）① 进行的是产业结构与全要素生产率对能源利用效率影响的实证研究，他是从产业结构、人力资本、市场化程度、R&D、外贸依存度以及基础设施条件这六个方面着手研究的。王晓琛（2010）② 选择了人力资本、产业结构、开放度、制度和能源环境这几个指标对西北五省的全要素生产率进行了测度，并在此基础之上和经济增长联系到一起进行了更深一步的研究；池仁勇，杨潇（2011）③ 通过所有制结构、产业结构、研发投入、人力资本和外商投资水平这五个方面对我国区域技术进步贡献率进行了测算并对其影响因素进行了研究分析。赵志耘，杨朝峰（2011）④ 在《中国全要素生产率的测算与解释：1979—2009年》一文中从经济体制的改进、技术引进及自主创新这三个方面进行了全要素生产率的研究。刘华军，杨骞（2014）⑤ 从资源环境约束下考虑中国TFP增长的空间差异和影响因素，研究发现经济发展水平、外贸开放和科技创新水平对TFP有明显的促进作用，产业结构、能源结构和要素禀赋结构等结构因素对TFP增长存在负向影响，而外生直接投资和环境规则水平在统计上表现不明显。袁晓玲、班斓和杨万平（2014）⑥ 对陕西省绿色全要素生产率变得及影响因素进行研

---

① 丁建勋. 产业结构与全要素生产率对能源利用率影响的实证研究[J]. 当代经济，2009（8）：154-155.
② 王晓琛. 从全要素生产率看区域经济增长——以西部五省为例[D]. 兰州：兰州商学院统计学院，2010：37-40.
③ 池仁勇，杨潇. 我国区域技术进步贡献率的测算及影响因素研究—基于指数平滑和向量自回归模型的实证分析[J]，科技进步与对策，2011（11）：123-129.
④ 赵志耘，杨朝峰. 中国全要素生产率的测度与解释：1979—2009[J]. 财经问题研究，2011（9）：3-12.
⑤ 刘华军，杨赛. 资源环境约束下中国TFP增长的空间差异和影响因素[J]. 科学管理，2014（5）：133-144.
⑥ 袁晓玲，班斓，杨万平. 陕西省绿色全要素生产率变动及影响因素研究[J]. 统计与信息论坛，2014（5）：38-42.

第6章 经济结构视角下行业 TFP 与经济波动相互作用机制

究,认为影响全要素生产率的因素主要来自五个方面:产业结构、能源消费结构、市场化程度、政府干预程度及对外开放程度。

通过文献检索与分析,我们发现目前已经有了大量文献对中国 TFP 增长的影响因素进行了研究。对最新且赋有代表性的文献中使用的影响指标进行归类总结,我们发现尽管不同学者采用不同的影响因素指标不同,但总结归类起来主要有经济规模、经济制度、结构因素、技术因素和外部因素五大影响因素,如图 6.3 所示。全要素生产率(TFP)又称索洛残差,是指各要素(如资本和劳动等)投入之外的技术进步对经济增长贡献的因素,是估算总量生产函数时所得到的残差。这里所说的技术进步是广义的技术进步,既包括生产中使用的硬技术,也包括生产中使用的软技术如要素配置效率、规模经济、组织管理及经济机制等因素。可以说全要素生产率是一个综合概念,虽然归纳了五大影响因素但并不可能穷尽所有的影响因素。一般来讲,全要素生产率的变化就是经济系统的效率变化,能够改变经济效率的因素就能影响全要素生产率,接下来我们从经济发展、经济体制、结构因素、技术因素、外部因素五个方面来分析其对 TFP 的影响。

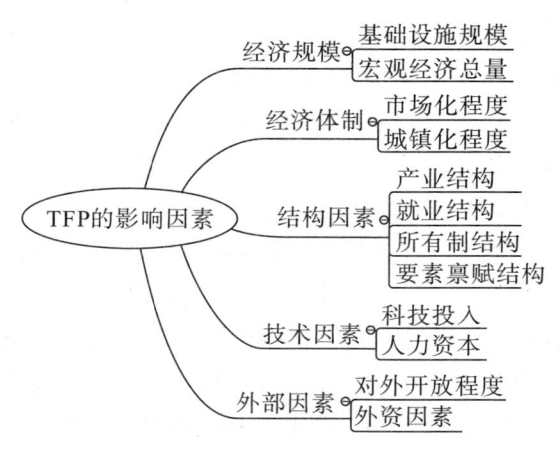

图 6.3 TFP 的影响因素

(1) 经济发展。经济发展包括经济发展的规模和质量。经济规模的大小表示人均占有资源的多少，丰富的物质资源不仅可以提高个体经济活动的效率，而且还为技术创新提供了物质基础。因此，无论是人力资本提高还是创新能力提高都会带来全要素生产率的提高。另一方面，经济规模也不一定对全要素生产率一定是正效应。在经济规模扩大时也要保证经济发展的质量。依靠投资带来的经济规模，在经济质量上需要更加谨慎。

(2) 经济体制。经济体制主要包括市场化程度和城镇化进程两个方法。改革开放以前，我国是一个封闭的计划经济国家，1978年后才进行计划向市场经济转型，推进市场经济体制改革是我国总量经济持续三十多年的高速增长，经济周期波动程度越来越小和稳定。在市场经济体制改革过程，国家实施家庭联产承包制、鼓励非公有制经济发展、推动价格机制改革等措施，其目的是要提高经济效率，也就提高了全要素生产率。城镇化进程是另一种提高经济效率的手段，大量人口从第一产业转移到第二、第三产业，提高产出效率；对于大城市来说有着充足的公共设施、大量物质资本和人力资本，城镇化的程度越高，经济效率也就相应提高，从而提高全要素生产率水平。另外，政府对经济活动的干预程度也是市场化程度的反映。按照新古典经济学，自由竞争条件下，经济活动的效率达到最优，政府干预经济活动会造成效率损失。因此，政府对经济活动的控制力越强，TFP越低。然而，市场并非万能，经济活动中总是存在着市场失灵的状况。政府的干预可以在一定程度上弥补市场失灵造成的无效率，对TFP产生正向影响。因此，政府控制力对TFP的影响取决于，政府对经济活动的干预是造成了效率损失，还是弥补了市场无效。

(3) 结构因素。结构因素主要包括产业结构、就业结构、所有制结构和要素禀赋结构。产业结构的调整是TFP提高的重要原因。由于劳动力大规模地由低生产率的第一产业转移到高生产

第6章 经济结构视角下行业 TFP 与经济波动相互作用机制

率的第二产业和第三产业,即使三次产业的劳动生产率都不提高,全社会的劳动生产率仍然会有较大幅度的提高。所有制结构是指国有企业、集体企业和私有企业占 GDP 比重。现代经济学理论认为私有企业的经济效率比国有企业的高,但是对于一些公共服务领域则需要国家进行干预,因此,合理的所有制结构对 TFP 有提高作用,坏所有制结构则阻碍 TFP 的增加。要素禀赋结构是指资本-劳动比(又称资本深化),要素禀赋结构对 TFP 影响应该是双向的。在资本深化过程,企业可以通过自主创新和引进生产技术来促进技术进步从而提高效率,单位劳动力所使用的资本增加,劳动力素质就会提高,效率也会提高,TFP 增加;另一方面,资本深化可能导致产业从劳动密集型产业向资本密集型产业转型,而资本密集型行业更倾向于高投入、高污染的行业。同时,如果资本深化与自身要素禀赋不符,使要素禀赋之间不能很好地配合而导致 TFP 的下降。

(4)技术因素。技术进步被认为是最重要、最直接影响 TFP 的因素。提高科技与研发投入(R&D)是提高技术进步的一个重要手段,技术进步能促进生产、生活效率的提升,进而导致经济效率的提高,从而影响全要素生产率的变化。人力资本在技术因素中也起着重要的作用。人力资本可以自我提高,通过交流、学习来提高人力资本,人力资本提高是单位劳动力素质得到提升,改善劳动效率,导致全要素生产率的提高。

(5)外部因素。外部因素首先是自然因素,天灾直接导致 TFP 的下降并且是不可控的随机因素,如汶川地震、南方雪灾等。对外开放程度越高,一个国家与其他地区的人员与技术交流就越频繁,技术进步就越快,越有利于提高 TFP。对外贸易还可以通过充分发挥本国的"比较优势"提高资源的利用效率,从而提高 TFP。外商直接投资对 TFP 的影响较为复杂。外商直接投资可以通过外资企业带来的先进技术和管理经验,从而有效地促进技术进步、提高生产效率；外资企业给本国同类企业带来的竞争，可以促使企业改善经营管理水平，增加创新活动，进而提高竞争能力。同时，发达国家也可能将本国不适合生产的资本密集型和劳动密集型企业转移到其他国家，而资本和劳动密集型企业不利于 TFP 的增长。

6.4 全要素生产率（TFP）提升路径分析

从某种意义上来说，TFP 是一个"黑箱"，虽然广义的定义 TFP 就是技术进步。任何未被观测到的因素都可能被归于全要素增长率。TFP 指数可以分解为技术进步和技术效率提升。技术进步是生产前沿界面的外推扩展，表现为科技创新带来的经济生产能力的提升。技术效率提升是实际生产前沿界面和潜在生产前沿界面的差距，主要表现为经济单位的管理效率、经济规模和企业组织结构优化升级等方面。因此，全要素生产率（TFP）的变化主要体现在技术进步和技术效率提升两个方面，而科技创新、经济结构转型升级和深化经济体制改革则是三个重要手段（如图 6 所示）。接下来，本文从宏观、中观和微观三个维度对影响科技创新、经济结构转型升级和经济体制改革的具体措施进行深入探讨。

从宏观层面，科技创新是推动技术进步的最直接手段，在科技创新方面，发达国家由于技术创新处于全球技术前沿，只能靠不断的研发和自主创新，而发展中国家处于追赶和跟跑阶段，除自主创新外，还可以借助国外技术转移，通过"引进—消化—吸收—再创新"的方式提升本国的前沿技术水平。那么，哪些因素影响了科技创新和技术成果的转化呢？首先，需要有持续充足的 R&D 经费投入，包括基础研究投入和技术开发投入。系统性、有组织的现代科研院所的研究成果都是有大量 R&D 经费投入作为保障支出（Isaksson，2007；Syverson，2011）。其次，需要

第 6 章 经济结构视角下行业 TFP 与经济波动相互作用机制

有充足的人力资本积累。无论是自主创新还是模仿创新，都需要大量人力资本积累，人力资本主要体现在研发人员数量和研发人员综合素质，后者包括个体的知识储备、研发经验、创新能力、对新技术的消化吸收能力等。其三，需要配套相关体制机制，例如，科研经费分配管理机制、收入分配机制、技术转移扩散通道和知识产权及法律制度的完善等（Keller 和 Yeaple，2003）。

从中观层面，经济结构优化表现在技术效率提升，通过产业结构、区域结构、分配结构和贸易结构等结构转型手段来优化资源要素的重新配置，调高要素资源的利用效率，例如，产业结构主要表现为产业结构的合理化和高级化，从行业内部来看就是从 TFP 低的行业向 TFP 高的行业转型升级。区域结构主要包括城镇化、区域协调、统筹城乡等，我国城镇化率对人力资本的提升和生产要素的优化配置起了重要作用

从微观层面，厂商通过努力改善、优化企业的生产活动从而提升投入产出效率和 TFP 增长。例如，改善企业内部管理组织模式，通过提升生产经营管理增加要素间的协同性。其次，提高企业员工素质。企业员工素质是管理水平和技术效率的重要因素。再次，企业应该完善信息通信技术的现代化。大量研究表明，信息通信技术能够提高要素之间的协同性，而从带来 TFP 增长（Bartel，Ichniowski and Kathran Shaw，2007）。

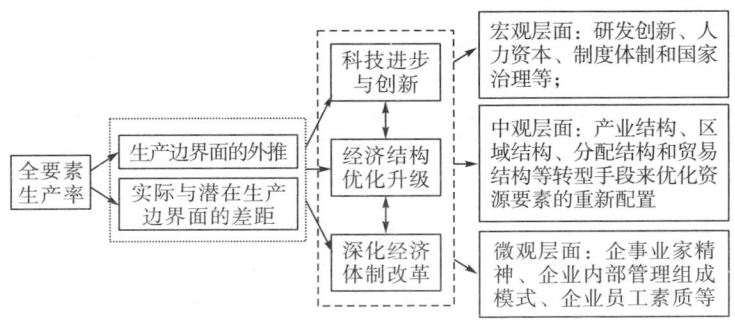

图 6.4 全要素生产率提升路径分析

6.5 基于 FAVAR 模型的经济波动分析

研究影响 TFP 的因素如何影响 GDP 的波动,我们知道 TFP 是一个综合概念,影响它的因素很多[①]。考虑传统计量经济模型在变量数量上不能满足,我们使用 FAVAR 模型对影响 TFP 因素如何影响 GDP 以及直接的传导机制进行研究。VAR 模型的创始人 Sims(1992)很早就指出,VAR 模型所处理的经济变量过少是该模型的主要缺陷之一。FAVAR 模型是由 Bernanke(2006)提出的,用以克服结构 VAR 模型存在的两个缺陷。首先,VAR 模型只适合于对小型数据集进行建模,当变量个数较多时,会遭受"维度诅咒"。其次,小型数据集包含的信息有限,会遇到"非基本性"问题,即由 VAR 模型的信息不能识别结构冲击。Gupta[②]指出,目前运用 VAR、VEC、SVAR 及 DSGE 计量模型最多可以处理 12 个经济变量,显然无法全面的反应宏观经济信息。Stock 和 Watson[③](2002)、Giannone 等[④](2008)和 Doz[⑤]等(2006)分别证明 FAVAR 模型对处理

[①] 赵志耘,杨朝峰. 中国全要素生产率的测算与解释:1978-2009 年[J]. 财经问题研究,2011(9):3-12.

[②] Gupa R, Marius J, Kabundi A. The Effect of Monetary Policy on Real House Price Growth in South Africa: A facor-augmented Vector Auto regression (FAVAR) Approach [J]. Economic Modeling, 2010 Vo. 27. pp 315-323.

[③] Stock J H, Watson M W. Forecasting using principal components from a large number of predictors [J]. Journal of the American statistical association, 2002, 97(460):1167-1179.

[④] Giannone D, Reichlin L, Small D, Nowcasting: The real-time informational content of macroeconomic data [J]. general information. 2008, 55(4):665-676.

[⑤] Doz C, Giannone D, Reichlin L. A quasi maximum likelihood approach for large approximate dynamic factor models [J]. Lucrezia Reichlin, 2006, 94(4):1014-1024.

第 6 章 经济结构视角下行业 TFP 与经济波动相互作用机制

高维时间序列数据上比其他模型有优势，得出的结果更加准确。在国内，王胜、陈继勇（2010）[1]利用 FAVAR 模型，收集了几乎涵盖所有宏观经济的 43 种中国指标数据和 70 种美国指标数据，全面地定量研究了 1993—2007 年中美两国的经济关系。沈悦、周奎省和李善燊（2011）[2]利用 FAVAR 模型对房价在货币政策传导机制中的有效性进行了实证研妃。李巧、肖继五和崔建军（2012）[3]运用 FAVAR 模型对人民币升值能否纠正中国国际收支失衡问题进行了分析。周巧成、朱孝侦和原燕东（2012）[4]基于 FAVAR 模型分析中国货币政策对股票价格的影响。尹力博和韩立岩（2012）基于 FAVAR 模型全视角分析了外部冲击对 PPI 指数的结构性传导。这些研究[5]也表明 FAVAR 模型对经济问题的研究得到学者们的认可，其研究结果比 VAR 模型得到的结构更加合理有效。

全要素生产率冲击是我国实际经济波动的主要来源，从而也意味着我国经济增长主要得益于全要素生产率的不断提高，但我们在第四章没有说明全要素生产率冲击来自哪里。按照新古典增长理论对全要素生产率的分解，全要素生产率提高可以分解为资源配置效率的改善、规模经济和资本利用效率的提高、知识技术的进步以及其他因素。如何核算这些因子对全要素生产率的贡献

---

[1] 王胜，陈继勇. 中美经济关系、汇率制度与中国汇率政策——基于 FAVAR 模型的实证分析 [J]，数量经济技术经济研究，2010：95-106.

[2] 沈悦，周奎省，李善燊. 利率影响房价的有效性分析——基于 FAVAR 模型 [J]. 经济科学，2011：60-69.

[3] 李巧，肖继五，崔建军. 人民币升值能否促进中国国际收支基本平衡？——基于 FAVAR 模型的分析 [J]. 国际金融研究，2012：30-39.

[4] 周巧成，朱孝械，原燕东. 中国货币政策对股票价格的影响——基于 FAVAR 模型的分析 [J]. 当代经济研究，2012：80-84.

[5] 花秋玲，胡苗，李子鹏. 影响我国通货膨胀的汇率传导渠道——基于 FAVAR 模型的实证分析 [J]. 经济问题探索，2014（7）：82~86.

以及这些因子如何影响 GDP 的波动是本节研究的重点。

6.5.1 指标选取与数据处理

结合上一节对影响 TFP 因素的初步分析，从经济规模、经济体制、结构因素、技术因素和外部因素及政府能力等六个方面共选取 32 个指标。①经济体制方面：非国有经济就业人数占城镇总就业人数的比例、非国有经济在全社会固定资产总投资中所占比重、经济建设费占财政支出比重、国有企业和集体企业的产值占全社会产出总值的比重、非国有经济在工业总产值中的比重、商品零售环节中价格由市场调节的比例、生产资料出厂价格由市场调整的比例和城镇人口占总人口比重。②结构因素方面：工业产值占 GDP 比重、第二产业占 GDP 比重、第三产业占 GDP 比重、城乡消费水平对比、第二产业就业人数占总就业人数比例、第三产业就业人数占总就业人数比例、能源消费总量占 GDP 比重、标准化道路里程与人口的比重和资本劳动比。③技术因素：R&D 经费投入、财政支出中用于科研的人均经费支出、科研活动人口占总人口数比重、教育经费收入、人均受教育年限。④外部因素：进口占 GDP 比重、出口占 GDP 比重、专利申请受理数（件）、合同利用外资项目数、外商直接投资占 GDP 比重和外国技术引进经费。⑤经济规模：人均 GDP（元）、居民消费水平（元）、旅客年周转量（亿人公里）、货运量（万吨）、医疗卫生机构数（个）和标准化道路里程与人口的比重。⑥政府能力：政府财政支出占 GDP 比重。为了数据的可获得性，本章使用 1978 年至 2014 年的年度数据，由于时间跨度较大，数据主要来源于中国统计局、中宏数据库、Wind 数据库、中国人民银行网和中经网统计数据库。

FAVAR 模型要求 X_t 的所有变量都是 I（0），且均值为 0，因此在进行模型估计之前，首先需要对所用变量进行单位根检验，对不平稳定的序列需要数据变化。根据 Bernanke 等（2005）的做法，视量纲对原数据进行变换，变换方式主要包括以下五种方法（x_t 为变换前序列，$\tilde{x}_t$ 为变换后序列）：①取水平值 $\tilde{x}_t = x_t$；②取对数 $\tilde{x}_t = \ln(x_t)$；③取对数后一阶差分 $\tilde{x}_t = \ln(x_t) - \ln(x_{t-1})$；④取对数后做二阶差分 $\tilde{x}_t = \ln(x_t) - 2\ln(x_{t-1}) - \ln(x_{t-2})$；⑤取原数据一阶差分序列 $\tilde{x}_t = x_t - x_{t-1}$。对于缺少数据根据时间序列一阶自相关性进行外推来获得。

6.5.2 FAVAR 模型的设定和估计

6.5.2.1 模型设定

运用 FAVAR 模型分析全要素生产率的影响因素对总产出的经济波动的冲击效应和传导机制。根据 Bernanke 等[①]的思想，假设 F_t 为 $K \times 1$ 不可观测的影响经济周期波动的市场经济体制及经济结构等变量向量，R_t 是 $M \times 1$ 可观测的总产出波动向量，其动态过程如下设定：

$$\begin{bmatrix} F_t \\ R_t \end{bmatrix} = \Phi(L) \begin{matrix} F_{t-1} \\ R_{t-1} \end{matrix} + \upsilon_t \qquad (6.5.1)$$

其中，$\Phi(L)$ 为 P 阶滞后算子多项式，υ_t 是均值为 0，协方差矩阵为 Q 的随机误差项。

由于 K 维宏观经济波动因子 F_t 不可观测，我们需要借助宏观经济分析中广为使用的动态因子模型来估计。假设 X_t 为 N 维宏观经济信息集，X_t 不仅包含了与调控政策相关的经济信息因子 F_t 及房地产价格波动因子 R_t，同时还包含了特质因子 u_t。假定 X_t 可以由 F_t、R_t 线性给出，F_t 和 R_t 共同构成宏观因子 C_t，

[①] Bernanke, B. S., Boivin, J and Eliasz. Measuring Effects of Monetary Policy: A Factor-Augmented Vector Autoregressive (FAVAR) Approch. Quarterly Journal of Economics, 2005, 120 (1), 387~422.

其具体形式如下：

$$X_t = \Lambda C_t + u_t = \Lambda^f F_t + \Lambda^r R_t + u_t \quad (6.5.2)$$

其中，Λ^f 是 $N \times K$ 的宏观经济制度和经济结构的因子载荷矩阵，Λ^r 是 $N \times 1$ 的总产出波动的因子载荷矩阵。

对于 Ft 的估计，Boivin[①]（2009）等提出了一种新的反复迭代估计法，其基本思想是首先对 X_t 进行主成分法提取 K 个主成分因子 F_t^0，再用 X_t 对 F_t^0 和 R_t 进行回归估计出 R_t 的初始系数 Λ^{r0}，计算 $X_t^0 = X_t - \Lambda^{r0} * R_t$。其次对 X_t^0 提取 K 个主成分因子 F_t^1，将 X_t^0 对 F_t^1 和 R_t 进行估计。通过上述方法进行反复迭代多次估计，最终将 X_t 中由 R_t 解释部分完全剔除得到最终的估计 F_t。

方程（6.5.1）和（6.5.2）共同构成了 FAVAR 模型。将最终估计的 Ft 代入方程（1），我们可以得到一个标准的 VAR 模型：

$$\Gamma(L) \begin{bmatrix} F_t \\ R_t \end{bmatrix} = u_t \quad (6.5.3)$$

根据方程（3）可以得到 F_t 和 R_t 的脉冲响应函数为：

$$\begin{bmatrix} F_t \\ R_t \end{bmatrix} = \Gamma(L)^{-1} u_t \quad (6.5.4)$$

根据方程（2）可以得到 X_t 的脉冲响应函数为：

$$X_t = [\Lambda^f \ \Lambda^r] \Psi(L) u_t \quad (6.5.5)$$

6.5.2.2 因子数确定和估计

估计 FAVAR 模型（6.5.1）和（6.5.2），首先需要确定（6.5.2）中共同因子的个数 k。Bai 和 Ng（2006）[②] 的信息准则在增加因子的成本和收益之间进行权衡取舍：

---

① Boivin, J., M. P. Giannoni, and I. Mihov, Sticky Prices and Monetary Policy: Evidence from Disaggregated US Data, American Economics Review, 2009, Vol. 99, 350—384.

② Bai, J and S. Ng, Confidence Intervals for Diffusion Index Forecasts and Inference for Factor—Augmented Regressions, Econometrica, 2006, Vol. 74, 1133—1150.

$$IC(k) = \ln V_k(\hat{\Lambda}, \hat{C}_t) + k * g(N, T) \qquad (6.5.6)$$

$g(N, T)$ 为给定的惩罚函数,最小化目标函数(6.5.6)得到因子个数 k 的估计。具体步骤为:对任意 k,直接使用主成分法估计模型(6.5.2),得到残差平方和 $V_k(\hat{\Lambda}, \hat{C}_t)$;根据 $V_k(\hat{\Lambda}, \hat{C}_t)$ 和给定的 $g(N, T)$,计算对应的 IC(k) 的值;改变 k 的大小,获得一系列的 IC(k) 值,使 IC(k) 最小的 k 值确定为因子个数。k 值确定以后,FAVAR 模型的估计采用如下两阶段法:第一阶段,运用基于主成分思想的迭代策略估计(6.5.2),获得 F_t、Λ^f 和 u_t;第二阶段,将 F_t 带入(6.5.1),进而按照 VAR 模型方法进行估计,从而获得 $\Phi(L)$ 和 v_t。

6.5.3 实证分析

根据 FAVAR 模型的思路[1],在使用 FAVAR 模型进行参数估计前需要确定主成分因子的个数及 VAR 模型的滞后阶数。结合因子数量确定的方法以及主因子的解释力度,通过对所提取的主成分进行考察和比较,最终选取了 5 个主成分因子,其累计解释度达到 78.5%。为了进一步挖掘主成分因子的经济含义。针对选择的 5 个主成分因子,使其与影响 TFP 的因素进行回归分析,提取拟合优度 R2 值最高的前 4 个变量代表主成分因子的经济含义,其中 F1 代表经济发展水平、F2 代表外贸活动、F3 代表技术进步水平、F4 代表经济体制和 F5 代表经济结构(具体见表 6.2)。

---

[1] 王少平,朱满州,胡朔商. 中国 CPI 的宏观成分与宏观冲击[J],经济研究,2012(12):29~42.

表 6.2　主成分因子的经济解释

公共因子 F1	R^2	公共因子 F2	R^2	公共因子 F3	R^2
人均 GDP	0.673	进口占 GDP 比重	0.536	人均受教育年限	0.739
居民消费水平	0.506	出口占 GDP 比重	0.494	专利申请受理数（件）	0.563
FDI 占 GDP 比重	0.482	合同利用外资项目数	0.342	全国普通高校数量	0.427
工业增加值占 GDP 比重	0.416	国外引进技术资金额	0.302	医疗卫生机构数	0.285
公共因子 F4	R^2	公共因子 F5	R^2		
非国有经济在全社会固定资产总投资中所占比重	0.831	第二产业就业人数占总就业人数比例	0.847		
非国有经济就业人数占城镇总就业人数的比例	0.754	第三产业就业人数占总就业人数比例	0.689		
城乡消费水平对比	0.541	资本劳动比	0.563		
政府财政支出占 GDP 比重	0.401	第二产业占 GDP 比重	0.446		

由 5 个公共影响因子 $F = [F_1, F_2, F_3, F_4, F_5]$ 和总产出以及全要素生成率（TFP）的周期成分 $[GDP_c, TFP_c]$ 可以构成 FAVAR 模型的全部因子。现将这 7 个因子构建 VAR 模型研究全要素生产率的公共影响因子如何对总产出的经济波动产生作用的。建模 FAVAR 之前先对各个变量进行平稳性检验、Johansen 协整检验，再综合比较 LR 检验方法、最终预测误差检验、AIC 信息准则、SC 信息准则以及 HQ 信息准则，研究发现

滞后三阶的 VAR 模型效果最好（见表 6.4）。此外，经检验 AR 特征多项式根的倒数均落在单位圆内，这说明该模型是稳定的（见表 6.3）。

表 6.3　AR 根检验

AR 根	模（Modulus）
0.358110−0.774543i	0.853323
0.358110+0.774543i	0.853323
0.725183−0.306775i	0.787401
0.725183+0.306775i	0.787401
0.772756	0.772756
−0.015187−0.741515i	0.741671
−0.015187+0.741515i	0.741671
−0.725936	0.725936
0.607126	0.607126
−0.427632−0.315765i	0.531580
−0.427632+0.315765i	0.531580
0.094678−0.494888i	0.503863
0.094678+0.494888i	0.503863
0.011505	0.011505

表 6.4　模型滞后阶数选择准则比较

Lag	LogL	LR	FPE	AIC	SC	HQ
0	−113.8137	NA	3.57e−06	7.322043	7.639484 *	7.428852
1	−39.05018	113.2781	8.02e−07	5.760617	8.300145	6.615091
2	12.12780	55.83052	1.08e−06	5.628618	10.39023	7.230757
3	115.3322	68.80296 *	1.70e−07 *	2.343501 *	9.327203	4.693304 *

脉冲响应函数是指模型受到某种冲击时对经济系统的动态影响，用以描绘在干扰项上施加冲击对内生变量当期值和未来值所带来的影响。为了揭示公共影响因子对总产出的经济波动的冲击作用，本节利用以识别的 FAVAR（3）模型刻画变量之间的脉冲响应函数。脉冲响应图的纵轴表示冲击的响应程度，横轴表示冲击作用的滞后期间数（单位：年），为了更全面地观看动态走向，选定滞后期为 10，虚线表示正负两倍标准差偏离带，实线为脉冲响应函数，如图 6.4 所示。

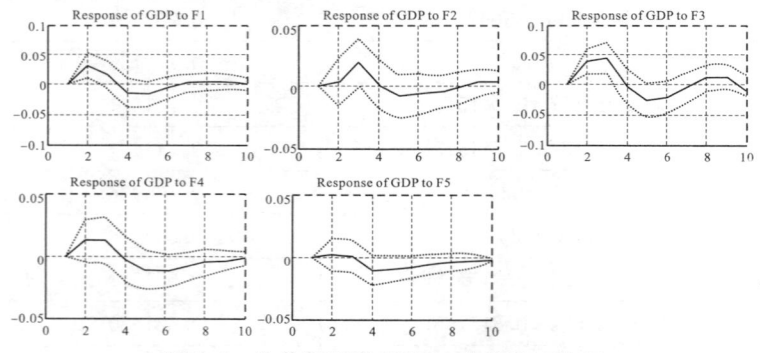

图 6.4 公共因子对 GDP 冲击的脉冲响应

由图 6.4 可知，①正向的经济发展总体水平的冲击在短期内会增加国内宏观经济波动，但从长期来看却有助于降低国内宏观经济波动程度，这表明经济总量在增长过程中会伴随着宏观经济波动，对随着经济总量的扩大对经济波动具有稳定的作用。②正向的外部因素的冲击和经济发展水平的冲击对宏观经济波动具有相同的性质，但是冲击作用强度相对弱些并具有延迟性，这表明国际贸易、引进国外先进技术对宏观经济波动具有温和的稳定作用，先进技术的作用通过对 TFP 作用再传导到宏观经济总量上。③正向的技术水平的冲击明显对宏观经济波动有较强的正冲击，导致短期经济波动增强。虽然从长期有导致经济波动减弱，但技术进步冲击对经济波动的影响是持续性的并且是上下波动的。这

第 6 章 经济结构视角下行业 TFP 与经济波动相互作用机制

表明宏观经济波动的根源是来自与 TFP 关系最密切的技术进步的冲击，这也符合真实经济周期波动理论。④正向的经济体制冲击在短期内正确宏观经济波动的程度，这一实证结果与经济理论不符。从全球范围来看，经济市场化程度高的国家，宏观经济稳定性普遍较好。我们认为之所以出现这种结果源于样本期所处的特殊阶段。可能原因是 1978 年以来，中国一直处于转轨进程中，一方面计划经济体制瓦解，政府逐步放弃了对经济的强力管制，另一方面市场经济体制还远不成熟，市场机制尚难以对微观经济主体施加有效约束，在经济运行所需约束机制缺失的情况下，伴随微观经济主体投资决策行为自由度提高的是高投机性和强顺周期性，客观上会起到放大宏观经济周期波动的后果。但从长期来看经济制度正向冲击对经济波动具有稳定性作用。⑤正向的经济结构冲击无论是在短期还是在中长期内都能降低国内宏观经济波动。这表明，合理的经济结构，包括产业结构以及就业结构对降低周期波动性特征具有较好的作用，第三产业相对第一、二产业来说具有更小的周期波动性特征。

总体上，在长期经济发展水平、对外贸易和国外技术引进对宏观经济波动的动态冲击最终趋向于 0，而技术进步对宏观经济波动无论在长期还是短期都是主要冲击因素，具有持续性的动态冲击作用，同时，经济体制的深化和经济结构的现代化对宏观经济周期波动具有持续的减弱作用。这表明前两者是短期性因素，对宏观经济波动产生周期性影响；技术进步对经济周期的影响具有不确定性；而后两者则是经济系统的结构性因素，可以改变宏观经济运行的内在机制，具有长期正向的持续性影响。

为了测度各种公共影响因子对宏观经济波动的相对影响程度，我们对脉冲响应函数进行方程分解，方程分解是通过方差度量每个公共因子冲击对内生变量波动的贡献度，来评价不同因子冲击的重要程度，表 6.5 列出了总产出经济波动的方差分解结果。影响因子的方差分解结果表明经济发展水、国际贸易及引进国外先进技术的冲击随着滞后期的增加而增强，最后趋于稳定状态并对总产出波动变化的贡献度分别达到 6.98% 和 2.08%。技术进步对总产出波动的贡献度高达 19.41%，而经济体制和经济结构对总产出波动变化的贡献度较小并且相对稳定。从方差分解的角度来看，导致中国宏观经济波动的因素主要是经济系统内部的技术进步的冲击，经济发展水平和外部冲击有周期性的贡献，经济体制和经济结构通过调整能使经济系统变得更加稳定。

表 6.5　公共因子对总产出波动的方差分解

Period	S. E.	GDP	F1	F2	F3	F4	F5
1	0.11	78.44	8.04	0.11	11.79	1.18	0.03
2	0.14	62.06	6.73	2.12	18.93	1.62	0.63
3	0.14	62.66	7.44	2.01	17.88	1.56	0.60
4	0.15	55.25	7.90	2.08	18.85	1.90	0.96
5	0.16	52.65	7.57	2.12	19.64	2.37	1.26
6	0.16	52.15	7.31	2.14	19.04	2.32	1.22
7	0.16	50.47	7.10	2.06	18.85	2.31	1.31
8	0.16	50.20	7.09	2.07	19.28	2.34	1.35
9	0.16	50.12	6.94	2.08	18.90	2.30	1.33
10	0.17	49.55	6.94	2.08	19.41	2.32	1.35

为了确定公共影响因素对 GDP 冲击的合理性，我们将公共因子对 GDP 和 TFP 的周期成分的冲击效应进行比较，具体如图 6.5 所示。从图 6.5 可知通过从影响 TFP 波动的因素中提取的五个公共因子对 TFP 周期波动的冲击效应与对 GDP 周期波动的冲击效应基本一致，但是我们可以看到技术进步因子对 TFP 周期波动的冲击波动更加直接，而对 GDP 周期波动的冲击相对要平缓一些。而外部冲击因子对 GDP 波动的冲击更加直接，对 TFP 波动的冲击反

第6章 经济结构视角下行业 TFP 与经济波动相互作用机制

而平缓。这说明技术冲击因子在 TFP 到 GDP 的传导机制中是被"熨平"的,而外部冲击因子在 TFP 的 GDP 的传导机制中是被放到的。经济结构和经济制度对 TFP 和 GDP 的冲击效果是相似的,弱化其波动强度。同时,我们也发现五大公共因子对 TFP 的冲击效应是效应对 GDP 冲击的效应,这说明影响 TFP 的经济因素通过一定的传导机制来影响宏观经济总量波动的。

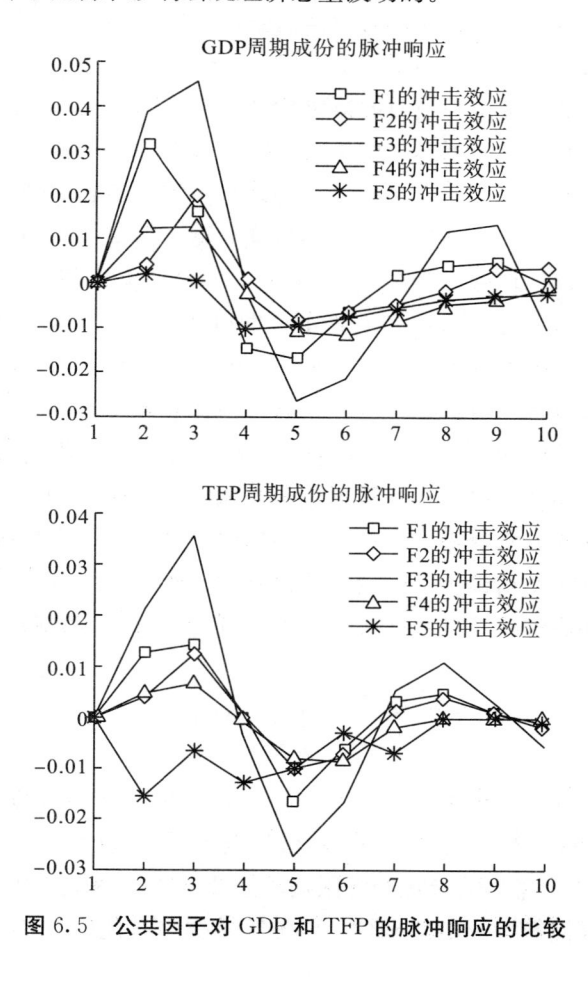

图 6.5 公共因子对 GDP 和 TFP 的脉冲响应的比较

6.5.4 结论及建议

本节基于FAVAR模型以全要素生产率（TFP）的视角分析影响中国经济波动因素，实证结果表明，经济发展水平、国际贸易因子和引进国外先进技术因子的正向冲击在短期内增加经济波动而长期对经济波动的影响几乎为零；技术进步因子的正向冲击无论是短期还是长期都对经济波动产生周期性冲击作用；经济体制和经济结构因子的正向冲击对经济波动具有稳定性作用。中国经济波动主要来自自身经济系统的内部机制。这些结论的政策含义非常明显。虽然在一定程度上财政政策和货币政策能削弱经济波动的强度，但是这些政策本身就具有相当不稳定性，而根本上我们需要考虑经济系统的经济特征并减少外部冲击的影响。

那么，如何使中国宏观经济波动既平稳又快速的发展？首先，政府需要在一定程度上修正长期以来的国际贸易结构特征，减低对单一国家或地区的过度依赖。其次，深化市场经济体制改革和推进城镇化进程，完善的市场经济体制和发达的城镇化水平对宏观经济的波动具有反向削弱作用。同时，需要优化经济结构，其中包括产业结构、要素禀赋结构以及就业结构。大力发展现代服务业，提高第三产业在国民经济中的比重，不但能够提高国民经济吸纳劳动力的能力，从而有助于缓解社会就业压力，而且还是提高经济抗冲击能力，稳定宏观经济运行的有效措施。

6.6 本章小结

本章从全要素生产率（TFP）视角下研究TFP的影响因子对宏观经济波动的冲击效应和传导机制。首先，本章使用1978—2018年间的宏观经济数据对全要素生产率进行重新测算。为了确定测算数据的准确性，将测算数据与其他研究者的结果进

第6章 经济结构视角下行业TFP与经济波动相互作用机制

行比较，测算结果基本保持一致。其次，我们计算了TFP波动与GDP波动的相关性，相关系数高达0.836。进一步，结合当前研究的参考文献，本章规律总结出影响TFP波动的五大因素。最后，为了研究影响TFP波动的因素如何影响GDP的经济波动，研究使用MF-FAVAR模型对32个影响全要素生产率变化的因素进行公共因子提取并做实证研究。实证结果表明：①经济发展水平、国际贸易因子和引进国外先进技术因子的正向冲击在短期内增加经济波动而长期对经济波动的影响几乎为零；②技术进步因子的正向冲击无论是短期还是长期都对经济波动产生周期性冲击作用；③经济体制和经济结构因子的正向冲击对经济波动具有稳定性作用。

结合本章的研究结论：经济体制和经济结构的正向冲击对经济波动具有稳定性作用，第七章从产业结构转型的视角两部门动态一般均衡投入产出模型研究产业结构转型导致中国经济波动减弱的原因，制造业向服务业转换过程中对经济波动的稳定性作用如何表现。

本章附录

表A 变量列表及处理方式①

变量序号	代码	变量名称	处理方式
影响全要素生产率（TFP）的经济变量			
1	A_1	人均GDP（元）	DLNS
2	A_2	居民消费水平（元）	DLNS

---

① D表示一阶差分，S表示标准化，LN表示取对数。

续表

变量序号	代码	变量名称	处理方式
3	A_3	旅客年周转量（亿人公里）	DLNS
4	A_4	货运量（万吨）	DS
5	A_5	能源消费总量增长率（%）	DS
6	A_6	医疗卫生机构数（个）（%）	DS
7	B_1	非国有经济就业人数占城镇总就业人数的比例（%）	DS
8	B_2	非国有经济在全社会固定资产总投资中所占比重（%）	DS
9	B_3	经济建设费占财政支出比重	DS
10	B_4	非国有经济在工业总产值中的比重（%）	DS
11	B_5	城镇人口占总人口比重（%）	DS（b2）
12	B_7	国有企业和集体企业的产值占全社会产出总值的比重（%）	DS
13	C_1	工业产值占 GDP 比重（%）	S
14	C_2	第二产业占 GDP 比重（%）	DS
15	C_3	第三产业占 GDP 比重（%）	DS
16	C_4	城乡消费水平对比	DS
17	C_5	第二产业就业人数占总就业人数比例（%）	DLNS
18	C_6	第三产业就业人数占总就业人数比例（%）	DLNS
19	C_7	能源消费总量增长率（%）	DS
20	C_8	资本劳动比	LNDS
21	D_1	R&D 经费占 GDP 百分比（%）	DS
22	D_2	科研活动人数占总人口比重（%）	DLNS
23	D_3	全国普通高校数量	DS

续表

变量序号	代码	变量名称	处理方式
24	D_4	教育支出占财政总支出比（%）	DS
25	D_5	人均受教育年限	LNS
26	D_6	专利申请受理数（件）	DLNS
27	E_1	进口占 GDP 比重（%）	DS
28	E_2	出口占 GDP 比重（%）	DS
29	E_3	合同利用外资项目数	DLNS
30	E_4	外商直接投资占 GDP 比重（%）	DS
31	E_5	国外引进技术资金额	S
32	F_1	政府财政支出占 GDP 比重	DS

第 7 章　产业结构升级如何"熨平"了宏观经济波动

"现代化产业体系是高质量发展的基础"。本章从产业结构变化视角研究经济波动以及其平稳化的波动特征,通过多部门的一般均衡模型对我国经济波动的特征进行解释。

第 6 章从全要素生产率(TFP)视角下探究全要素生产率中的子因子如何影响总产出的经济波动的,研究表明深化市场经济改革和推进经济结构调整对经济波动的稳定性具有重要的作用。然而,彼此之间的相互作用机制如何,我们是不清楚的。因此,本章构建两部门动态一般均衡投入产出模型研究产业结构转型导致中国经济波动减弱的原因;制造业向服务业转换过程中对经济波动的稳定性作用如何表现。在该模型中,两个部门相对规模的变化产生传导机制(即部门 TFP 冲击对内生变量的影响)。使用中国的数据校准模型,测算出部门(制造业和服务业)TFP 冲击的随机过程,研究结果表明产业结构的变化导致全要素生产率和 GDP、制造业、服务业的投资和消费的波动减弱,产业结构转型能解释中国在 1992—2018 年的经济波动弱化原因为 24%。

第 7 章 产业结构升级如何"熨平"了宏观经济波动

7.1 引言

近年来,中国的经济增速明显放缓,呈现出中高速增长的"新常态"特征,而产业结构升级是经济新常态的主要特征之一。事实上,中国服务业占 GDP 比重在 1985 年以 29.3% 占比超过第一产业,2012 年以 45.5% 占比超过第二产业,而自 1992 年以来,中国经济波动由高波动和低波动交替时期向微波动为主要特征的"大稳健"趋势发展(林建浩等,2016),具体见图 1。那么,中国产业结构升级是否导致经济波动"大稳健"呢?它们之间的相互作用机制又是什么呢?许多学者对产业结构与宏观经济波动做了大量实证研究(Blanchard et al., 2001; Carvalho, 2009; Herrendorf et al., 2011),但从产业结构升级视角对经济波动平稳化机制的研究相对较少。新常态下,中央政府推进从供给侧视角进行结构性改革,充分发挥市场在配置资源方面的决定性作用,试图通过市场本身的自我调节,达到在生产领域优化经济结构的目标。因此,研究产业结构升级与宏观经济波动的内在机制,对于供给领域的结构性改革有着重要的指导意义。

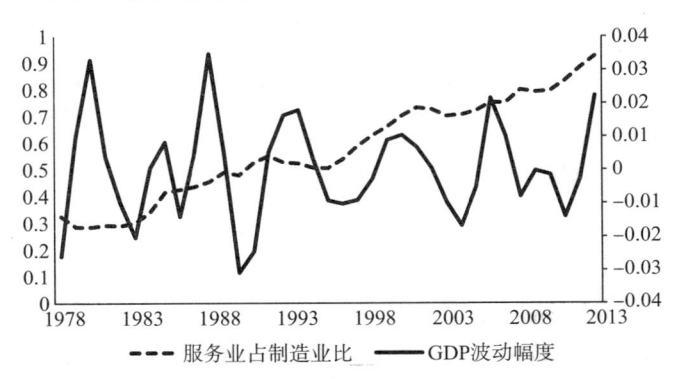

图 7.1 产业结构升级与经济波动(1978—2014 年)

回顾产业结构与经济波动的文献，Burn（1960）[①] 分析美国经济周期稳定化趋势，认为产业结构对经济波动具有稳定作用。Mc Connell 和 Perez Quiros（2000）[②] 用断点检查法（Break Point Test）发现美国宏观经济时间序列子啊1984年出现稳定化的趋势，并以此否认了产业结构对经济波动的平稳化作用。Blanchard 和 Simon（2001）[③] 对产业结构和经济波动的研究结论也否定了产业结构升级对经济波动的平稳化作用。Stock and Watson（2002）[④] 通过分析美国劳动力在产业部门的流动也发现产业结构变动不能促进经济稳定。Peneder（2003）[⑤] 利用28个OECD国家的动态面板数据研究产业对经济波动的隐性，发现产业结构调整的作用被低估了，其对经济波动的稳定有很强的影响。Eggers 和 Ioannides（2006）[⑥] 发现美国经济波动性较大的制造业比例显著下降，而相对稳定的金融业和服务业比例有所上升，他们发现产业结构演进对经济波动稳定化趋势的贡献比例高达50%，并认为已有文献低估了产业结构调整对宏观经济波动的影响。国内学者对产业结构与经济波动的"熨平"作用的研究主要集中在两个方面：一是检验"熨平"作用的存在性。二是测

[①] Burns, A., Progress toward Economic Stability. American Economic Review, 1960, 50 (1): 1−19.

[②] Mc Connell, M. M., G. Perez−Quriros. Output Fluctuations in the United States: What has Changed Since the Early 1980s?, American Economic Review, 2000, 90 (5): 1464−1471.

[③] Blanchard, Q. J, J Simon. The long and Large Decline in US Output Volatility. Brooking Papers on Economic Activity, 2001, 32 (1): 135−175.

[④] Stock, J. H, M. W. Watson. Has the Business Cycle Changed and Why? NEER Macroeconomics Annual, 2002, 17 (1): 159−218.

[⑤] Peneder, M, Industrial Structure and Aggregate Growth, Economic Dynamics, 2003, 14 (4): 427−448.

[⑥] Eggers, A., Y, Ionnides, The Role of Output Compostition in the Stabilization of U. S. output Growth. Journal of Macroeconomics, 2006, 28 (3): 585−595.

第 7 章 产业结构升级如何"熨平"了宏观经济波动

算不同产业对经济波动的贡献率,主要使用方差分解(陈杰,2011)[①]。干春晖等(2011)[②]将产业结构变动分为结构合理化和高阶化,并研究表明两者都对经济波动具有稳定性作用。杨天宇和刘韵婷(2011)[③]对中国经济结构调整对宏观经济波动的"熨平效应"进行了分析,发现经济结构调整对宏观经济波动具有有限的"熨平效应",其中第二产业内部的结构调整"熨平"宏观经济波动的作用较强。方福前和詹新宇(2012)[④]基于时变参数模型的经验研究表明,改革开放以来我国产业结构升级对经济波动平稳化趋势有着显著的熨平效应,并且随着产业结构升级的不断推进,这种熨平作用亦趋明显。李强(2012)[⑤]通过计量分析研究了产业结构变动和经济波动的关系,并利用差分分解的方法分析了三次产业变动对经济波动的影响,研究发现产业结构变动是经济波动的一个重要原因,产业结构的合理化和高阶化都有助于缓解经济波动。

通过上面文献分析,我们发现关于产业结构升级对经济波动具有"熨平"作用是不存在争议的。但是关于产业结构升级如何"熨平"经济波动,仅仅从计量的角度进行了测算,并没有对其"熨平"机理进行论述和证明。Echevarria(1997)[⑥]用动态一般

[①] 陈杰. 结构差异、增长质量与经济周期波动的关联度 [J]. 宏观经济,2011(7):42—50.

[②] 干春晖,郑若谷等. 中国产业结构变迁对经济增长和波动的影响 [J]. 经济研究,2011(5):4—31.

[③] 杨天宇,刘韵婷. 中国经济结构调整对宏观经济波动的"熨平效应"分析 [J],经济理论与经济管理,2011(7):47—55.

[④] 方福前,詹新宇. 中国产业结构升级对经济波动的熨平效应分析 [J]. 经济理论与经济管理,2011(7):5—16.

[⑤] 李强. 产业结构变动加剧还是抑制经济波动——基于中国的实证分析 [J]. 经济与管理研究,2012(7):9—37.

[⑥] Echevarria, C., Changes in Sectoral Composition Associated with Economic Growth, International Economic Review, 1997, Vol, 38, No. 2, pp. 431—452.

均衡方法研究部门结构与经济增长之间的关系，研究表明产业结构升级和增长率有较强的相关性。Herredorf 和 Valentiniyi (2011)[①] 发现产业结构与全要素生产率（TFP）也存在强相关性。而 Carvalho（2009）[②] 研究部门间贸易的网络结构与总波动时发现产业结构决定由单独部门冲击导致的总量经济的波动。因此，可以做个大胆的猜想：可能是产业结构转变导致 TFP 的波动发生变化，进而影响 GDP 的波动。由产业经济学可以，制造业生产过程中对中间商品（或者中间投入资本）的依赖程度是比服务高很多的，而制造业的 TFP 的波动相对服务业也要大，表 7.1 和图 7.2 的结果也对中国的这一特征进行了验证。通过总结最新研究文献，我们发现服务业规模的增加会产生两种经济效应：一是由于对中间商品依赖程度的下降，会导致全要素生产率（TFP）波动的下降；二是由于产业结构的转变，会改变内生变量的脉冲响应强度。显然，第一个效应已经表明会导致 GDP 波动程度的下降。然而，第二个效应对 GDP 的成分和 GDP 本身的波动影响可能是负冲击或正冲击效应。

本章构建的两部门动态一般均衡投入产出模型可以帮助我们研究中国长期的经济结构变化导致的经济波动平稳化的问题。经济结构变化会导致部门之间的 TFP 波动的相互影响。相比于一个部门的增长模型，这种相互作用机制意味着冲击内生变量的变化将影响总量经济波动的特征。给定制造业和服务业 TFP 的随机过程，使用校准模型研究表明产业结构的转变将导致 TFP、GDP 以及制造业的消费、服务业的消费和投资的波动下降。可

[①] Herrendorf, B. and Valentinyi, A. Which Sectors Make the Poor Countries so Unproductive?, Journal of the European Economic Association, forthcoming, 2011.

[②] Carvalho, V. M. Aggregate Fluctuations and The Network Structure of Intersectioral Trade, manuscript, University of Chicago, 2009.

第7章 产业结构升级如何"熨平"了宏观经济波动

以说,产业结构变化导致经济波动的稳定和外生冲击 TFP 波动直接减弱产生的效果类似。作为影响经济波动平稳的来源,产业结构变化导致 GDP 波动的减弱在美国[①]、欧洲以日本等国被验证过。通过比较各国的产业结构与经济波动也能发现服务业规模的增加对 GDP 波动的影响是非常弱的。因此,随着服务业份额的增长,在组合效应的作用下 GDP 的波动应该是呈下降趋势的。本章构建的两部门动态一般均衡投入产出模型来研究产业结构变化和 GDP 波动之间的所有联系,该模型显示制造业和服务业的规模大小的变化不仅通过组合效应导致 GDP 波动下降,而且随着 GDP 中服务业份额的增加,GDP 的其他成分的经济波动也有下降的趋势,结构转型能解释中国在 1992—2014 年。经济波动减弱的原因为 24%。

本章研究产业结构变化对经济波动的减弱作用应该看作是在解释 GDP 波动减弱上的对其他研究的补充。除了从产业结构变化来解释经济波动减弱以外,对经济波动变弱的研究还表现在提高库存管理技术(Davis and Kahn,2008)[②]、较好的货币政策(Clarida et al.,2000)[③],较好的财政工具(Jermann and

---

[①] Alessio Moro., The structural transformation between manufacturing and services and the decline in the US GDP volatility [J]. Review of Economic Dynamics. 2012, Vol. 15, pp. 402−415.

[②] Davis, S. J. and Kahn, J. A., Interpreting the Great Moderation: Changes in the Volatility of Economic Activity at the Macro and Micro Levels [J]. Journal of Economic Perspectives, 2008, Vol. 22, Issue 4, pp. 155−180.

[③] Clarida R., Galì J, and Gertler, M., Monetary Policy Rules And Macroeconomic Stability: Evidence And Some Theory [J]. Quarterly Journal of Economics, vol. 2000, 115 (1), pp. 147−180.

Quadrini，2006)[①]、总 TFP 波动的减弱（Arias et al.，2007)[②]和人口的变化（Jaimovich and Siu，2009)[③]。这篇文章也参考了关于经济活动与结构变化的文献，主要有 Ngai and Pissarides（2007)[④]、Rogerson（2008)[⑤]，和 Herrendorf，Rogerson 和 Valentinyi（2009)[⑥] 等等。然而，在这些研究文献中，除了 Da-Rocha 和 Restuccia（2006)[⑦] 研究农业部门的规模影响经济波动以外，其他的研究很少从理论上关注产业结构变化对 GDP 波动的效用。

本章剩下部分的组织结构如下：第 2 节，部门 TEP 和部门总量的波动特征；第 3 部分，模型设定；第四部分，模型估计和数量分析；第五部分，本章小结。

[①] Jermann, U. J. and Quadrini, V., Financial Innovations and Macro-econmic Volatility, CEPR Discussion Paper No. 5727. 2006.

[②] Arias A., Hansen, G. D. and Ohanian, L. E. Why have business cycle áuctuations become less volatile? [J]. Economic Theory, 2007, 32: 43−58.

[③] Jaimovich, N. and Siu H., The Young, the Old, and the Restless: Demographics and Business Cycle Volatility? [J]. American Economic Review, 2009, 99 (3), pp. 804−826.

[④] Ngai, L. R., and Pissarides, C. A. Structural Change in a Multisector Model of Growth [J]. American Economic Review, 2007, 97 (1), pp. 429−443.

[⑤] Rogerson, R., Structural Transformation and the Deterioration of European Labor Market Outcomes [J]. Journal of Political Economy, 2008, vol. 116, no. 2, pp. 235−259.

[⑥] Herrendorf B., Rogerson, R. and Valentinyi, A., Two Perspectives on Preferences and Structural Transformation, NBER Working Papers 15416, National Bureau of Economic Research, Inc. 2009.

[⑦] Da-Rocha, J. M. and Restuccia, D. The role of agriculture in aggregate business cycle?, Review of Economic Dynamics, 2006, Vol. 9, pp. 455−482.

7.2 部门 TFP 和部门总量的波动特征

7.2.1 数据来源和描述

研究数据主要构成有三个方面：①1992 年—2018 年间的投入产出表，其中 1995—2011 年的投入产出表（IOT）来自 WIOD[①] 数据库，1992 年和 2012 年的投入产出表数据来自中国统计年鉴，剩余年份数据使用三次样条插值法获得。②1992——2014 年的产业生产中的产业增加值，劳动就业人数使用部门季度就业人数的加总，数据来源于中经数据库。③关于部门的资本存量、部门的 TFP，增加值的 TFP[②] 为计算获得。首先，计算年度数据，在使用一阶样条插值法得到季度数据。所有数据转换成以 1992 年为基年的指数的形式，消除单位和误差带来的影响。WIOD 数据库提供了 35 个部门从 1995 年到 2011 年的投入产出数据、进口数据、总投入数据以及总产生数据等。本研究主要是使用投入数据，将 35 个部门分成制造业和服务业两大类[③]，计算制造业和服务业部门的在生产过程中的中间产品投入量。1992 年和 2012 的国家统计局的投入产出表部门划分和 WIOD 的部门划分不同，1992 年、2012 年的投入产出表将部门划分为 42 个部门，同样也将其划分为制造业和服务业两个部门。对不存的部门数据，参考 WIOD 统计数据的方法进行外推获得。关于部门资本存量计算，本研究使用永续盘存法估计资本存量：$K_t = \frac{I_t}{p_t} + (1-\delta_t) K_{t-1}$。其中，$K_t$，$I_t$，$p_t$，和 δ_t 分别为 t 期实际

[①] http://www.wiod.org/new_site/home.htm
[②] 部门 TFP 和增加值 TFP 的计算参考附录 B。
[③] 将农业部门的生产数据也划分到制造业部门内。

资本存量、现价投资量、定基价格指数和资本折旧率。初始资本存量估算方法使用增长法 [Reinsdorf et al. (2005)[1]]：$K_0 = I_0 (1+g)/(g+\delta)$。制造业的中间商品占总产出份额等于 19 个制造业使用的中间商品价值除以总产出的加总，而服务业计算的方法相同，图 7.1 为制造业和服务业投入中间商品占中间商品总量的百分比。

7.2.2 经济波动的典型事实

表 7.1 中给出中国的制造业和服务业部门 TFP 的波动和部门总产值的波动特征（关于全要素生产率和增加值全要素生产率的计算参考附件 B）。表 1 的第一列给出制造业和服务业在 1992—2003 年间的部门 TFP 波动强度，分别为 3.92% 和 2.21%；第二列是 2004—2014 年间的部门 TFP 波动强度，分别为 1.93% 和 0.843%；第三列为 1992—2014 年间的数据。从部门全要素生产率 TFP 的波动特征可以看出：①制造业波动强度比服务业要高；②两个不同时期的部门 TFP 波动强度呈下降趋势。而部门总产值的波特同样具有这样的波动特征。

表 7.1 中国工业和服务业的 TFP 波动[2]

时间区间	部门 TFP			部门总产值波动		
	1992—2003	2004—2014	1992—2014	1992—2003	2004—2014	1992—2014
制造业	3.29%	1.93%	2.11%	5.72%	2.33%	4.34%
服务业	2.21%	0.843%	1.04%	3.28%	1.90%	2.65%
波动比例	1.48%	2.29%	2.02%	1.74%	1.23%	1.64%

---

① Reinsdorf, M., and M. Cover, Measurement of Capital Stocks, Consumption of Fixed Capital, and Capital Services: Report on a Presentation to the Central American AD Hoc Group on National Accounts, Working Paper. 2005.

② 关于标准差的计算，首先取对数，在进行 HP 率波动，得到偏离趋势值后才求标准差。

第 7 章　产业结构升级如何"熨平"了宏观经济波动

从图 7.2 中,可以看出:在制造业中使用中间产业的平均百分比份额为 77.67%,在服务业中为 22.33%。中国服务业属于低端服务业,其中间投入品的产量仅占总产量的 20% 左右。这组数据也表明即使两个部门 TFP 波动是相同的,中间投入品不同同样会导致部门增加值 TFP 的波动程度不同。因此,通过统计结果可以推出有三种效应导致 GDP 波动减弱,第一是制造业和服务业自身的经济波动程度减弱;第二是 TFP 波动程度高的部门制造业相对于服务业的总量在下降;第三是总量下降的制造业在使用中间产品的份额比服务业要高。后两种效应都由产业结构转变导致的,并导致两种后果,其一,导致总量 TFP 的波动的减少。其二,导致部门冲击内生变量的传导机制发生变化。下一节,本书构建一个能够分离出产业结构变化对 GDP 波动效应的结构变化模型,来分解结构变化对 GDP 波动减弱的影响程度。

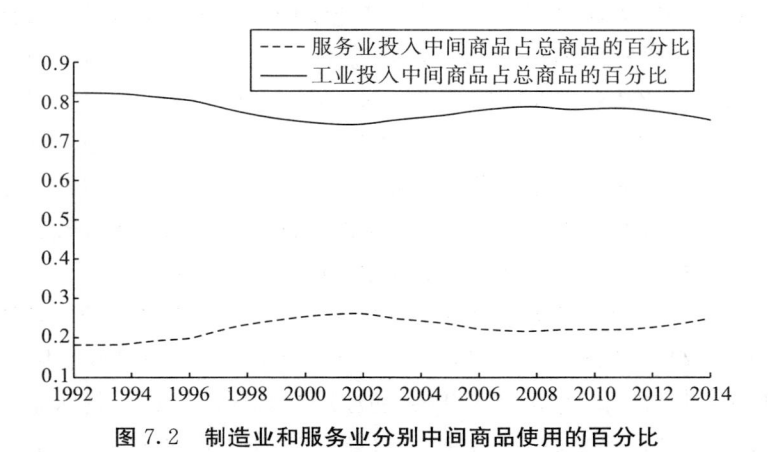

图 7.2　制造业和服务业分别中间商品使用的百分比

7.2.3　作用机制分析

解释现代宏观经济周期波动的原因理论主要有三个方面:一是讨厌的外部冲击因素,该理论认为经济周期波动是经济系统外部冲击作用的结果。例如，真实经济周期理论从生产率冲击来解释经济波动。新凯恩斯主义从金融冲击、能源冲击等视角解释经济波动；二是错误的货币政策和财政政策导致宏观经济周期波动，例如，货币主义学派认为，政府最好不要干预经济的运行；三是经济自身系统内部的不稳定引起宏观经济波动。例如，Acemoglu, et al. (2012) 从经济系统内部网络结构来解释宏观经济总量波动。研究产业结构与宏观经济波动的相关机制属于第三类，产业结构升级是经济周期波动作用的结果，产业结构升级对经济周期波动也具有反馈作用。从不同国家经济波动与产业结构的相关经验来看，发达国家与发展中国家的显著区别表现在服务业增加值占GDP的比重，而GDP比重越高又伴随着经济增长速度下降以及经济波动的稳定。例如，Eggers et al. (2006) 发现，美国经济波动性较大的制造业比例显著下降，而相对稳定的金融业和服务业比例有所上升，产业结构升级对经济波动稳定化趋势的贡献比例高达50%。新常态下，中国经济正在进行经济结构深化改革和产业结构升级，那么产业结构升级如何导致经济波动平稳化呢？总结现有文献研究结论，结合部门经济波动的典型事实，本文从产业自身发展特征、不同产业的差异性以及产业间的关联性对其进行深入探讨，可以发现产业结构升级导致经济波动平稳化的原因，具体主要表现在以下三个方面：

（1）产业自身优化效应。改革开放以来，中国经济呈现高速增长态势，其背后是全要素生产率的快速提升，而研究表明在TFP提升的同时也出现了TFP的波动性减弱的特征，具体见表1。从产业层面来看，在制造业和服务业TFP波动强度减弱的情况下，产业总量波动强度将减弱，从而导致GDP波动平稳化。从表1中可以看出，产业在自身发展过程中，其波动强度具有平稳化的发展趋势，其核心原因是产业TFP波动强度的弱化。制造业的TFP波动程度从3.39%降到1.93%，服务业的TFP波动强度也从 2.31％降到 0.84％。从企业层面来看，在经济全球化和后工业化的背景下，先进的计算机技术、人工智能、互联网以及信息化技术等现代科技应用于企业管理，而高效、精准和科学的管理技术导致产业 TFP 波动强度弱化，从而造成产业总量波动平稳化。

（2）产业结构组合效应。与制造业不同，服务业是异质性较强的产业，不同类型的服务业导致波动在传导过程中被部分抵消，因此，异质性强的服务业会导致整体上服务业的 TFP 波动比制造业的 TFP 波动更加稳定。当制造业的 TFP 波动强度比服务业的 TFP 的波动强度要高，从而导致制造业总量的波动强度比服务业总量的波动要强。随着产业结构升级，服务业占 GDP 比重增加，不同产业的结构组合带来产业结构升级，从而将导致总量经济波动平稳化。通过中国实际数据进行测算，从表 1 中也可以看出无论是什么时间段，服务业总量和 TFP 的波动强度都比制造业波动要强，其部门 TFP 的波动比例在 1.48～2.29 之间，部门总产出的波动在 1.23～1.74 之间。因此，产业结构升级必然导致服务业占 GDP 比重增加，从而导致 GDP 总量的波动平稳化。

（3）产业结构关联效应。不同产业的发展对生产要素的需求是不同的，其生产组织方式也是不一样的。制造业对物质资本的需求比服务业对物质资本的需要量要大，因此，制造业发展对中间投入商品的依赖程度比服务业要高，而服务业对人力资本的需求更多，但人力资本要比物质资本的稳定性要强。在制造业发展过程中，大量的中间投入商品将投入制造业发展过程中，制造业对中间投入品依赖程度比服务业的依赖程度要高，TFP 的波动强度的连带性越强，产业总量波动也越强。因此，考虑到不同产业的相互关联性，即使产业 TFP 的波动强度一样，产业总量波动也会有较大差别。1992—2014 年间，中国制造业使用中间产业的投入商品的平均百分比份额为 65.63%，第三产业使用中间产业投入商品的平均百分比份额为 22.33%。在产业结构升级过程中，由于服务业与其他产业的关联性弱，其必然产业总量波动强度减弱，从而影响 GDP 总量波动进一步平稳化。

7.3 模型设定

7.3.1 厂商

假设在经济模型中有制造业和服务业两个经济部门。每一个部门中代表性厂商按照 C-D 生产函数进行生产。在 Cobb-Douglas 生产函数中包括资本、劳动、制造业和服务业提高的中间服务。制造业的生产函数设定为：

$$G_m = B_m (K_m^\alpha N_m^{1-\alpha})^{\nu_m} (M_m^{\varepsilon_m} S_m^{1-\varepsilon_m})^{1-\nu_m} \qquad (7.3.1)$$

同时，服务业的生产函数设定为：

$$G_s = B_s (K_s^\alpha N_s^{1-\alpha})^{\nu_s} (M_s^{1-\varepsilon_s} S_s^{\varepsilon_s})^{1-\nu_s}, \qquad (7.3.2)$$

其中，$0<\alpha<1$，$0<\nu_j<1$，$0<\varepsilon_j<1$，N_j 和 K_j 分别是资本和劳动的数量，M_j 是制造业的中间商品，S_j 是服务业的中间商品，B_j 是部门的 TFP，j 分别表示制造业和服务业。假设部门 TFP B_j 是一个随机过程。

对于制造业生产厂商需要满足利润最大化：

$$\max_{K_m, N_m, M_m, S_m} [p_m G_m - r K_m - w N_m - p_m M_m - p_s S_m]$$

$$(7.3.3)$$

其中，p_m 是制造业商品的价格，p_s 是服务业商品的价格，r 是资本的价格，w 是工资。对于服务业生产厂商需要满足利润最大化为：

$$\max_{K_s, N_s, M_s, S_s} [p_s G_s - r K_s - w N_s - p_m M_s - p_s S_s]$$

$$(7.3.4)$$

上式分别按照（6.1）和（6.2）的生产函数。CD 生产函数可以保证经济模型是线性的在封闭情况下是可解的。两部门在投入资源相同的条件下，两个生产可能性边际的最优交点，分别设定为：

$$V_{m,t} = \Theta_m B_{m,t}^{f_1} B_{s,t}^{f_2} K_t^{\alpha} N_t^{1-\alpha} \quad (7.3.5)$$

$$V_{s,t} = \Theta_s B_{s,t}^{f_3} B_{s,t}^{f_4} K_t^{\alpha} N_t^{1-\alpha} \quad (7.3.6)$$

其中，Θ_m，f_1，f_2，Θ_s，f_3，f_4 分别是 ν_m，ν_s，ε_m，ε_s 的函数。函数（7.3.5）和（7.3.6）也表示只有制造部门和只有服务部门的两个极端下总生产函数。当 $f_1 \neq f_3$ 或者 $f_2 \neq f_4$，部门 TFP 冲击总 TFP 的机制在函数（7.3.5）和（7.3.6）中是不同的。假设制造业和服务业的部门 TFP 被相同的过程驱动即 $B_{mt} = B_{st} = B_t$，通过给定 f_1，f_2，f_3，f_4 的具体函数形式，当且仅当 $\nu_s > \nu_m$ 制造业 TFP 的波动程度比服务业 TFP 的波动程度要大，即总产出的中间份额在制造业中比服务业中要高。因此，可以说两部门的规模大小决定总 TFP 的波动情况，当从制造业往服务业重新分配资本和劳动，TFP 的波动沿着生产可能性边际向下。

7.3.2 家庭

假设经济系统中存在着 [0，1] 区间上连续的同质家庭。在经济中，家庭的偏好通过制造业商品、服务业商品和每期的劳动量来反映，具体的形式如下：

$$U(c_m, c_s, n) = \log \left[b c_m^{\rho} + (1-b)(c_s - \bar{s})^{\rho} \right]^{\frac{1}{\rho}} + \varphi \log(1-n) \quad (7.3.7)$$

其中，$\bar{s} > 0$，$\rho < 1$，$0 < b < 1$，$\varphi > 0$。在式值（6.7）中，c_{mt}，c_{st} 是每期制造业和服务业商品的消费水平，n 是劳动量。由于家庭是同质的，我们避免了在不同时期使用下坐标 i。参数 $\bar{s}$ 是解释服务商品对家庭的服务，也说明服务消费的收入弹性大于1。

假设家庭也做投资的决策。每期，他们通过 $\bar{k}_t = \frac{1}{\bar{\omega}}\left(\frac{I_t}{K_t}\right)^\nu k_t$ 可能将制造业的投资转向一个新的资本市场 $\bar{k}_t$，其中 k_t 是资本存量，$\bar{\omega}>0$ 和 $0<\nu\leqslant 1$。而资本存量的方程为：

$$k_{t+1} = (1-\delta)k_t + \frac{1}{\bar{\omega}}\left(\frac{I_t}{k_t}\right)^\nu k_t \qquad (7.3.8)$$

其中，δ 是资本折旧率，$k_{t+1}-(1-\delta)k_t=\bar{k}_t$。那么，家庭需要满足效用最大化的条件为：

$$\max_{c_m,t,c_s,t,n_t} E\sum_{t=0}^{\infty}\beta^t U(c_m,t,c_s,t,n_t) \qquad (7.3.9)$$

约束条件为：$p_{st}c_{st}+p_{mt}c_{mt}+p_{mt}I_t=r_tk_t+w_tn_t$，其中 E 是期望算子，$\beta$ 是主观贴现率。

7.3.3 经济系统均衡

在该模型中，经济系统在竞争均衡的条件下，价格集合为 $\{p_{m,t},\ p_{s,t},\ r_t,\ w_t\}_{t=0}^{\infty}$，资源配置集合为 $\{c_{mt},\ c_{st},\ n_t,\ k_{t+1},\ I_t,\ K_{mt},\ N_{mt},\ K_{st},\ N_{st},\ M_{mt},\ M_{st},\ S_{mt},\ S_{st}\}_{t=0}^{\infty}$，即：

①如果给定价格，c_{mt}，c_{st}，n_t，k_{t+1}，I_t 是每期函数代表家庭效应最大化（6.9）的解；

②如果给定价格，K_{mt}，N_{mt}，M_{mt}，S_{mt} 是代表制造业厂商利润最大化（7.3.3）的解和 K_{st}，N_{st}，S_{st} 是代表服务业厂商利润最大化（7.3.4）的解。

③市场出清：

$$\int_0^1 k_t di = k_t = K_{m,t}+K_{s,t},$$

$$\int_0^1 n_t di = n_t = N_{m,t}+N_{s,t},$$

$$\int_0^1 c_{m,t} di = c_{m,t},$$

第 7 章　产业结构升级如何"熨平"了宏观经济波动

$$\int_0^1 c_{s,t}di = c_{s,t}$$
$$G_{m,t} = c_{m,t} + I_t + M_{m,t} + M_{s,t},$$
$$G_{s,t} = c_{s,t} + S_{m,t} + S_{s,t}$$

关于部门真实增加值的概念，首先我们构建一个总量增加值，然后使用 GDP 平减指数将其折算成实际增加值。在附录 A 中，我们展示了如何从均衡方程中获得两个部门的增加值的价格指数。一旦均衡方程被确定，这些价格将能被使用从而获得两部门的真实增加值。总量实际增加值是使用链式加权指数计算所得。总的真实增加值在数据上是和模型中的真实 GDP 对应的，也是使用链式加权指数计算的。

7.4　模型估计和数量分析

在本节中，我们使用校准模型来研究中国的产业结构变化对 GDP 波动减弱的数量关系。采取的策略是在两个服务部门的规模不同的稳定状态下研究线性化模型的周期属性。该方法类似于 Da-Rocha 和 Restuccia（2006）的研究农业部门不同规模对 GDP 波动影响的方法，在标准 CES 偏好下，他们使用不同农业权重值来比较不同农业规模的经济体。本书也尝试使用该偏好函数来构建满足中国产业结构长期变化的两部门模型分析经济周期变化特征。

在两个稳定状态集中，我们进行实证分析。第一个实证是对两个稳定进行分析，研究服务业分别在 1992 年和 2018 年的不同份额下中国经济波动特征；第二个实证是研究 1992—2007 年和 2008—2018 年期间服务业的平均份额下中国经济波动特征。考虑到对稳定状态的参数进行校准，模型数据来源于中国国家统计局数据库，数据为季度数据。生产函数的参数根据 CD 函数的假设进行计算获得，$\nu_m=0.40$，$\nu_s=0.62$，$\varepsilon_m=0.71$ 和 $\varepsilon_s=0.72$。折旧率 $\delta=0.012$，主观贴现因素为 $\beta=0.985$，数据参考其他文献。服务业和制造业商品消费的替代弹性为 $\rho=-0.15$，该参数参考了 Rogerson（2008）和 Duarte，Restuccia（2010）的文章。

关于资本产出弹性的份额估计法。由收入法的角度看，国民生产总值由四个部分组成，分别是固定资产折旧、劳动者报酬、生产税金额以及营业盈余。在使用份额法对要素产生弹性进行估算是，把劳动者报酬看成劳动收入，固定资产折旧和营业盈余作为资本收入，而生产税额是有劳动与资本共同产生的收入，具体计算资本弹性 α 值的公式为：

$$\alpha = \frac{\text{资本收入（固定资产折旧＋营业盈余）}}{\text{总收入（劳动者报酬＋固定资产折旧＋营业盈余）}}$$

其中，取 α 的平均值为 0.551。

关于 TFP 随机过程的校准方法如下。首先，由于获得的数据为年度数据，为了获得季度数据，本书采用三次样条插值方法对部门 TFP 序列进行插值，然后在使用该序列对随机过程进行校准。为了计算制造业和服务业的 $Z_{j,t}$ 的标准差，定义其形式为 $B_{j,t} = \bar{B}_j e^{z_{j,t}}$，并对其取对数得：

$$\log(B_{j,t}) - \log(\bar{B}_j) = z_{j,t} \qquad (7.4.1)$$

差分 $\log(B_{j,t}) - \log(\bar{B}_j)$ 的数值可以通过取对数后进行 HP 滤波得到。进一步，差分序列可以计算出 1992 年到 2014 年间的 $Z_{j,t}$ 的标准差，$\sigma_{z,j}$。然而，定义随机过程为 AR（1）形式：$z_{j,t+1} = \rho_j z_{j,t} + \in_{j,t+1}$，其中随机冲击 $\in_j$ 的标准差为 $\sigma_{\in_j} = (1-\rho_j^2)^{1/2} \sigma_{zj}$。因此，当 σ_{zj} 已知，我们可以利用 B3 中获得的序列数据通过 OLS 法估计 ρ_j，从而校准 $\sigma_{\in_j}$。估计制造业和服务业部门的自回归参数分别为 $\rho_m=0.95$ 和 $\rho_s=0.92$。为了模型拟合的结果合理，我们使用 $\sigma_{z,j}$ 直接代替随机值 $\sigma_{\in_j}$，具体结果见

第7章 产业结构升级如何"熨平"了宏观经济波动

表 3.

关于校准效应函数的偏好参数 $\bar{s}$、b 和 φ,首先是计算 $\bar{B}_m$ 和 $\bar{B}_s$ 的增长率,然后计算 1992 年和 2014 年服务业占 GDP 总量的比例,设定在稳定状态下劳动的数量为 1/3,再根据稳定状态下劳动量与参数关系对参数进行校准。在校准 $\bar{s}$,b 和 φ_1 时,设定模型匹配 1992 年的稳定状态数据,服务业占总产出份额的 35.5%。在 2014 年的稳定状态下,部门 TFP 是升高的,服务业占总产出份额也是升高的。校准 $\bar{s}$,b 和 φ_2 时,2014 年服务业占 GDP 百分比为 48.2%。估计参数值分别为 $\bar{s}=1.2730$,$b=0.000023$,$\varphi_1=0.0822$,$\varphi_2=0.1590$。参数 b 值比较小,由于资本商品主要是被制造业生产的商品和家庭服务商品,其目的是匹配实际数据中制造业商品占总产出的份额。家庭对服务业的消费偏好是比对制造业消费偏好要高的。

最后,我们校准控制资本调整成本的参数,ω 和 ν 以及两部门 TFP 冲击的标准差。由于两个稳定状态下,单位新资本的价格相对于制造业的价格为 1,这样我们就可以求得 ω 为 2.0260,资本调整成本参数 ν 校准为 0.8,方法参考 Bernanke et al. (1999)[①]。两部门 TFP 的误差项的标准使用索罗剩余进行校准,具体结果见表 7.2。

[①] Bernanke, B. S., Gertler, M. and Gilchrist, S. The Financial Accelerator in a Quantitative Business Cycle Framework, in. B. Taylor and M. Woodford, eds., Handbook of Macroeconomics1 (1). Elsevier, Amsterdam, 1999, pp. 1341—93

表7.2 参数值的定义与估计

参数名称	含义	数值	来源
α	资本份额	0.551	数据计算
ν_m	制造业中资本和劳动的份额	0.375	数据计算
ε_m	制造业中使用中间制造业商品的份额	0.829	数据计算
ν_s	服务业中使用资本和劳动的份额	0.653	数据计算
ε_s	服务业中使用中间服务业商品的份额	0.476	数据计算
γ_m	制造业部门TFP的增长率	0.665	数据计算
γ_s	服务业部门TFP的增长率	0.512	数据计算
β	主观折现因子	0.98	参考文献[1]
δ	折旧率	0.025	参考文献[2]
ρ	偏好弹性系数	−1.5	参考文献
$\bar{B}_{s1}$	服务业的TFP水平	1	正则化
$\bar{B}_{m1}$	制造业的TFP水平	1	正则化
$\rho_{z,m}$	制造业自回归参数	0.92	TFP序列估算
$\rho_{z,s}$	服务业自回归参数	0.95	TFP序列估算
ν	资本调整成本参数	0.8	校准
ω	资本积累程度效用参数	1.749	校准
φ_1	第一稳定状态的休闲效用比率	0.0822	校准
φ_2	第二稳定状态的休闲效用比率	0.1590	校准
$\bar{s}$	服务商品的家庭产出	1.2730	校准

---

[1] Zhang, W. China's Monetary Policy: Quantity versus Price Rules, Journal of Macroeconomics, 31 (3), 2009, 473−484.

[2] 杨坤,曹晖,孙宁华. 非正规金融、利率双规值与信贷政策效果 [J],管理世界,2015 (5): 41−51.

第 7 章 产业结构升级如何"熨平"了宏观经济波动

续表

参数名称	含义	数值	来源
b	制造业商品消费效用权重	0.00023	校准
σ_{m1}	制造业冲击的标准差 1	0.0192	校准
σ_{m2}	制造业冲击的标准差 2	0.0075	校准
σ_{s1}	服务业冲击的标准差 1	0.0289	校准
σ_{s2}	服务业冲击的标准差 2	0.0139	校准

表 7.3 给出模型和实际数据的比较。在实际数据中，GDP 波动在 1992 年和 2014 年分别为 5.16% 和 2.25%。这两年间的波动强度相差 2.91%。表 7.3 的前两行分别描述了 1992—2003 年和 2003—2014 年间的标准差。模型模拟结果显示 GDP 波动在 1992 年和 2014 年分别为 5.21% 和 2.65%，两年之间相差 2.56%，模型也证明 GDP 波动具有减弱的趋势。GDP 波动特征的变化来自两种经济效应。一种是由于制造业和服务业在两个不同稳态时的 TFP 波动性减弱的结果，另一种是由于服务业占 GDP 的份额增加所导致的。进一步，为了测算产业结构变化对 GDP 波动减弱的影响程度，在模型中，将 2014 年的制造业和服务业 TFP 波动的标准差数据换成 1992 年的制造业和服务业 TFP 波动的标准差数据，这样模型就可以对产业结构变化导致的经济波动进行测算。在本次实证中，GDP 波动的标准差为 4.59%，这说明制造业向服务业转换的过程中对 GDP 波动较弱的贡献度为 24.2%。

表 7.3 的后三行是使用 1992—2003 年和 2003—2014 年间的平均服务业份额对理论模型进行参数校准和模拟的结果，其间服务业占中 GDP 的份额分别是 37.7% 和 44.2%。相比表 7.2 中的基本参数，再次校准的参数结果如下：$\bar{s}=0.1218$，$b=0.00343$，$\varphi_1=0.5686$，$\varphi_2=0.8356$。从实际数据的结果来看，GDP 波动在 1992 年和 2014 年分别为 4.7% 和 2.1%。这两年间

的波动强度相差2.6%。表3的前两行分别描述了1992—2003年和2003—2014年间的标准差。模型模拟结果显示GDP波动在1992年和2014年分别为4.6%和2.1%，两年之间相差2.5%。进一步，为了测算产业结构变化对GDP波动减弱的影响程度，在模型中，将2014年的制造业和服务业TFP波动的标准差数据换成1992年的制造业和服务业TFP波动的标准差数据，这样模型就可以对产业结构变化导致的经济波动进行测算。在本次实证中，GDP波动的标准差为4.0%，这说明制造业向服务业转换的过程中对GDP波动较弱的贡献度为24%。

表7.3 不同稳定状态下的波动特征

稳定状态	σ_m	σ_s	服务业的份额 模型	服务业的份额 实际数据	GDP的标准差[①] 模型	GDP的标准差[①] 实际数据	差额（早期－后期） 模型	差额（早期－后期） 实际数据
1992年	2.89%	1.39%	35.5%	35.5%	5.21%	5.16%	.56%	2.91%
2014年	1.92%	0.75%	48.2%	48.2%	2.65%	2.25%		
							解释程度	
2014年	2.89%	1.39%	48.2%	48.2%	4.59%	2.25%	24.2%	100%
1992—2003	2.89%	1.39%	37.7%	37.7%	4.6%	4.7%		
2004—2014	1.92%	0.75%	44.2%	44.2%	2.1%	2.1%	2.5%	2.6%
							解释程度	
2004—2014	2.89%	1.39%	44.2%	44.2%	3.95%	2.1%	24%[②]	100%

① 表3中关于GDP波动性计算，首先对季度数据使用X12进行季度调整，再取对数并使用HP滤波求出GDP的偏差百分比，最后计算1992Q1—2003Q4和2004Q1—2014Q4的标准差。

② 解释程度的计算为（0.046－0.040）/（0.046－0.021）×100%。

第7章 产业结构升级如何"熨平"了宏观经济波动

按照上述讨论，模型中产业结构的变化导致部门 TFP 冲击到 GDP 的机制发生了变化。进一步，我们给出服务业和制造业部门的 TFP 对 GDP 的脉冲响应图像，如图 7.3 所示。从图中，我们也可以看出在 1992—2003 年间，服务业占 GDP 份额为 37.7% 时，1% 的制造业 TFP 波动会导致 2.51% 的 GDP 波动，而在 2004—2018 年间，在服务业占 GDP 份额为 44.2% 时，1% 的制造业 TFP 冲击将导致 1.98% 的 GDP 的冲击。1% 的服务业 TFP 冲击对 GDP 的波动在 1992—2003 年间和 2004—2014 年间分别为 2.43% 和 2.47%。从图 2 中，我们可以知道在制造业向服务业转变的过程中，由于产业结构的调整导致不同部门 TFP 的冲击对 GDP 波动发生变化。而制造业相比服务业，其与中间产品依赖的程度要高些，其对 GDP 波动的冲击业更大些。在产业结构变化的过程中，随着服务业的份额的增加 GDP 总量的波动呈下降的趋势。

接下来，我们讨论模型中其他内生变量的波动特征。表 7.4 中的前两列给出了 1992—2003 年间 GDP 的主要成分、劳动、全要素生产率 TFP 的标准差以及和 GDP 之间的相关系数。在第 4 列和第 5 列给出了 2004—2014 年间的相关变量的统计特征。TFP 的波动冲击值在两次实证中进行了比较设定。在统计计算之前，GDP 的每个成分相关部门增加值进行统计描述，为了跟实际数据进行比较，表 7.4 中也使用国家统计局（NBS）数据给出了投资、消费等部门的统计描述。

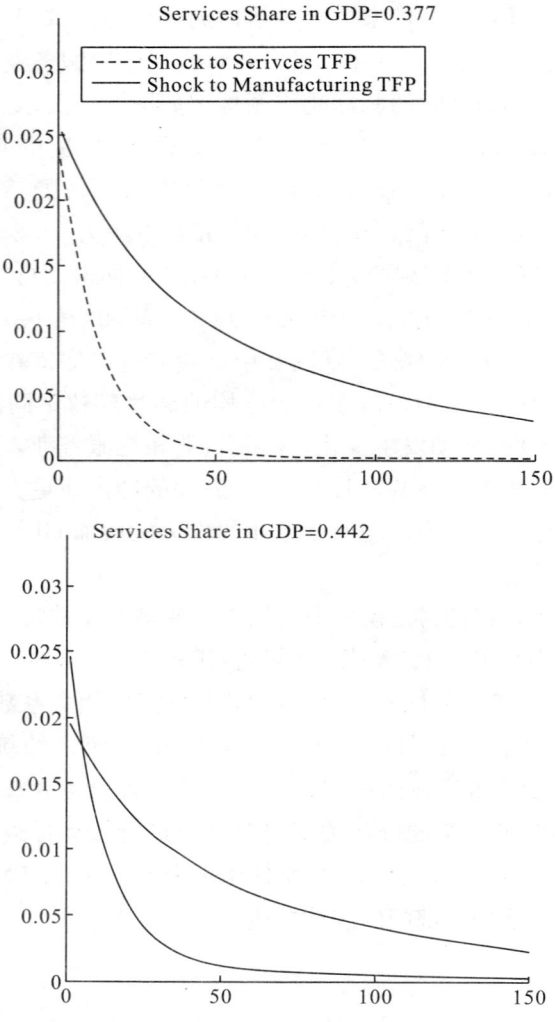

图 7.3 不同服务业份额下制造业和服务业 TFP
的 1% 的冲击导致的 GDP 的脉冲响应

由表 7.4 可知，在稳定状态下设定 TFP 波动为特定值时产业结构转变效应和部门 TFP 波动减弱的特征再次被验证。通过

第7章 产业结构升级如何"熨平"了宏观经济波动

和实际数据进行比较，两部门模型模拟两种稳定状态下经济波动特表现是较好的。在1992—2003年间，投入标准差是5.12%而实际为5.42%。模型中制造业消费波动十分接近非耐用品的波动强度。服务业的波动和制造业相似，波动强度也高于实际数据的波动程度。考虑2003—2014年的波动特征，模型分别模拟出投资、制造业消费以及服务业消费的波动强度，分别为3.39%、2.83%和1.91%。表7.4中最后一列是两个时期波动强度的比值。从数据上看，在1992—2003年和2004—2014年间，投入、消费以及劳动量的波动强度都有下降的趋势。在稳定状态下设定TFP波动为常数，模型模拟结果表明这些变量的波动趋势的下降有一部分原因来自产业结构转型。在两种稳定状态下，产业结构转型导致制造业、服务业以及GDP的主要成分的消费、投资、劳动人数和TFP的波动呈减弱的趋势。这是由于一个更一般的均衡效应伴随着结构转型。随着服务业份额的增加，GDP波动程度下降，代表性消费者的收入波动性变弱，从而导致需求侧的消费和投资波动性减弱。在均衡状态下，这种机制的结果是GDP的成分和劳动量的波动性减弱。因此，在两个部门模型中结构变化产生的效用和一个部门增长模型的外生变量导致TFP减弱的效应是相同的。

考虑波动的协调性，处理劳动人数和GDP的波动是负相关的，其他的变量（制造业消费、服务业消费、投资、劳动和TFP）和GDP都是正相关的，这个结论和前面章节实证结果相同。相关系数的大小和实际数据的结果也是基本一致的。由于总TFP冲击可以产生产制造业和服务业两个部门独立TFP的冲击。假设在制造业有一个正TFP冲击，由图7.3可知它将导致GDP波动增加，而然，它也会导致服务商品相对于制造业的价格增加，因此，替代效应将导致代表性消费者减少对服务商品的消费而增加对制造业商品的消费。价格效应的相关性趋向于减弱

GDP和服务业之间的相关性。同理，相同的机制也适应于制造业商品的消费，但服务业TFP的正冲击效应导致两种商品价格变化相对温和，只是由于两种商品使用中间商品的份额不同所决定的。因此，通过这种传导机制对制造业商品和GDP的相关系数影响要小。

表7.4 不同时期的宏观经济变量的经济波动特征[①]

	1992—2003年		2004—2014年		比例
	$\sigma_{x,1}$	$\rho(x_1, y_1)$	$\sigma_{x,2}$	$\rho(x_2, y_2)$	$\sigma_{x,1}/\sigma_{x,2}$
模型（稳定状态下设定TFP波动为常数）					
制造业的消费	4.49%	0.801	2.84%	0.843	1.58
服务业的消费	3.70%	0.402	1.91%	0.431	1.93
投资	5.12%	0.601	3.39%	0.617	1.51
劳动量	3.37%	−0.247	2.29%	−0.389	1.47
总的全要素生产率	4.23%	0.957	2.46%	0.993	1.71
模型（稳定状态下设定TFP波动为特定值）					
制造业的消费	4.49%	0.801	1.75%	0.812	2.56
服务业的消费	3.70%	0.402	0.98%	0.524	3.77
投资	5.12%	0.601	1.83%	0.798	2.79
劳动量	2.37%	−0.247	1.63%	−0.351	1.46
总的全要素生产率	4.23%	0.927	1.37%	0.993	3.08
实际数据（NBS）					

① 注：$\sigma_{x,1}$是变量x的HP滤波后偏离百分数的标准差，y是GDP，$\rho(x_1, y_1)$是变量x和GDP的相关系数。在设定TFP的波动为常数的实证中，两种稳定状态下，$\sigma_m=2.89\%$，$\sigma_s=1.39\%$；在设定TFP的波动为特殊值的实证中，第一种状态下，$\sigma_m=2.89\%$，$\sigma_s=1.39\%$；第二种状态下，$\sigma_m=1.92\%$，$\sigma_s=0.75\%$。

续表

	1992—2003 年		2004—2014 年		比例
	$\sigma_{x,1}$	$\rho(x_1,y_1)$	$\sigma_{x,2}$	$\rho(x_2,y_2)$	$\sigma_{x,1}/\sigma_{x,2}$
总消费	2.36%	0.833	1.46%	0.753	1.62
总投资	5.48%	0.563	2.14%	0.632	2.56
劳动量	2.86%	−0.362	1.96%	−0.314	1.45

7.5 本章小结

本章构建一个两部门的动态一般均衡投入产出模型，研究产业结构转变对中国经济波动的平稳化的作用。本章研究进行了两个实证分析，第一个实证是研究服务业分别在 1992 年和 2014 年的不同规模下中国经济波动特征，比较两个稳定状态下经济波动的差异；第二个实证是研究 1992—2007 年和 2008 年—2014 年期间服务业在不同平均份额下中国经济波动的差异。结果表明产业结构变化能解释 1992—2014 年间中国总产出波动弱化原因的 24%，中国经济波动在 2008 年期间有所增加，主要来源于 2008 年的经济危机。

在经济现代化的过程中，制造业和服务业总量的相对变化是一个不需争议的事实。产业结构转变的过程中，总产出以及 GDP 的其他成分（消费、投资、劳动量）也呈现出波动特征减弱的现象。服务业和制造业对中间商品使用程度不同导致服务业增加值和 TFP 的波动都比制造业要小，而且服务业 TFP 冲击对宏观经济的脉冲响应比制造业 TFP 冲击作用也要小，因此，随着服务业规模的增大必然伴随着宏观经济波动更加平稳。

本章附件

A 模型稳态的推导

为了推导模型稳定状态的各个变量值，假设 $z_{m,t} = z_{s,t} = 0$，我们求解中央计划者问题，给出家庭效应函数最大化为：

$$\max_{c_m,t,c_s,t,n_t} E \sum_{t=0}^{\infty} \beta^t \log \left[b\, c_{m,t}^{\rho} + (1-b)(c_{s,t} - \bar{s})^{\rho} \right]^{\frac{1}{\rho}} + \varphi \log(1 - n_t) \tag{A1}$$

其中，约束条件为：

$$\varphi c_{s,t} + c_{m,t} + I_t = V_{m,t} \tag{A2}$$

$$V_{m,t} = \Theta k_t^{\alpha} n_t^{1-\alpha}$$

$$k_{t+1} - (1-\delta)k_t = \frac{1}{\bar{\omega}} \left(\frac{I_t}{k_t} \right)^{\nu} k_t \tag{A3}$$

其中，$\varphi = \Omega \left(\dfrac{\bar{B}_m^{v_s}}{\bar{B}_s^{v_m}} \right)^{\frac{1}{v_m[1-\varepsilon_s(1-v_s)] + v_s[1-\varepsilon_m(1-v_m)] - v_s v_m}}$，表示制造业和服务业之间的边际转化率。$\Omega$ 是由 ν_m，ν_s，ε_m，ε_s 决定的常数。$V_{m,t}$ 是单位制造业的总生产函数，其中 $\Theta = \Theta_m \bar{B}_m^{f_1} \bar{B}_s^{f_2}$。

定义 λ_{1t} 和 λ_{2t} 为连接约束条件 A2 和 A3 的拉格朗日乘数，那么，$c_{s,t}$，$c_{m,t}$，n_t，I_t 和 k_{t+1} 的一阶最优条件可以表示成如下形式。

$$c_{s,t} = \frac{c_{m,t}}{\varphi^{\frac{1}{(1-\rho)}}} \left(\frac{1-b}{b} \right)^{\frac{1}{1-\rho}} - \bar{s}, \tag{A4}$$

$$\varphi \frac{n_t}{1-n_t} = \frac{(1-\alpha) V_{m,t}}{V_{m,t} - I_t - \varphi \bar{s}} \tag{A5}$$

$$q_t = \beta \frac{c_{m,t+1}^{\rho-1}}{c_{m,t}^{\rho-1}} * \frac{b\, c_{m,t}^{\rho} + (1-b)(c_{s,t} + \bar{s})^{\rho}}{b\, c_{m,t+1}^{\rho} + (1-b)(c_{s,t+1} + \bar{s})^{\rho}}$$

第7章 产业结构升级如何"熨平"了宏观经济波动

$$\left\{ \alpha \Theta k_{t+1}^{\alpha-1} n_{t+1}^{1-\alpha} + \left[(1-\delta) + \frac{1-\nu}{\tilde{\omega}} \left(\frac{I_{t+1}}{k_{t+1}} \right)^{\nu} \right] q_{t+1} \right\} \quad (A6)$$

$$q_t = \frac{\tilde{\omega}}{\nu} \left(\frac{I_t}{k_t} \right)^{1-\nu} \quad (A7)$$

其中,$q_t = -\frac{\lambda_{2t}}{\lambda_{1t}}$,变量$q_t$代表着制造业商品和新资本之间的边际转化率。

在校准过程中,q 的均衡状态值等于 1。如果给定 ν 和 δ,在均衡状态下 $q=1$,我们就可以求出效率参数 $\tilde{\omega}$ 的近似值。利用稳定状态下的 $I_t = I$,和 $k_t = k$,$q = 1$;可以求解:

$$\frac{I}{k} = \left(\frac{\nu}{\tilde{\omega}} \right)^{\frac{1}{1-\nu}} \quad (A8)$$

由约束条件 A_3 可得:$\frac{I}{k} = (\tilde{\omega}\delta)^{\frac{1}{\nu}}$,联立方程 A_8,可以得到参数 $\tilde{\omega}$ 在稳定状态带的表达式为:$\tilde{\omega} = \frac{\nu^{\nu}}{\delta^{1-\nu}}$。通过利用其他稳定状态条件 $c_{m,t} = c_m$ 和 $n_t = n$,通过 A_6 可以求得:

$$k = \left(\frac{\alpha \Theta}{\frac{1}{\beta} - (1-\delta) - \frac{1-\nu}{\tilde{\omega}} \left(\frac{\nu}{\tilde{\omega}} \right)^{\frac{\nu}{1-\nu}}} \right)^{\frac{\alpha}{1-\alpha}} n \quad (A9)$$

将 A_9 带入生产函数 $V_{m,t}$ 中,可以推断出 V_m。进一步,使用 A_5,A_8,A_9 和 V_m 的稳定状态值,求出 n。下一步,使用已经求得的稳定状态值,劳动量 n、资本存量 k 生产函数 V_m 和投资 I 都被求出。可以发现稳定状态下的劳动量是部门 TFP $\bar{B}_m$ 和 $\bar{B}_s$ 的增函数。

最后,假设约束条件 A_2 处在稳定条件下,

$$\varphi c_s + c_m + I = V_m \quad (A10)$$

利用稳定状态值 I 和 V_m,可以计算出稳定状态值 c_m 为:

$$c_m = \frac{V_m - I - \varphi \bar{s}}{\varphi^{-\frac{\rho}{1-\rho}} \left(\frac{1-b}{b}\right)^{\frac{1}{1-\rho}} + 1} \quad (A11)$$

将 A_{11} 代入 A_4 中可以获得稳定状态下的 c_s 值。

B 部门 TFP 和增加值 TFP 的计算

根据设定的制造业和服务业的生产函数 6.1 和 6.2，每个时期的部门 TFP 可以表示为：

$$TFP_i = \frac{G_i}{(K_i^\alpha N_i^{1-\alpha})^{\nu_i} (M_i^{\epsilon_i} S_i^{1-\epsilon_i})^{1-\nu_i}} \quad (B1)$$

其中，i 表示制造业和服务业。G_i 表示部门 i 的总产生量，K_i、N_i、M_i 和 S_i 分别表示资本、劳动、中间制造业商品、中间服务业商品。α 是增加值中资本份额，ν_i 是总产出中资本和劳动的份额，ϵ_i 是制造业中间商品占总中间商品的份额。α、ν_i 和 ϵ_i 是 1992—2018 年间的平均值，其中，α 是一个跨部门常数，它等于经济中平均资本份额，这样做是为了和模型保持一致。假设每个部门 α 都相同的情况下，通过计算方程 B1，可以得到表 1 所报告的数据，同时波动特征并没有被该选择所影响。

增加值 TFP 的构成如下：

$$TFP_{VA}^i = (TFP_i)^{\frac{1}{\nu_i}} \quad (B2)$$

其中，ν_i 等于 1 减每个部门中间利用商品占总商品份额的平均值。制造业的中间商品占总产出份额等于 19 个制造业使用的中间商品价值除以总产出的加总，而服务业计算的方法相同。图 1 为该序列的结果。

第 8 章　总结与研究展望

8.1　总结

经济波动问题是宏观经济研究的一个中心话题。本书使用现代宏观经济分析工具对中国经济波动问题进行了数量分析。本书遵循"典型事实考察→冲击源识别→冲击源演化→核心冲击源解析→波动平稳化探讨"的思路，对经济波动周期的测算和划分、主要经济变量的波动特征、经济波动产生的原因、经济波动原因的变异性、全要素生产率的公共因子对经济波动的影响以及产业结构转型弱化经济波动的机理等问题进行了研究。通过研究，本书得出以下几点有意义的结论。

第一，第三章采用多种滤波器从总需求、生产要素、货币和物价以及产业结构的角度对中国经济波动特征进行了统计描述。研究发现：改革开放以来，中国经济周期大致可以分为六个周期，目前中国经济周期正处于衰退阶段。中国经济周期呈现"振幅减小、峰位下降、谷位上升、平均位势提高、扩张长度延长，波动微波化"的发展趋势等新特征。从总需求来看，需求结构（消费、投资以及进出口占 GDP 百分比）发生了变化。除了总消费的波动程度小于总产出以外，总投资、进口额以及出口额的波动程度比总产出的波动程度高 2 倍以上。在投资成分中，存货投资的波动是真实 GDP 波动的 12 倍，其波动强度最大。进口额比出口额相对波动要稳定一些。

从生产要素来看，资本存量、就业人数以及 TFP 的波动程度都比 GDP 的波动程度要小。TFP 与 GDP 存在"强顺周期"，资本存量与 GDP 存在"弱顺周期"，而就业人数与 GDP 存在"逆周期"特征。基于货币和物价视角，货币供给量与总产业的波动呈现"强顺周期"特征，货币流通速度也与总产生呈现顺周期特征。"货币中性"特征不符合我国的货币政策特征。物价波动与总产出波动之间是顺周期特征，说明菲利普斯曲线符合我国的经济特征。从三大产业增加值角度来看，三大产业的波动强度具有下降的趋势。第二产业波动比第一、第三产业波动要更加稳定，第一产业与总产出存在着"弱逆周期"特征。第二、第三产业与总产出存在着"强顺周期"的特征。三大产业的经济波动存在着结构变异特征。

第二，在第 4 章、第 5 章中使用两个 DSGE 模型分别对中国经济波动产生的原因进行数量分析并对经济波动原因的变异性进行研究。研究结果表明：①1978 年到 2018 年间，中国从计划经济进入市场经济以后，由于缺乏经验以及市场经济体制不完整，早期的宏观经济波动主要是受技术冲击（即市场经济制度，技术进步等）影响；随着确定社会主义市场经济地位，宏观经济波动相对减弱，在 1995—2005 年间主要受到投资冲击（即金融市场的摩擦和私人投资的扭曲）影响，但其他冲击也分别起到一定作用；在 2008 年世界经济危机前后，劳动冲击（劳动市场的扭曲）也成为一个经济波动的来源。②1992 年 1 季度到 2018 年 4 季度，在考虑经济结构变化的前提下，无论在哪个时期中国经济波动的主要因素是全要素生产率（TFP），从供给侧来看，中国的经济波动的主要来源（全要素生产率）没有发生根本性的变化。

第 8 章　总结与研究展望

但是，从需求侧来说中国的资本市场和劳动力市场的扭曲对中国经济波动的影响越来越大，国际贸易的冲击一直是我国经济波动的原因，但其影响程度相对于其他三种影响因素来说相对较弱，我国经济波动有从单一波动源向多个波动源发展的趋势。

第三，在第 6 章和第 7 章中，首先利用 FAVAR 模型对全要素生产率的影响因素进行分解，从全要生产率的角度细化影响总产出波动的因素以及传导机制。其次，构建两部门结构转型模型研究制造业向服务业转型过程中如何导致总产出波动弱化性问题。研究结果表明：①经济发展水平、国际贸易因子和引进国外先进技术因子的正向冲击在短期内增加经济波动而长期对经济波动的影响几乎为零；技术进步因子的正向冲击无论是短期还是长期都对经济波动产生周期性冲击作用；经济体制和经济结构因子的正向冲击对经济波动具有稳定性作用。中国经济波动主要来自自身经济系统的内部机制。②在中国经济现代化的进程中，制造业和服务业之间的转换和 GDP 波动呈现削弱的特征同时发生。由于制造业和服务业生产过程中投入中间要素的份额不同，其部门全要素生产率的冲击对 GDP 波动的影响也不同。产业结构的转变导致部门 TFP 对 GDP 波动发生变化。而服务业比制造业对中间商品依赖的程度要小，其自身波动程度较弱，其 TFP 波动对总产出的波动影响也较弱。模型模拟结果表明产业结构转变对经济波动减弱原因的解释在 1992—2018 年高达 24%。

8.2　不足和展望

本书分别对经济波动的典型事实，经济波动的来源，经济波动源的变异性，全要素生产率视角的经济波动传导机制以及产业结构转变导致经济波动特征的弱化问题进行深入探讨，但是该研究中存在着两个方面的不足：其一，收集的宏观经济数据存在着瑕疵。经济数据的质量和可得性是制约研究的一个重要瓶颈。虽然国家统计局对年度数据和季度数据分别是从 1952 年和 1992 年开始公布，但是其大量经济指标数据是不存在的。例如，劳动力数量使用年末就业人数代替而不是劳动时间。第六章建 FAVAR 模型时收集了影响 TFP 的 32 个影响因素。虽然它们很大程度上能够反映全要素生产率，但 TFP 的经济信息表示的仍然不够充足。在第 7 章，为了测算中间商品投入额，本书使用 WIOD 的投入产出数据和统计局数据，其中 1993 年、1994 年、2013 年和 2018 年数据是根据中国宏观数据进行外推获得。其二，缺乏以新凯恩斯主义视角研究经济波动问题。本书构建 DSGE 模型是以新古典经济理论为基础的。虽然新古典主义的 DSGE 模型对实际经济有很好的解释，但是没有考虑垄断竞争市场、价格粘性、名义摩擦或货币因素等特征，而且随着我国市场经济体制发展越来越成熟，金融市场的冲击对宏观经济波动也是不容小觑的。

本书利用现代宏观经济周期波动的理论和分析工具对中国经济的波动进行研究，得出一些有意义的新结论。但这仅仅是研究的开始，接下来将从以下几个方面对宏观经济波动进行研究：

第一，在对产业结构的经济波动特征进行分析时，研究发现第一产业、第二产业以及第三产业的经济波动程度都比总产出的波动程度要大，但是作为三大产业的总和即总产出的波动程度为什么会变小或者说三大产业之间波动程度如何相互抵消？因此，下一步研究将从非线性模型（例如复杂网络模型、马尔科夫状态转移的动态随机一般均衡模型等）对三大产业结构的转型如何影响经济波动以及三大产业之间的传导机制的机理进行研究。

第二，在本书的研究中，对影响宏观经济波动的最重要的因素全要素生产率进行了进一步分解，知道哪些公共因子是短期影响，哪些公共因子是长期作用，哪些公共因子对经济波动具有稳

第 8 章　总结与研究展望

定作用。然而，MS-VAR 模型实证方法是刻画经济运行的经验事实，即将理论与实证相结合的研究范式。虽然模型考察经济波动的成因，但它没有能解释经济波动的内在机制。因此，在以后构建宏观经济周期波动模型（DSGE 模型）时将这些影响全要素生产率的公共因子内生化，考虑这些细化的因素如何影响通过经济结构内部传导影响宏观经济波动的机制。

参考文献

Acemoglu, D. et al., , 2012 The network origins of aggregate fluctuations [J]. Econometrica, 80: 1977−2016.

Ahearne, A., 2005. Kydland, F. and Wynne, M. A.. Ireland's great depression [D]. Working Papers 05−10, Federal Reserve Bank of Dallas.

Alessio Moro., 2002. The structural transformation between manufacturing and services and the decline in the US GDP volatility [J]. Review of Economic Dynamics. Vol. 15, pp. 402−415.

An S, Schorfheide F., 2007. Bayesian analysis of DSGE modes [J]. Econometric Reviews, 26 (2−4): 113−172.

Arias A., Hansen, G. D. and Ohanian, L. E., 2007. Why have business cycle áuctuations become less volatile? [J]. Economic Theory, 32: 43−58.

Arnold L G., 2002. Business Cycle Theory [R]. OUP Catalogue.

Backus D, Kehoe P, Kydland F., 1995. International

business cycles: theory and evidence. Thomas F. Cooley (ed.) [M]. Frontiers of Business CycleResearch, Princeton University Press, Princeton, 331−356.

Bai, J and S. Ng., 2006. Confidence Intervals for Diffusion Index Forecasts and Inference for Factor−Augmented Regressions [J]. Econometrica, Vol. 74, 1133−1150.

Bartel, Ann, Casey Ichniowski and Kathryn Shaw,, 2007., "How does Information Technology Affect Productivity? Plant−level Comparisons of Product Innovation, Process Improvement and Worker Skills" [J]. The Quarterly Journal of Economics, Vol. 122, pp. 1721∼1758.

Baumol W. J., 1967., Macroeconomics of Unbalanced Growth: the Anatomy of Urban Crises [J]. The American Economic Review, 57: 415−426.

Baumol W. J., 1989., S. Blackman and E. N. Wolff, Productivity and American Leadership [J]. The Long View, MIT Press.

Baxter, Marianne and Robert G. King., 1999. Measuring Business Cycle: Approximate Band Pass Filters For Economic Time Series [J]. Review of Economics and Statistics, Vol (4, Nov), 575−593.

Bernanke, B. S., Gertler, M. and Gilchrist, S., 1999. The Financial Accelerator in a Quantitative Business Cycle Framework, in. B. Taylor and M. Woodford, eds. [J]. Handbook of Macroeconomics1 (1). Elsevier, Amsterdam, pp. 1341−93.

Bernanke, B. S., Boivin, J and Eliasz., 2005. Measuring Effects of MonetaryPolicy: A Factor−Augmented Vector

Autoregressive (FAVAR) Approch. [J]. Quarterly Journal of Economics, 2005, 120 (1), 387−422.

Blanchard, Q. J, J Simon, 2001. The long and Large Decline in US Output Volatility. [D]. Brooking Papers on Economic Activity, 32 (1): 135−175.

Boivin, J. , M. P. Giannoni, and I. Mihov, 2009. Sticky Prices and Monetary Policy: Evidence from Disaggregated US Data [J]. American Economics Review, Vol. 99, 350−384.

Boz, E. , C. Daude & C. Durdu, 2011. Emerging Market Business Cycles: Learning about the Trend [J]. Journal of Monetary Economics, Vol. 58, pp. 616−631.

Brandt L. , J. Van Biesebroeck, and Y. Zhang, 2012. Creative Accounting or Creative Destruction? Firm−level Productivity Growth in Chinese Manufacturing [J] Journal of Development Economics, 97: 339−351.

Bridji, S. , 2013. The french great depression: A business cycle accounting analysis [J]. Explorations in Economic History, 50 (3), 427−445.

Burns, A. , 1960. Progress toward Economic Stability. American Economic Review, 50 (1): 1−19.

C. T. Hsieh, P. J. Klenow. , 2009. Misallocation and Manufacturing TFP in China and India [J]. The Quarterly Journal of Economics, 124 (4).

Cai H. , and Q. Liu,. 2009. Competition and Corporate Tax Avoidance: Evidence from Chinese Industrial Firms [J]. Economic Journal, 119: 39−58.

Carvalho, V. M. , 2009. Aggregate Fluctuations and The

Network Structure of Intersectioral Trade, Manuscript,, University of Chicago.

Cavalcanti, T., 2007. Business cycle and level accounting: the case of Portugal [J]. Por－tuguese Economic Journal, 6 (1), 47-64.

Chang C., K. Chen, D. Waggoner, and T. Zha, 2015. Trends and Cycles in China's Macro－economy [M]. NBER Macroeconomics Annual University of Chicago Press.

Chari, V. V., Kehoe, P. J. and McGrattan, E. R., 2006. APPENDICES: Business Cycle Accounting. Staff Report 362 [J]. Federal Reserve Bank of Minneapolis.

Chari, V. V., Kehoe, P. J. and McGrattan, E. R., 2002. Business Cycle Account-ing [D]. Working Papers 625, Federal Reserve Bank of Minneapolis.

Chari, V. V., Kehoe, P. J. and McGrattan, E. R., 2007. Business cycle accounting [J]. Econometrica, 75 (3), 781-836.

Christiano L J, Eichenbaum M, Evans C L., 2005. Nominal Rigidities and the Dynamic Effects of a Shock to Monetary Policy [J]. Journal of political Economy, 113 (1): 1-45.

Christiano, L., R. Motto, and M. Rostagno. 2010. Financial Factors in Economic Fluc tuations [M]. Manuscript, Northwestern University.

Clarida R., Galì J, and Gertler, M., 2000. Monetary Policy Rules And Macroeconomic Stability: Evidence And Some Theory [J]. Quarterly Journal of Economics, vol. 115 (1), pp. 147-180.

Cogley T. and Sargent T. J., 2005. Drifts and Volatilities: Monetary Policies and Outcomes in the past WWII US [J]. Review of Economic Dynamics, 8 (2), 262—302.

Reinsdorf, M., and M. Cover, Measurement of Capital Stocks, 2005. Consumption of Fixed Capital, and Capital Services: Report on a Presentation to the Central American AD Hoc Group on National Accounts [D]. Working Paper. 2005.

Correia, I., Neves, J., Rebelo, S., 1995. Business cycles in a small open economy [J]. European Economic Review, 39, 1089—1113.

D. Restuccia, R. Rogerson., 2008. Policy Distortions and Aggregate Productivity with Heterogenous Establishments [J]. Review of Economic Dynamics, 11 (4).

Daniel F. Waggoner and Tao Zha, 2012. Confronting Model Misspecification in Macroeconomics [J]. Journal of Econometrics, December, volume 171, issue 2, pages 167—184.

Da—Rocha, J. M. and Restuccia, D.,, 2006. The role of agriculture in aggregate business cycle? [J]. Review of Economic Dynamics, Vol. 9, pp. 455—482.

Davis, S. J. and Kahn., J. A., 2008. Interpreting the Great Moderation: Changes in the Volatility of Economic Activity at the Macro and Micro Levels [J]. Journal of Economic Perspectives, Vol. 22, Issue 4, pp. 155—180.

Dejong D N, Dave C., 2007. Structural Macroeconometrics [M]. Princeton, NJ: Princeton University Press.

Del Negro, M., and F. Schorfheide, 2004, Priors from General Equilibr ium Models for VARs [J]. International Economic Review, 45, 643—673.

参考文献

Denison, F. , 1967. Why Growth Rates Differ: Post-war Experience in Nine Western Countries [D]. Washington Brooking Institution.

Doz C, Giannone D, Reichlin L. , 2006. A quasi maximum likelihood approach for large approximate dynamic factor models [J]. Lucrezia Reichlin, 94 (4): 1014-1024.

Echevarria, C. , 1997. Changes in Sectoral Composition Associated with Economic Growth [J]. International Economic Review, Vol, 38, No. 2, pp. 431-452.

Edge J. , Bishop D. and Goodman C. , 2006. The Effects of Training Intensity on Muscle Buffer Capacity in Females [J]. European Journal of Applied Physiology, 96 (1):, 97-105.

Eggers, A. , Y, Ionnides, 2006. The Role of Output Compostition in the Stabilization of U. S. output Growth [J]. Journal of Macroeconomics, 28 (3): 585-595.

Eric C. Y. Ng. , 2012. What determines productivity performance of telecommunications services industry? A cross-country analysis [J]. Applied Economics, 44: 2359-2372.

Fabio Canova, 2007. Methods for Applied Macroeconomic Research [M]. Princeton, NJ: Princeton Universtiy Press.

Friedman M. Schwartz A J. , 1963. A Monetary History of the United States, 1867-1960 [D]. NBER BOOKS.

Giannone D, Reichlin L, Small D, 2008. Nowcasting: The real-time informational content of macroeconomic data [J]. General information, 55 (4): 665-676.

Goodfriend M, King R. 1997. The New Neoclassical Synthesis and The Role of Monetary Policy [J]. NBER Macroeconomics Annual, Volume 12. MIT Press : 231-96.

Goodwin R M., 1951. The Nonlinear Accelerator and The Persistence of Business Cycles, Econometrica [J]. Journal of the Econometric Society, 1−17.

Gupta, R., Jurgilas, M., Kabundi, A. 2010. The effect of monetary policy on real house price growth in South Africa: A factor − augmented vector autoregressive (FAVAR) Approach [J]. Economic Modeling, 27, 315−323.

Hallogatte S, Ghil M, Dumas D, et al,, 2008. Business Cycles, Bifurcations and Chaos in a Neoclassical Model with Investment Dynamics [J]. Journal of Economic Behavior & Organization, 67 (1): 57−77.

Hamilton, J. D., 1989. A New Approach to the Economic Analysis of Nonstionary Time Series and the Business Cycle [M]. Econometrica, 57, pp. 357−384.

Harrod R F. 1939. An Essay in Dynamic Theory [J]. The Economic Journal, 14−33.

He, D., W. Zhang, and J. Shek,, 2007. How Efficient Has Been China's Investment? Empirical Evidence from National and Provincial Data, [J]. Pacific Economic Review, 12, 597−617.

Herrendorf B., Rogerson, R. and Valentinyi, 2009. A., Two Perspectives onPreferences and Structural Transformation [J]. NBER Working Papers 15416, National Bureau of Economic Research, Inc.

Herrendorf, B. and Valentinyi, A. 2011. Which Sectors Make the Poor Countries so Unproductive? [J]. Journal of the European Economic Association, forthcoming.

Isaksson, Anders, 2007., "Determinants of Total Factor

Productivity: A Literature Review" [D]. Research and Statistic Branch, UNIDO, Staff Working paper.

J. A. Schmitz Jr., 2005. What Determine Producitivity? Lessions from the Dramatic Recovery of the US and Canadian Iron Ore Industries Following Their Early 1980s Crisis [J]. Journal of Political Economy, 113 (3).

Jaimovich, N. and Siu H., 2009. The Young, the Old, and the Restless: Demographics and Business Cycle Volatility? [J]. American Economic Review, 99 (3), pp. 804−826.

Jorgenson, W., Grillches, Z., 1967. The Explanation of Productivity Change [J]. Review of Economic Studies, Vol. 34, PP249−283.

Kehrig, M., 2015. The cyclical nature of the productivity distribution. Revise and resubmit [J]. Quarterly Journal of Economics.

Keller, W. and S. R. Yeaple,. 2003. Multinational Enterprises, International Trade and Productivity Growth: Firm-level Evidence from the United States [D]. NBER Working Paper No. 9504.

Kersting, E. K., 2008. The 1980s recession in the uk: A business cycle accounting perspective [J]. Review of Economic Dynamics, 11 (1), 179−191.

Keynes J M., 1936. The General Theory of Interest, Employment and Money [M]. The Collected Writings.

King R G, Rebelo S T., 1999. Resuscitating Real Business Cycles [M]. Handbook of Macroeconomics, 1: 927−1007.

King, Plosser, 1999. Stock and Watson, Stochastic

Trends and Economic Fluctuations [J]. American Economic Review, vol. 81, pp. 819−840.

Kobayashi, K. and Inaba, 2006. M. Business cycle accounting for the japanese economy [J]. Japan and the World Economy, 18 (4), 418−440.

Kydland F E, Prescott E C., 1982. Time to Build and Aggregate Fluctuations [J]. Journal of the Econometric Society, 1345−70.

Lucas Jr R E., 1972. Expectations and The Neutrality of Money [J]. Journal of Economic Theory, 4 (2): 103−24.

Lucas, Rebert E., 1977. Understanding business cycles [J]. Carnegie−Rochester Conference Series on Public Policy, Elsevier, 5 (1), 7−29.

Mankiw N G., 1989., Real Business Cycles: A Newynesian Perspective [J]. The Journal of Economic Perspectives, 3 (3): 79−90.

Mao, J. J., and P. Tao, 2011. Business Cycles and Macroeconomics Policy in China from an Estimated DSGE model [D]. Working Paper.

Mc Connell, M. M., G. Perez − Quriros, 2000. Output Fluctuations in the United States: What has Changed Since the Early 1980s? [J]. American Economic Review, 90 (5): 1464−1471.

Mendoza, E., 1991. Real business cycle in a small open economy. [J]. American Economic Review,, 81, 797−818.

Meza, F., 2008. Financial crisis, fiscal policy, and the 1995 gdp contraction in Mexico [J]. Journal of Money, Credit and Banking, 40 (6), 1239−1261.

Ngai, L. R., and Pissarides, C. A., 2007. Structural

Change in a Multisector Model of Growth [J]. American Economic Review, 97 (1), pp. 429—443.

Peneder, M, 2003. Industrial Structure and Aggregate Growth [J]. Economic Dynamics, 14 (4): 427—448.

Q. He, T. Tai—Leung Chong, K, Shi. ,. 2009. What Accounts For Chinese Business Cycle? [J]. China Economic Review, 20 (4), 650—661.

R. lagos, 2006. A Model of TFP. The Review of Economic Studies, 73 (4).

Rebelo S. , 2005. Real Business Cycle Models: Past, Prestent and Future. [J]. The Scandinavian Journal of Economics, 107 (2): 217—38.

Reinsdorf, M. ; and M. Cover, 2005. Measurement of Capital Stocks,

Rogerson, R. , 2008. Structural Transformation and the Deterioration of European Labor Market Outcomes [J]. Journal of Political Economy, vol. 116, no. 2, pp. 235—259.

Rotemberg J J, Woodford M. , 1996. Imperfect Competition and the Effects of Energy Price Increases on Economic Activity [J]. Journal of Money, Credit and Banking, 28 (4):: 550—77.

S. Boragan Aruoba, Jesus Fernandez—Villaverde, Juan F. Rubio—Ramirez. 2006. Comparing solution methods for dynamic equilibrium economies [J]. Journal of Economic Dynamics & Control. 2477—2508.

Schmitt—Grohé, S. , Uribe, M. , 2001. Stabilization policy and the costs of dollarization [J]. Journal of Money, Credit, and Banking. 33, 482—509.

Schmitt-Grohé, S., Uribe, M., 2003. Closing small open economy models [J]. Journal of International Economics, 61, 163-185.

Simonovska, I. and Soderling, L., 2008. Business Cycle Accounting for Chile [D]. IMF Working Paper WP/08/61, International Monetary Fund.

Sims, Christopher., 1980. A. Macroeconomics and Reality," [J]. Econometria, vol 48 (1): 1-48.

Smets F, Wouters R., 2007. Shocks and Frictions in US Business Cycles: A Bayesian DSGE Approach [J]. The American Economic Review, 97 (3): 586-606.

Solow, M., 1957. Technical Change and the Aggregate Production Function [J]. Review of Economics and Statistics, Vol. 39, PP312-320.

Song, Z., K. Storesletten, and F. Zilibotti., 2011. Growing Like China [J]. American Economic Review, 101 (1), 196-233.

Stephanie Schmitt-Groh e, Mart i n Uribe., 2004. Solving Dynarmic general equilibrium models using a second-order approximation to the policy function [J]. Journal of Economic Dynamics&control. 755-775.

Stock J H, 1999. Watson M W., Business cycle fluctuations in US macroeconomic time series [J]. Handbook of macroeconomics, 1: 3-64.

Stock J H, Watson M W., 2002. Forecasting using principal components from a large number of predictors [J]. Journal of the American statistical association, 97 (460): 1167-1179.

Stock, J. H, M. W. Watson, 2002. Has the Business Cycle Changed and Why? [J]. NEER Macroeconomics Annual, 17 (1): 159-218.

Summers L H., 1986. Some Skeptical Observation on Real Business Cycle Theory [J]. Quarterly Review, Fall: 23-27.

Syverson, Chad, 2011., "What Determines Productivity?" [J]. Journal of Economic Literature, Vol. 49 (2), pp. 326~365.

Uribe, Martin and Z. Vivian Yue, 2006. Country Spreads and Emerging Countries: Who Drives Whom? [J]. Journal of International Economics 69, June, 6-36.

Walsh C E., 2003. Monetary Theory and Policy [M]. MIT Press Books.

Woodford M, Walsh C E., 2005. Interest and Prices: Foundations of a Theory of Monetary Policy [J]. Macroeconomic Dynamics, 9 (3): 462-68.

Zhang, W., 2009. China's Monetary Policy: Quantity versus Price Rules [J]. Journal of Macroeconomics, 31 (3), 473-484.

卜永祥, 勒炎, 2002. 中国实际经济周期: 一个基本解释和理论扩展 [J]. 世界经济, (7): 3-11.

陈国进, 等, 2014. 罕见灾难风险和中国宏观经济波动 [J]. 经济研究, (8): 55-66.

陈杰, 2011. 结构差异、增长质量与经济周期波动的关联度 [J]. 宏观经济, (7): 42-50.

陈昆婷, 等, 2004. 基本 RBC 方法模拟中国经济的数值试验 [J]. 世界经济文汇, (2): 41-51.

陈乐一, 2007. 建国以来我国历次经济波动回眸 [J]. 管理世界，(12)：148-149.

池仁勇，杨潇，2011. 我国区域技术进步贡献率的测算及其影响因素研究——基于指数平滑和向量自回归模型的实证分析[J]. 科技进步与对策，(11)：123-129.

单豪杰，2008. 中国资本存量K的再估算：1952—2006年[J]. 数量经济技术经济研究，(10)：58-69.

丁建勋，2009. 产业结构与全要素生产率对能源利用率影响的实证研究[J]. 当代经济，(8)：154-155.

丁志帆，2014.. 改革开放以来中国经济周期波动特征与形成机制分析[J]. 统计与信息论坛，(3)：41-46.

董进，2006. 宏观经济波动周期的测度[J]. 经济研究，(7)：41-48.

杜婷，2007. 中国经济周期波动的典型事实[J]. 世界经济，(4)：3-12.

方福前，詹新宇，2011. 中国产业结构升级对经济波动的熨平效应分析[J]. 经济理论与经济管理，(9)：5-16.

干春晖，等，2011. 中国产业结构变迁对经济增长和波动的影响[J]. 经济研究，(5)：4-31.

高铁梅，2009. 计量经济分析方法与建模：EViews应用及实例（第2版）[M]. 北京：清华大学出版社.

高阳，2015. 现代经济周期理论述评与批评[J]. 南开经济研究，(1)：55-70.

花秋玲，胡苗，李子鹏，2014. 影响我国通货膨胀的汇率传导渠道——基于FAVAR模型的实证分析[J]. 经济问题探索，(7)：82-86.

黄赜琳，朱保华，2009. 中国经济周期特征事实的经验研究[J]. 世界经济，(7)：27-40.

李宾，2011. 我国资本存量估算的比较分析[J]. 数量经济技术经济研究，(12)：21-36.

李宾，曾志雄，2009. 中国全要素生产率变动的再测算[J]. 数量经济技术经济研究，(3)：3-15.

李春吉，孟晓宏，2006. 中国经济波动——基于新凯恩斯主义垄断竞争模型的分析[J]. 经济研究，(10)：72-82.

李福柱，杨跃峰，2013. 全要素生产率增长率的测算方法应用述评[J]. 济南大学学报（社会科学版），(2)：65-92.

李明智，王娅莉，2005. 我国高技术产业全要素生产率及其影响因素的定量分析[J]. 科学管理研究，(6)：34-38.

李平，2016. 提升全要素生产率的路径及影响因素——增长核算与前沿面分解视角的梳理分析[J]. 管理世界，(9)：1-11.

李强，2012. 产业结构变动加剧还是抑制经济波动——基于中国的实证分析[J]. 经济与管理研究，(7)：9-37.

李昕，等，2012. 人民币升值能否促进中国国际收支基本平衡？——基于FAVAR模型的分析[J]. 国际金融研究，(3)：30-39.

李星，陈乐一，2010. 近期国外经济周期研究文献综述[J]. 财经问题研究，(1)：27-32.

李正辉，郑玉航，2015. 基于混频数据模型的中国经济周期区制监测研究[J]. 统计研究，(1)：33-40.

栗亮，刘元春，2014. 经济波动的变异与中国宏观经济政策框架的重构[J]. 管理世界(12)：23-50.

连平，吴金友，2011. 中国经济周期波动研究（1978～2009年）[J]. 世界经济研究，(9)：3-9.

廖楚晖，刘鹏，2005. 中国公共资本对私人资本替代关系的实证研究[J]. 数量经济技术经济研究，(7)：35-43.

刘光岭，卢宁，2008. 全要素生产率的测算与分解：研究综述［J］. 经济学动态，（10）：79−82.

刘恒，2008. 改革开放 30 年中国经济周期形成机理比较分析［J］. 宏观经济研究，（11）：19−28.

刘华军，杨赛，2014. 资源环境约束下中国 TFP 增长的空间差异和影响因素［J］. 科学管理.（5）：133−144.

刘士宁，2007. 改革以来中国经济周期波动的影响因素研究［D］. 武汉：华中科技大学.

刘树成，张平，张晓晶，2005. 中国的经济增长与周期波动［J］. 宏观经济研究，（12）：15−20.

梅冬州，王子健，雷文妮，2014. 党代会召开、监察力度变化与中国经济波动［J］. 经济研究，（3）：47−61.

涂巍，王治国，邹恒甫，2015. 转型期的中国经济波动特征［J］. 统计研究，（4）：8−13.

王国静，田国强，2014. 金融冲击和中国经济波动［J］. 经济研究，（3）：20−34.

王建军，2007. Markov 机制转换模型研究——在中国宏观经济周期分析中的应用［J］. 数量经济技术经济研究，（3）：39−48.

王少平，朱满州，胡朔商，2012. 中国 CPI 的宏观成分与宏观冲击［J］. 经济研究，（12）：29−42.

王文甫，2010. 价格粘性、流动性约束与中国财政政策的宏观效应——动态新凯恩斯主义视角［J］. 管理世界，（9）：11−25.

王宪勇，2009. DSGE 框架下的中国经济波动研究［D］. 大连：东北财经大学.

王小鲁，樊纲，2000. 中国经济增长的可持续性［M］. 北京：经济科学出版社. 2000.

王宇，蒋彧，2011. 中国经济增长的周期性波动研究及其产业结构特征（1992—2010 年）［J］. 数量经济技术经济研究，(7)：3-17.

王云清，2013. 中国经济波动问题的数量分析——基于新凯恩斯主义 DSGE 模型［D］. 上海：上海交通大学.

翁媛媛，高汝熹，2011. 中国经济增长动力分析及未来增长空间预测［J］. 经济学家，(8)：65-74.

谢鸿飞，2011. 中国经济周期波动特征及拐点识别研究［D］. 武汉：华中科技大学.

徐高，2008. 基于动态随机一般均衡模型的中国经济波动数量分析［D］. 北京：北京大学.

徐舒，左萌，姜凌，2011. 技术扩散、内生技术转化与中国经济波动——一个动态随机一般均衡模型［J］. 管理世界，3：22-31.

闫思，2013. 全球的量化宽松货币政策对中国经济的影响——基于新开发经济宏观经济学视角［D］. 大连：东北财经大学.

杨坤，曹晖，孙宁华，2015. 非正规金融、利率双规制与信贷政策效果——基于新凯恩斯动态随机一般均衡模型的分析［J］. 管理世界，(5)：41-51.

杨汝岱，2015. 中国制造业企业全要素生产率研究［J］. 经济研究，(2)：61-74.

杨天宇，刘韵婷，2011. 中国经济结构调整对宏观经济波动的"熨平效应"分析［J］. 经济理论与经济管理，(7)：47-55.

杨子晖，2008. 财政政策与货币政策对私人投资的影响研究［J］. 经济研究，(5)：81-93.

姚敏，周潮，2013. 中国经济周期波动的特征和影响因素研究［J］. 经济问题探索，(7)：5-9.

余泳泽，2017. 异质性视角下中国省级全要素生产率再估算：1978——2012 [J]，经济学（季刊），(3)：1052-1072.

袁晓玲，班斓，杨万平，2014. 陕西省绿色全要素生产率变动及影响因素研究 [J]. 统计与信息论坛，(5)：38-42.

袁志刚，解栋栋，2011. 中国劳动力错配对 TFP 的影响分析 [J]. 经济研究，(7)：4-17.

詹新宇，方福前，2012. 国有经济改革与中国经济波动的平稳化 [J]. 管理世界，(3)：11-22.

张军，施少华，2003. 中国经济全要素生产率变动：1952—1998 [J]. 世界经济文汇，(2)：17-23.

张少华，蒋伟杰，2014. 中国全要素生产率的再测度与分解 [J]. 统计研究，(3)：54-60.

赵娟，2011. 中国经济波动研究：基于总量和产业层面 [D]. 武汉：华中科技大学.

赵志耘，杨朝峰，2011. 中国全要素生产率的测算与解释：1979-2009 年 [J]. 财经问题研究，(9)：3-12.

郑丽琳，朱启贵，2013. 纳入能源环境因素的中国全要素生产率再估算 [J]. 统计研究. (7)：9-17.

郑挺国，王霞，2013. 中国经济周期的混频数据测度及实时分析 [J]. 经济研究. (6)：58-70.

朱满洲，2013. 动态因子模型的理论和应用研究 [D]. 武汉：华中科技大学.